隧道及地下工程理论与方法丛书

DEGRADATION MECHANISM AND
SAFETY EVALUATION OF
TUNNEL SUPPORT SYSTEM

隧道支护劣化机理与安全性评价

王明年　张艺腾　于　丽　凌学鹏　张　霄　编著

人民交通出版社股份有限公司
北　京

内容提要

Abstract

本书聚焦钻爆法隧道支护体系的劣化问题，从确保隧道长期运营安全的角度，结合我国隧道工程所处环境、地质条件特点以及结构特点，在考虑一般混凝土结构的6类环境影响的基础上，进一步考虑了高地温、高地应力、渗漏溶蚀的影响，研究并阐明了隧道支护体系的劣化类型及环境特征，探究了支护体系劣化后力学参数的变化规律，构建了支护体系劣化后构件界面黏结滑移退化本构模型，揭示了支护体系劣化后应力转移机制，提出了支护体系劣化后支护结构力学计算模型及安全性评价方法。

本书是作者团队近二十年来在隧道支护体系劣化及安全性评价方面的相关科研攻关及工程实践的成果总结，论述严谨，数据翔实，为我国隧道工程的安全运营维护提供了重要的理论与技术支撑。可供隧道及地下工程领域的科研人员和专业技术人员参考使用，亦可作为隧道工程、城市地下空间等专业的教学参考书。

前　言

Preface

近年来，我国隧道建设规模越来越大，长度纪录不断被刷新，涉及工程环境也越来越复杂。在钻爆法施工的隧道中，隧道支护结构一般采用复合式衬砌结构，由初期支护和二次衬砌组成。隧道支护体系由围岩和支护结构构成，工程环境对其影响也愈加复杂，除了要考虑一般环境、冻融环境、近海洋氯化物环境、除冰盐等其他氯化物环境、盐结晶环境和化学腐蚀环境等影响外，还要考虑高地温、高地应力、渗漏溶蚀等特殊环境影响。作者团队在工程实践和研究中发现，随着运营时间的增长，隧道围岩、初期支护和二次衬砌将会出现一定程度的劣化，一方面降低了支护体系的承载力，另一方面将引起支护体系应力转移和调整，由此可能导致隧道支护结构发生损伤破坏，对隧道运营安全产生影响。

为此，作者依托近二十年的相关研究成果，特别是在国家自然科学基金项目——海底隧道锈蚀型钢钢架与喷射混凝土黏结滑移退化本构关系研究（51878567）的资助下，开展了隧道支护体系劣化机制及安全性评价的系统性研究，阐明了隧道支护体系劣化类型及所处环境特征，探究了支护体系劣化后力学参数变化规律，构建了支护体系劣化后构件界面黏结滑移退化本构模型，揭示了支护体系劣化后应力转移机制，提出了支护体系劣化后支护结构力学计算模型及安全性评价方法。

本书共分为 7 章。第 1 章绪论，第 2 章隧道支护体系劣化特征及主要研究方法，第 3 章围岩劣化机理及力学参数变化规律，第 4 章隧道支护结构劣化机理及力学参数变化规律，第 5 章隧道支护体系劣化后构件界面黏结滑移特性及本构模型，第 6 章隧道支护体系劣化后的应力演化规律，第 7 章隧道支护体系劣化后安全性评价方法。全书由王明年、张艺腾、于丽、凌学鹏和张霄编写，刘大刚、童建军、霍建勋、李自强、胡云鹏、董宇苍、王志龙、周国军、李海军、陈寿堂、李哲、华阳、江勇涛等也参与了相关研究及编写工作。

本书是作者对近年来关于隧道支护劣化机理与安全性评价方面研究成果的系统总结，在此特别感谢国家自然科学基金委及相关合作单位。写作过程中，还引用了相关科研课题的成果、团队研究生的科研资料以及国内外同行的相关成果及著作，在此一并表示感谢。

虽然作者在撰写过程中尽了最大努力，但由于水平有限，错误和疏漏之处在所难免，敬请读者批评指正。

作　者

2022 年 7 月

目 录

Contents

Contents

第1章

绪论

1.1 研究目的和意义

随着我国交通事业的快速发展，隧道数量急剧增长，目前我国已成为世界上隧道数量最多、长度最长的国家。截至2020年底，我国已建成公路隧道21316座，总长度约22000km；投入运营的铁路隧道已达16798座，总长度约19630km。隧道是修建在地下的结构物，围岩条件和运营环境复杂，随着运营时间的推移，不可避免地出现各种劣化现象，如衬砌开裂、渗漏水，严重者会发生掉块、隧底隆起或翻浆冒泥等，严重威胁隧道的运营安全。究其原因，一方面是隧道的赋存环境——围岩受其自身地质条件、地下水条件或施工因素影响等发生了劣化，另一方面隧道支护结构的材料——混凝土和钢材等也在发生不同程度的劣化。但围岩和支护结构材料的劣化机理是怎样的，劣化后的结构力学模型应如何建立，支护结构体系劣化后的结构安全性怎样，这些问题都会影响隧道的长期安全性，因此需开展深入研究。

从我国隧道建设现状来看，山岭隧道多为钻爆法施工，主要采用复合式衬砌结构，支护体系由围岩＋初期支护＋二次衬砌组成。初期支护一般由钢筋网＋喷射混凝土＋型钢钢架（或格栅钢架）＋锚杆（索）等组成，二次衬砌为模筑混凝土或模筑钢筋混凝土，初期支护和二次衬砌之间一般设置防排水系统。在隧道修建和运营期间，受围岩特性、地质构造、环境侵蚀、施工扰动、运营车辆扰动等因素的影响，围岩、初期支护和二次衬砌构件可能会产生劣化现象。

例如，地下水流动和渗流产生的潜蚀作用会造成围岩劣化；在富含氯离子、硫酸根离子等地下水环境中，喷射混凝土会产生劣化，锚杆、型钢、钢筋会产生锈蚀现象等。支护体系产生劣化后，从细观上看材料表面孔隙大量增加，结构变得松散，导致宏观力学参数衰减，如图 1-1 所示。

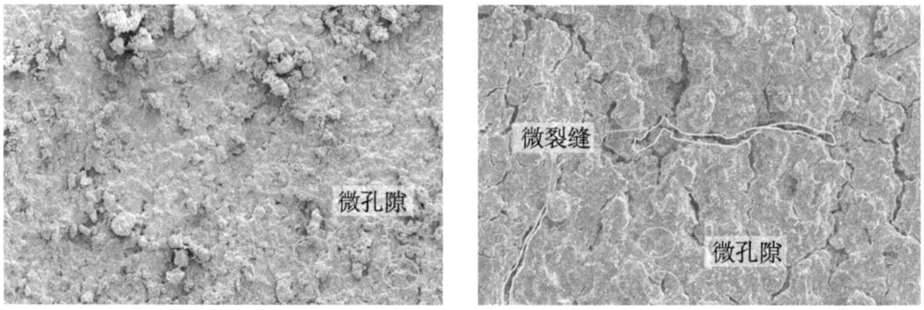

a）混凝土劣化前微观结构特征　　b）混凝土劣化后微观结构特征

图 1-1　混凝土劣化前后微观结构特征

支护体系构件界面（主要包括锚杆与灌浆料界面、型钢与混凝土界面以及钢筋与混凝土界面）则会产生黏结退化，导致构件间出现滑移而不能联合工作，如图 1-2 所示。

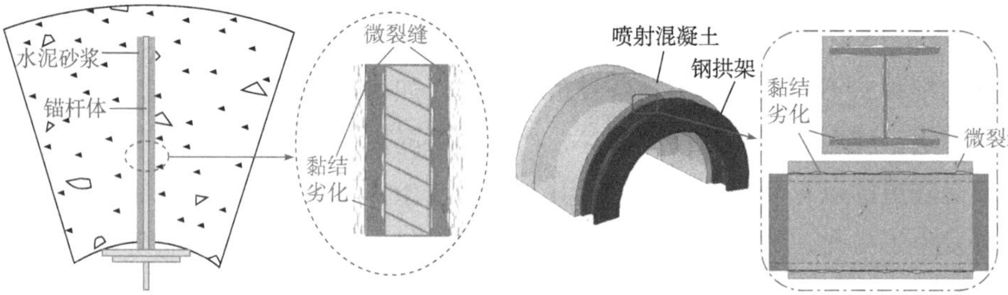

图 1-2　支护体系构件界面黏结退化

隧道开挖至二次衬砌施作完成后，围岩处于三次应力状态，经过一段时间的动态调整，围岩 - 初期支护 - 二次衬砌处于力学平衡状态，如图 1-3 所示。

支护体系劣化后，随着时间的推移，支护结构的轮廓发生改变，因劣化而导致构件材料尺寸减小，力学参数衰减，界面发生黏结滑移退化，导致围岩 - 初期支护 - 二次衬砌的应力发生调整，从而达到新的力学平衡状态（图 1-4），如果支护体系总承载能力下降严重，可能会引发隧道失稳。在此过程中，探明围岩 - 初期支护 - 二次衬砌应力调整机制，是建立支护体系长期安全性评价模型的关键。

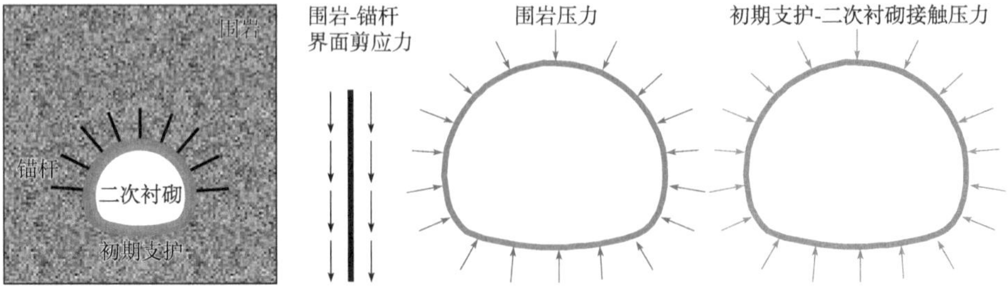

图 1-3 隧道支护体系应力平衡状态

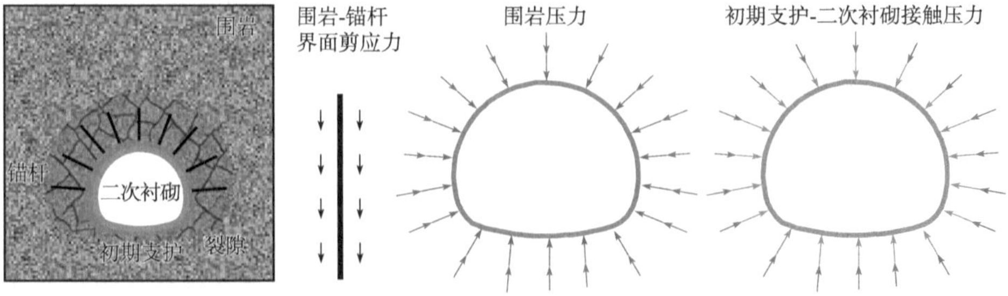

图 1-4 隧道支护体系应力调整

隧道出现劣化后，劣化将随着运营时间的增长而加重，即隧道支护体系随着运营时间增长，一方面围岩、初期支护和二次衬砌的材料力学参数不断变化，另一方面，支护体系构件界面力学本构关系将发生改变。这两方面的作用导致了隧道围岩 - 初期支护 - 二次衬砌之间发生应力非线性转移，从而改变支护结构体系的应力状态，影响隧道支护体系的长期安全性。因此，本书基于隧道支护体系应力非线性转移演化规律、支护结构体系内的黏结退化机制及本构模型等研究成果，提出隧道支护结构体系长期安全性评价方法，以期为隧道设计和运营维护等提供技术支撑。

1.2 国内外研究现状

运营期隧道结构长期安全性问题主要源于围岩和支护结构材料劣化。围岩和支护结构材料劣化后不仅引起自身材料物理力学性能的变化，而且引起构件界面黏结性能退化。当材料劣化与构件界面黏结性能退化后，隧道支护体系间承受的荷载发生相应的变化，同时隧道支护结构承载力发生变化，严重时将诱发隧道结构安全性问题。目前，国内外针对围岩和支护结构材料的劣化规律、构件界面黏结退化规律以及支护体系间荷载转移规律等三个方面已有一定的研究成果。

1.2.1 隧道支护体系材料劣化研究现状

针对隧道支护体系中围岩、混凝土以及钢筋（锚杆）劣化开展的研究现状如下：

（1）围岩劣化的研究现状

国内外针对围岩劣化的研究主要集中在三方面，一是研究围岩在水作用下的软化机理，二是考虑应力改变对围岩物理力学参数的影响，三是隧道施工扰动对围岩的损伤。

关于围岩在水作用下的软化机理研究，如从泥岩微细观以及矿物组成角度，阐述泥岩遇水软岩机理；采用物化组分分析方法，分析粉质砂岩软化、崩解机理；针对红层，基于水岩相互作用，探讨不同饱水条件下软岩组分、微观结构变化规律等；针对砂岩、页岩，给出了干湿循环作用下岩石单轴抗压强度、抗拉强度、弹性模量及抗剪强度的弱化规律。除了地下水的软化作用外，应力改变对围岩力学参数的影响不可忽视，已有学者针对千枚岩与板岩等典型软岩，给出了不同围压条件下千枚岩与板岩的应力 - 应变曲线，揭示了软岩力学参数随围压变化的规律。考虑水和应力耦合作用时，研究了不同饱水时间、围压条件下软岩强度参数变化规律。针对隧道施工对围岩产生的损伤，也有专门研究。

但对高地应力、地下水和溶蚀作用下围岩物理力学参数的变化规律及计算方法等仍需进一步研究。

（2）支护结构劣化的研究现状

隧道支护结构的劣化主要是指混凝土与钢筋的劣化。

混凝土劣化研究集中在混凝土中性化引发的劣化、侵蚀环境引发的劣化以及环境温度引发的劣化等。混凝土中性化的劣化主要考虑混凝土碳化以及混凝土溶蚀，分别对应于一般大气与地下水环境。混凝土碳化的研究成果较多，有较为成熟的预测模型。溶蚀的研究相对偏少，研究主要集中在水泥净浆的钙溶出试验。水泥净浆溶蚀主要体现为可溶性水化产物的溶解。已有的研究基于微观测试手段，探明了可溶性水化产物的溶出顺序，揭示了溶蚀劣化机制，同时也给出了溶蚀劣化的评价方法。侵蚀环境主要为硫酸盐环境和氯盐环境。氯盐环境通常对混凝土本身并不造成损伤，而是导致钢筋锈蚀。硫酸盐对混凝土的破坏是一个化学侵蚀与物理侵蚀共同作用的过程。化学腐蚀产生易膨胀性物质，而干湿交替作用导致盐结晶腐蚀。已有的硫酸盐腐蚀破坏预测模型多基于干湿循环方法，预测模型考虑了干湿循环次数、硫酸盐浓度以及混凝土材料特性等因素的影响。对于环境温度对混凝土的作用，目前的研究主要考虑低温冻融、高地温环境作用对混凝土劣化特征的影响。低温冻融作用主要是水的冻胀作用引发混凝土开裂，导致混凝土表层剥落。高地温条件下混凝土抗压强度表现出明显的强度劣化效应，其原因是高温条件下水泥基材料水化反应不充分，大量未水化的水泥颗粒被迅速包裹，结构疏松多孔，微观产物排序紊乱，层间连接较弱，骨料和界面过渡区裂纹较多，在荷载作用下更易产生宏观裂缝。

已有研究给出了钢筋劣化过程的两个阶段，即钢筋表面的去钝化膜阶段与铁锈膨胀阶段。钢筋去钝化的影响因素主要为混凝土中性化和氯盐侵蚀。相关学者针对钢筋去钝化的临界状态开展研究，探明了钢筋锈蚀的启动机制，给出了临界的 pH 值与氯离子临界浓度。铁锈自由膨胀阶段主要针对锈蚀速率的发展、锈蚀钢筋力学参数的演化以及锈蚀形态等问题开展研究。为了反映现实环境因素对钢筋锈蚀速率的影响，研究人员开展表层含水量、环境温度、氯离子含量以及混凝土孔隙率等因素对钢筋锈蚀的试验，取得一定的研究成果。针对钢筋锈蚀后的物理力学特性，相关领域的学者们建立了钢筋锈蚀率对钢筋力学参数（屈服强度、极限强度以及延性等）影响的预测模型，该模型的锈蚀钢筋样本主要来源为自然锈蚀环境锈蚀的钢筋、电化学锈蚀环境锈蚀的钢筋以及实际工程取出的锈蚀钢筋，对全面揭示钢筋锈蚀后的力学参数演化规律有重要意义。近年来，有学者针对钢筋锈蚀形态开展研究，研究了非均匀锈蚀的蚀坑的类型、蚀坑的生长及形状演变规律，对全面了解钢筋锈蚀过程具有重要指导意义。

对于隧道支护体系构件来说，仅针对单一构件进行劣化分析，不能反映支护结构荷载转移情况，无法进行结构安全性评价，因此需要统筹考虑溶蚀、化学腐蚀、高地温及冻融等复杂环境下围岩的劣化，以及支护结构中混凝土和钢筋材料的劣化。

1.2.2　隧道支护体系中构件界面本构模型研究现状

隧道支护体系中的构件界面主要有型钢与混凝土界面、锚杆与灌浆料界面和钢筋与混凝土界面三种。在界面本构方面已有的研究成果如下：

（1）型钢与混凝土界面力学特性及本构模型研究现状

早期对型钢与混凝土界面本构的研究，主要通过型钢混凝土短柱的推出试验，研究型钢表面特征对型钢混凝土界面黏结强度的影响规律。研究中假设型钢混凝土界面黏结应力变化分为两个阶段，界面滑移之前由水泥浆和钢材之间的黏附或化学黏合决定，界面滑移之后由界面摩擦力决定。型钢混凝土保护层对型钢混凝土界面黏结滑移行为产生影响，随着混凝土保护层厚度增加，约束效应增强，型钢混凝土界面黏结强度显著提高。高地温隧道中型钢与混凝土界面本构的研究主要是通过不同相对湿度和变温养护条件下型钢混凝土短柱的推出试验，研究型钢混凝土界面黏结滑移性能与温湿度的关系。以上成果对界面黏结行为的研究有很好的支撑，但未考虑型钢锈蚀对界面本构的影响。

（2）锚杆与灌浆料界面力学特性及本构模型研究现状

锚杆类型较多，目前工程中应用较广的是全长黏结型锚杆。它由杆体和灌浆料组成，主要考虑两个界面，即锚杆体与灌浆料之间的界面以及灌浆料与围岩之间的界面。就锚杆受力特性而言，国内外学者已经提出了沿锚杆剪切应力分布的理论解，并研究了锚杆在拉伸荷载作用下的轴向力学行为，锚杆与灌浆料界面的剪应力从加载点到锚杆远端逐渐衰减，呈负指数函数关系。通过对锚杆灌浆体内裂纹萌生和扩展等现象分析，得到灌浆料强度的降低对锚杆拉拔的峰值强度和残余强度有负影响。同时，研究成果还涵盖了极限拉拔力、黏结破坏机理、临界锚固长度、荷载传递以及介质材料属性等多个方面，对锚杆与灌浆料界面的力学特征有了一定的认识，并提出了多种本构模型。

（3）钢筋与混凝土界面力学特性及本构模型研究现状

已有研究将钢筋与混凝土界面黏结 - 滑移曲线分为五个阶段——微滑移段、滑移段、劈裂段、下降段和残余段，并构建了采用直线描述的五阶段黏结应力 - 滑移本构模型。对欧洲规范中非锈蚀构件黏结应力 - 滑移本构模型进行修正，得到锈蚀钢筋与混凝土界面的黏结滑移本构模型。也有学者认为钢筋混凝土界面的黏结劣化是由于材料劣化和外部约束变化，据此建立了连续的锈蚀钢筋黏结滑移本构模型关系式。同时，国内外学者还针对钢筋与混凝土界面的黏结机理、黏结强度及黏结滑移本构模型开展了大量的研究，得到了丰富的理论、试验及数值仿真成果，对钢筋与混凝土界面力学特性有了一定的认识，并提出了多种本构模型。

但目前调研到的研究成果，主要针对常规环境，仍需对高地温和化学腐蚀环境影响下已经发生劣化的构件开展隧道支护构件界面黏结滑移特性的专门研究，并给出相应的本构模型。

1.2.3　隧道支护体系劣化后应力转移机制及安全性评价研究现状

（1）隧道支护体系劣化后应力转移机制研究现状

目前的应力转移多针对隧道施工期。隧道开挖至二次衬砌施作完成后，围岩处于三次应力状态，经过一段时间的动态调整，此时围岩 - 初期支护 - 二次衬砌处于力学平衡状态。随着时间推移，支护体系受外荷载增加、材料性能劣化、防排水能力下降等影响，围岩 - 初期支护 - 二次衬砌的内力和变形将发生新的调整以达到力学平衡状态，若调整过程中支护体系内力超过其承载力，会发生失稳现象。针对初期支护劣化，通过模型试验手段研究了初期支护劣化失效过程，获得了隧道结构整体承载力的变化规律；针对高地温隧道，已有研究得到了温湿度对喷射混凝土的弹性模量、单轴抗压强度等影响，以及高地温隧道初期支护、二次衬砌应力变化的规律；针对衬砌背后空洞，研究了不同形状、不同尺寸的空洞对隧道结构的影响。

（2）隧道支护体系安全性评价研究现状

隧道安全性评价一般根据现行《公路隧道设计规范　第一册　土建工程》（JTG 3370.1）和《铁路隧道设计规范》（TB 10003）采用破损阶段法对初期支护、二次衬砌的安全性进行评价，该方法主要适用于设计、施工阶段。对于运营隧道，受工程环境影响，支护体系会产生劣化，因此运营隧道安全性评价需考虑材料劣化。

针对隧道施工期的应力转移已有大量研究成果，但在运营期，特别是支护体系劣化后应力如何转移，围岩、初期支护和二次衬砌之间的应力如何分配，发生应力转移后的结构安全性如何，均需开展研究。

1.3　隧道支护体系劣化机理与安全性评价研究的关键问题

本书针对隧道支护体系劣化及安全性研究现状，结合国家自然科学基金项目——海底隧道锈蚀型钢钢架与喷射混凝土黏结滑移退化本构关系研究（51878567）等主要研究成果，重点对以下四个关键问题展开论述。

（1）隧道支护体系材料劣化机理及力学参数变化规律

隧道支护体系由围岩与支护结构组成。支护体系的劣化特征与所处的工程环境紧密相关，除了要考虑一般环境、冻融环境、近海洋氯化物环境、除冰盐等其他氯化物环境、盐结晶环境和化学腐蚀环境等影响外，还要考虑高地温、高地应力、渗漏溶蚀等特殊环境影响，根据工程环境推断了支护体系劣化特征。同时通过试验和现场测试，得到地下水、高地应力、溶蚀、施工影响对围岩劣化及化学腐蚀环境、高地温、冻融环境等对支护结构劣化的机理及力学参数变化规律。

（2）支护体系劣化致构件界面黏结滑移退化本构模型

支护体系构件界面的黏结是构件共同承载的基础，若黏结强度降低或丧失，支护体系构件间不能联合作用，导致支护结构承载力下降。采用电加速锈蚀试验、推出试验探明了型钢钢架锈蚀后型钢钢架与喷射混凝土界面的力学特性；通过锚杆拉拔试验探明了高地温作用后锚杆与灌浆料界面的力学特性，基于损伤理论构建了锈蚀型钢钢架与喷射混凝土界面、锚杆与灌浆料界面黏结滑移退化本构模型。

（3）支护体系劣化致围岩 - 初期支护 - 二次衬砌间应力转移机制

支护体系劣化后，材料力学参数降低、构件界面黏结退化，二者共同作用下支护体系承载力下降，势必导致围岩 - 初期支护 - 二次衬砌间的应力发生改变。首先给出了支护体系劣化后应力变化的通用公式，以型钢钢架锈蚀为例，采用数值模拟得到型钢钢架锈蚀后围岩 - 初期支护 - 二次衬砌的应力变化规律，推导了应力变化的公式，揭示了型钢钢架锈蚀致围岩 - 初期支护 - 二次衬砌间荷载转移机制。

（4）隧道支护结构长期安全性评价计算模型及方法

支护体系劣化后，围岩 - 初期支护 - 二次衬砌间应力发生转移，支护结构的安全性将改变。根据围岩 - 初期支护 - 二次衬砌间应力变化规律得到荷载转移计算公式，构建初期支护和二次衬砌力学计算模型，提出初期支护和二次衬砌长期安全性评价方法。

第 2 章

隧道支护体系劣化特征及主要研究方法

隧道支护体系劣化包括围岩劣化和支护结构的劣化，其劣化特征与工程环境密切相关。本章梳理了影响隧道安全性的主要工程环境，得到了不同工程环境下的隧道支护体系劣化特征，并对隧道支护体系劣化研究的方法和手段进行了介绍。

2.1 隧道支护体系工程环境与劣化特征

工程环境包括结构物所处的地质环境和运营环境，它直接影响了混凝土结构物的劣化及长期安全。我国现行《混凝土结构耐久性设计标准》（GB/T 50476）、《公路工程混凝土结构耐久性设计规范》（JTG/T 3310）、《铁路混凝土结构耐久性设计规范》（TB 10005）、《水运工程结构耐久性设计标准》（JTS 153）以及《公路工程地质勘察规范》（JTG C20）等给出了地面工程结构的混凝土和钢筋等构件耐久性劣化环境及分类。

以《混凝土结构耐久性设计标准》（GB/T 50476）为例，规范中以混凝土和钢筋构件的耐久性劣化作用机理划分的工程环境共有 5 类。其中，与混凝土耐久性相关的工程环境有 3 类，分别为一般环境、冻融环境和化学腐蚀环境；与钢筋耐久性相关的工程环境有 2 类，分别为海洋氯化物环境以及除冰盐等其他氯化物环境。公路和铁路行业根据常见的工程环境进行总结，在原有的基础上新增了 2 类工程环境，分别为盐结晶环境和磨蚀环境。其中，盐结晶环境主要为干燥、日温差大、多风的含硫酸盐的盐土环境；磨蚀环境为风沙地区、含沙或者含冰河道的环境，主要适用于桥涵结构。由于除冰盐等其他氯化物环境在水运工程极为少见，因此《水运工程结构耐久性设计标准》（JTS 153）考虑的工程环境只有 4 类。《公路工程地质勘察规范》（JTG C20）考虑到溶蚀作用对混凝土的影响，给出了用于评价软水条件下混凝土的溶蚀劣化的工程环境。

国外规范与规程也规定了影响混凝土结构耐久性的工程环境。如，美国《结构混凝土建筑规范要求》（ACI 318-19）主要考虑冻融环境、硫酸盐环境以及钢筋锈蚀环境。其中钢筋锈蚀环境是将一般环境、海洋氯化物环境和除冰盐其他氯化物环境整合后形成的，硫酸盐环境则是化学腐蚀环境的其中一部分。欧盟《混凝土—第 1 部分：规格、性能、生产和符合性》（EN 206-1）则将工程环境划分成 6 类，分别为无腐蚀环境、碳化环境、非海洋的氯化物环境、海洋氯化物环境、冻融环境以及化学腐蚀环境，其中碳化环境对应一般环境，非海洋的氯化物环境对应除冰盐等其他氯化物环境。

隧道与地面结构物不同之处在于，它是修筑于地下的一种结构物，受围岩条件影响显著，特别是一些长大深埋隧道，可能面临高地温和高地应力等环境，但规范规程中并没有充分考虑这两类工程环境对隧道支护体系的影响。对混凝土溶蚀劣化的问题，规范中主要考虑了地下水中离子含量影响，但没有充分考虑动力水的影响。因此，本节在地面结构物工程环境的基础上，考虑了隧道结构的环境特征，对上述九类工程环境与支护结构的劣化特征分别进行分析。

（1）一般大气环境（简写为Ⅰ）

在一般大气环境中，支护体系的劣化特征是二次衬砌混凝土碳化。空气中 CO_2 与混凝土中的氢氧化钙反应形成碳酸钙，导致混凝土的 pH 值降低。当混凝土碳化层超过混凝土保护层时，将导致钢筋钝化膜破坏，诱发钢筋锈蚀，最终降低结构的承载力。

（2）冻融环境（简写为Ⅱ）

冻融环境是指支护体系构件经受反复冻融作用的暴露环境。在冻融环境中，支护体系的劣化特征主要表现为初期支护喷射混凝土、锚杆灌浆料以及二次衬砌混凝土等材料发生冻胀损伤。长期冻融作用下，容易导致混凝土开裂，表层脱落，降低支护结构的承载力。

（3）近海或海洋氯化物环境（简写为Ⅲ）

近海或海洋氯化物环境是指近海或海洋地区的支护体系构件受到海水氯盐侵入作用并引起钢材锈蚀的暴露环境。在近海或海洋氯化物环境中，支护体系的劣化特征主要表现为型钢钢架和锚杆发生锈蚀劣化，属于电化学腐蚀。型钢钢架与锚杆的锈蚀劣化不仅降低了构件自身的承载能力，而且弱化了型钢 - 喷射混凝土和锚杆 - 灌浆料之间界面黏结滑移特性，最终导致支护结构的承载能力下降，影响支护系统的安全性。

（4）除冰盐等其他氯化物环境（简写为Ⅳ）

除冰盐等其他氯化物环境是指支护体系构件受到除冰盐水溶液或烟雾中氯盐侵入作用引起钢材锈蚀的暴露环境。在除冰盐等其他氯化物环境中，支护体系的劣化特征主要表现为二次衬砌的钢筋锈蚀劣化。二次衬砌的钢筋锈蚀劣化不仅降低了钢筋自身的承载能力，而且弱化了钢筋混凝土之间界面黏结滑移特性，最终导致支护结构的承载能力下降。

（5）化学腐蚀环境（简写为Ⅴ）

化学腐蚀环境是指支护体系构件受到自然环境中化学物质腐蚀作用的暴露环境。常见的化学腐蚀环境主要为硫酸盐干湿交替环境和地下水中的镁盐环境、酸性环境以及侵蚀性二氧化碳环境。在化学腐蚀环境下，支护体系构件的劣化特征主要为围岩、喷射混凝土、灌浆料以及二次衬砌混凝土的腐蚀劣化。

（6）盐结晶环境（简写为Ⅵ）

盐结晶环境是指支护体系构件受到硫酸盐结晶作用的暴露环境。常见的盐结晶环境为干燥、日温差大、多风的含硫酸盐的盐土环境。在盐结晶环境下，支护体系构件的劣化特征主要表现为喷射混凝土和灌浆料的结晶膨胀劣化。长期反复作用下容易导致支护构件材料开裂、表面剥离，影响着构件的承载能力。

（7）高地温环境（简写为 T-GH）

高地温环境是指高地温隧道开挖时，洞内空气温度迅速降至 28℃，支护体系构件中水泥基材料成型受到高温变温过程的影响而发生劣化的暴露环境。在高地温环境下，支护体系构件的劣化特征主要表现为喷射混凝土和灌浆料等水泥基材料成型过程的劣化，主要体现为构件材料成型强度低、黏结性能差等问题。

（8）渗漏溶蚀环境（简写为 T-LEA）

渗漏溶蚀环境是指因支护结构的构造裂缝或异常开裂造成的渗漏水环境，

可溶性围岩、喷射混凝土以及灌浆料在渗漏水环境下发生溶蚀现象。渗漏溶蚀劣化导致可溶性围岩、喷射混凝土和灌浆料的强度降低，引发支护体系承载力下降，影响支护体系长期安全性。

（9）高地应力环境（简写为 T-GS）

高地应力环境是指在高地应力作用下软弱围岩因应力调整导致力学参数劣化的暴露环境。软弱围岩隧道开挖卸荷会引起应力调整，导致围岩变形量增大、物理力学参数劣化。特别是在高地应力环境下，较高的地应力值使得劣化问题更为突出。高地应力与围岩参数劣化共同影响下围岩形变压力变大，因此引发隧道施工或运营期间出现隧道初期支护开裂变形、二次衬砌挤出破坏以及隧道底鼓等问题，影响隧道长期安全性。

对以上九类工程环境下隧道支护体系的劣化特征及影响进行了归纳和总结，见图 2-1。

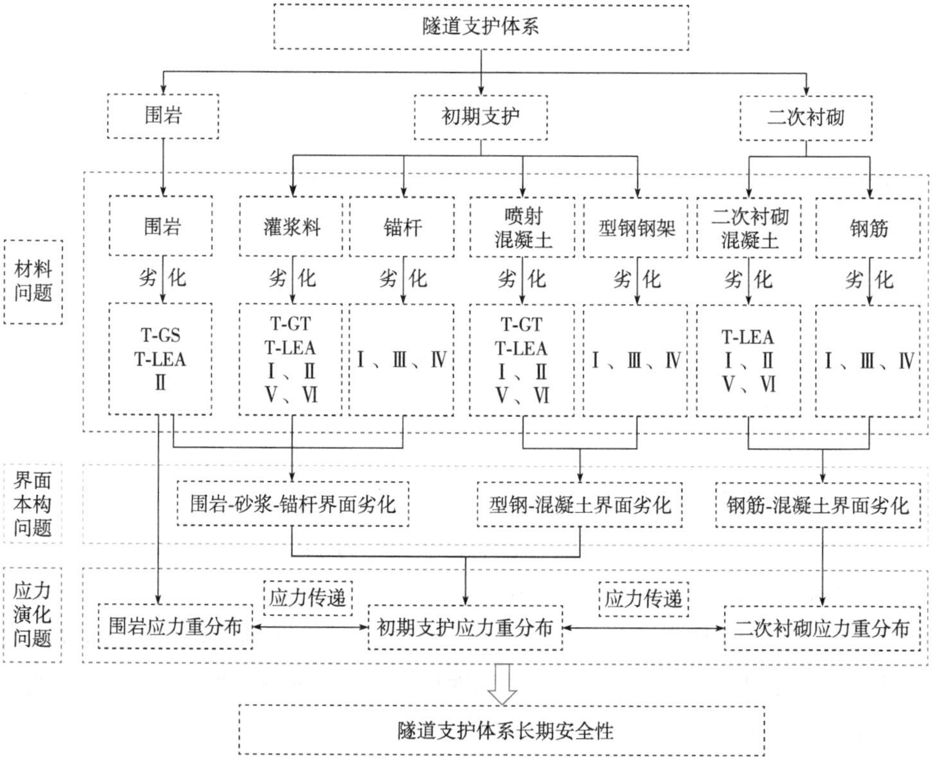

图 2-1　九类工程环境下隧道支护体系的劣化特征及影响

2.2　隧道支护体系劣化研究的主要试验方法

隧道支护体系劣化研究的主要试验方法包括构件材料的劣化试验和测试试验。

2.2.1　隧道支护体系材料劣化的试验方法

隧道支护体系材料劣化的试验包括支护结构构件高温变温变湿养护室内试验、喷射混凝土溶蚀模拟试验以及型钢锈蚀电化学加速试验。

（1）支护结构构件高温变温变湿养护室内试验

要获得支护结构构件在高地温环境下的劣化特征，需开展支护结构构件高温变温变湿养护室内试验。该试验设备为变温变湿养护试验箱，箱体内部是上下两层边长为 1m × 1m × 0.5m 的立方体养护室，可以容纳大型混凝土试件标本，如图 2-2 所示。

图 2-2　变温变湿养护试验箱

变温变湿养护试验箱的温度可在 0 ～ 150℃范围内调节，相对湿度调节范围在 20% ～ 98%。温度参数和相对湿度参数的调整精度分别为 0.1℃和 0.1%，装置的主要参数见表 2-1。

变温变湿养护试验箱设备参数　　表 2-1

项目	指　标	项目	指　标
温度范围	0 ～ 150℃	湿度范围	20% ～ 98%RH（温度在 25 ～ 80℃时）
温度偏差	≤ ±1℃	湿度均匀度	+2 ～ -3%（> 75% RH），±5%（≤ 75% RH）
温度波动度	±0.5℃	精度	温度 0.1℃；湿度：0.1%RH
降温速率	0.7 ～ 1℃ /min（空载）	电源	220V/380V 50Hz
升温速率	2 ～ 5℃ /min（空载）	总功率	约 11kW

在高地温环境下，支护结构构件材料劣化试验主要分为两个步骤：

①按相关规范或者条文进行试件制作。试件制作完成后，先在室温条件下

静置，待混凝土初凝后，连同模具一起放入养护箱进行养护。

②试验箱内初始温度设定为 T_0，降温时间为 n 天，而后每 4 个小时等幅调低温度，调幅为 $(T_0-28)/(6\times n)$℃，在第 n 天后试验箱内养护温度恒定为 28℃。在整个试件养护过程中，试验箱内空气湿度根据试验目标进行设定。

（2）喷射混凝土溶蚀模拟试验

为了获得喷射混凝土在支护渗漏溶蚀环境下的劣化特征，需开展喷射混凝土溶蚀模拟试验。该试验主要采用供水水泵、输水管路、动力水循环模拟箱组成的动力水循环装置，如图 2-3、图 2-4 所示。

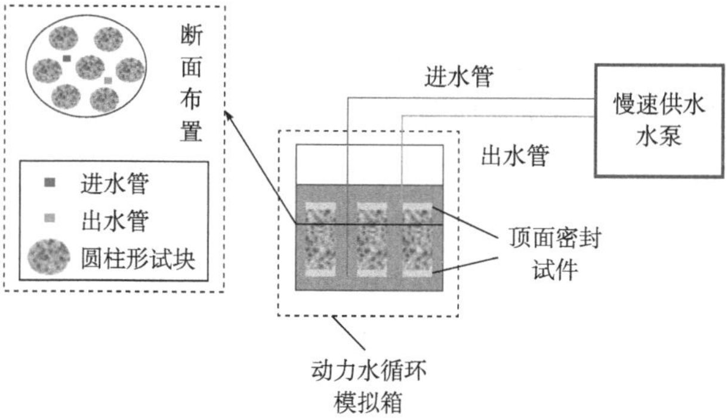

a）装置示意图

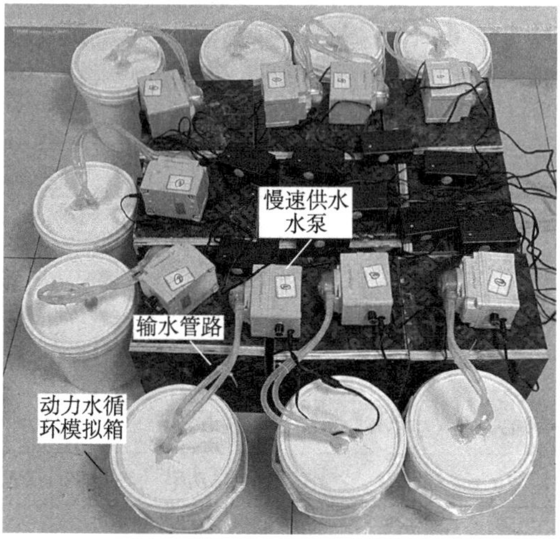

b）装置实物图

图 2-3　地下水层流流态喷射混凝土溶蚀模拟装置

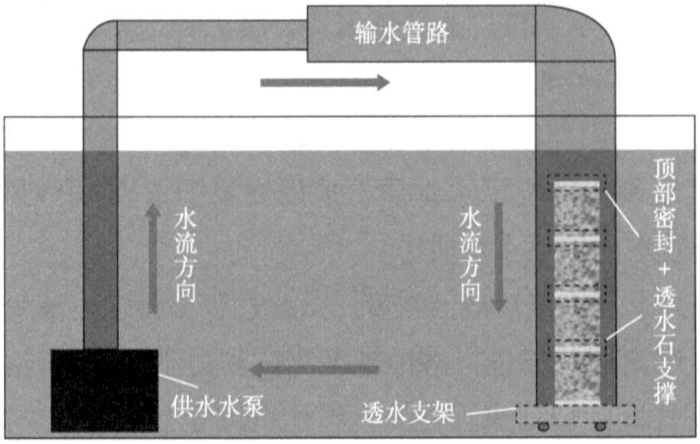

a）装置示意图

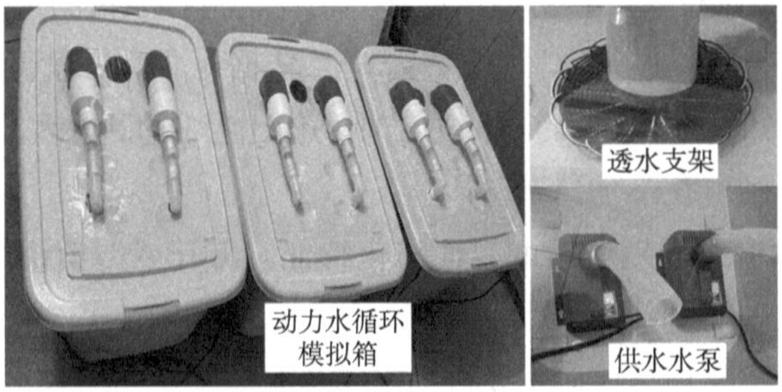

b）装置实物图

图 2-4　地下水湍流流态喷射混凝土溶蚀模拟装置

为了模拟动力水流态对喷射混凝土溶蚀的影响，供水水泵设置慢速水泵与普通型水泵两种。慢速水泵的流量调节范围为 0 ～ 5L/min，可模拟 0 ～ 5cm/s 层流流态的动力水。普通型水泵的流量为 60 ～ 140L/min，可模拟 1.5 ～ 3.5m/s 湍流流态的动力水。喷射混凝土试件尺寸为直径 48cm、高度 10cm 的取芯试样。试验仅考虑径向溶蚀，故在试验前对试件采用环氧树脂进行密封处理。

喷射混凝土溶蚀模拟试验主要分成三个步骤：

①将密封好的圆柱形试件浸泡于地下水侵蚀溶液中，侵蚀溶液可根据实际需要进行配置。本次试验中采用 2 种类型的侵蚀液，分别为 NH_4Cl 溶液和 $NaHCO_3$ 溶液，对应化学加速溶蚀模拟试验和常规溶蚀试验模拟法。化学加速溶蚀模拟试验主要用以研究喷射混凝土全溶蚀过程的性能。化学加速溶蚀模拟法采用 NH_4Cl 溶液作为化学加速剂，其配置浓度为 321g/L。常规溶蚀试验模拟法用以模拟实际工程中 HCO_3^- 型水质喷射混凝土溶蚀特征，对化学加速试验起

到修正作用。HCO_3^- 型水质浓度主要依据《公路工程地质勘察规范》（JTG C20）中腐蚀环境（0 ～ 30mg/L）、轻腐蚀环境（30 ～ 60mg/L）以及微腐蚀环境（≥ 60mg/L）进行拟定。试验采用配置浓度为 30mg/L 和 60mg/L 的 $NaHCO_3$ 溶液模拟软水与适度硬水的地下水水质，采用去离子水模拟 HCO_3^- 浓度为 0mg/L 的水质，对应极软水的地下水水质。

②为保持动力水环境侵蚀溶液浓度，试验过程中侵蚀溶液每 2 天更换一次。

③测试过程中定期取样进行溶蚀深度测试和力学强度测试。对试件进行溶蚀深度测试时，将试件切割成圆柱块，圆柱块尺寸参考《普通混凝土长期性能和耐久性能试验方法标准》（GB/T 50082）混凝土碳化试验切块取样要求，取 1.5cm 厚度。取出圆柱块后，对原试件部分切口进行环氧树脂密封，放回装置中继续进行试验。对试件进行力学强度测试时，依据《港口工程混凝土非破损检测技术规程》（JT 272）的规定，将试件加工成高径比为 1 的圆柱块，进行强度测试。

（3）型钢锈蚀电化学加速试验

为了获得型钢钢架锈蚀后的界面劣化特征，需开展型钢锈蚀电化学加速试验，试验装置见图 2-5。

型钢锈蚀电化学加速试验主要分为三个步骤：

①在电解槽里面配置 5% 浓度的 NaCl 溶液，将构件浸泡 7 天，使盐水慢慢渗入构件内部，与里面的工字钢接触；

②按照图 2-5b）连接电解线路，开通电源，调整电流，控制电流为 1A；

③保持电流不变，到设计的目标通电时间。

a）

图 2-5

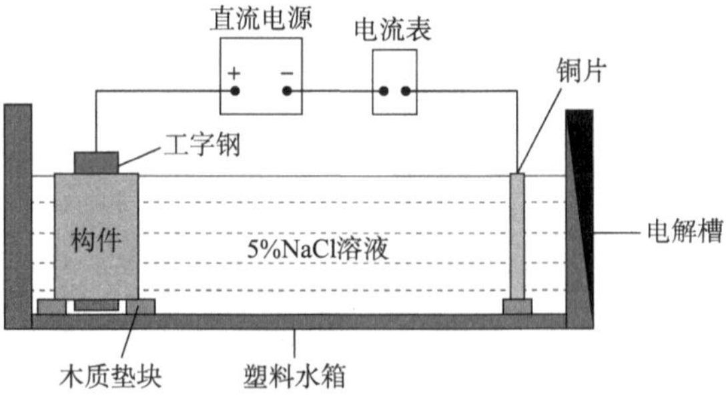

b）

图 2-5　型钢锈蚀电化学加速试验

2.2.2　隧道支护体系材料劣化的微观特征试验方法

隧道支护材料劣化微观特征的试验包括：微观结构电镜扫描试验、X 射线粉晶衍射试验、热重分析试验、压汞试验、纳米压痕试验及无损 CT 扫描试验。

（1）微观结构电镜扫描试验

为了获得支护结构材料劣化后的微观结构特征，开展了微观结构电镜扫描试验。微观结构电镜扫描选用场发射扫描电镜，如图 2-6 所示。

主要配置可以对材料表面微观形貌进行高分辨率扫描成像，可以对材料微区进行相关物相及成分分析。场发射电子枪加速电压 0.01 ～ 30kV 连续可调，倍率为 25 ～ 1000000（SEM），最大分辨率为 0.7nm（15kV）。

试样制备：制作尺寸小于 1cm × 1cm × 1cm 的薄片。表面尽量平整，以免影响导电性及图片拍摄的清晰度。用导电胶把样品粘在样品座上，抽真空后进行镀膜处理，在材料表面镀一层导电膜，以避免在电子束照射下产生电荷积累，影响图像质量，并可以防止样品的热损伤。

（2）X 射线粉晶衍射试验

要获得支护结构材料劣化后的晶体物质成分组成，需开展 X 射线粉晶衍射试验。X 射线粉晶衍射试验选用 X 射线衍射仪，如图 2-7 所示。

该仪器包括四大主要附件：微区模块、薄膜模块、小角度散射模块和高温附件。设备内部探测器计数矩阵为 256 × 256 像素，可读最小步长为 0.0001°，测角仪半径为 240mm，测角范围为 −110° ～ 168°，角度重现性≤ ±0.0001°。

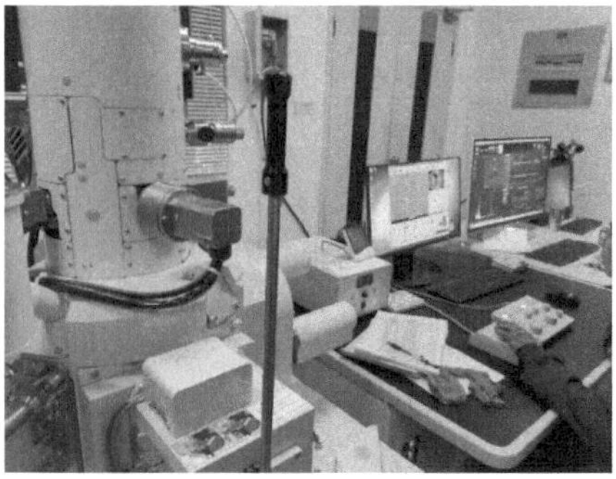

图 2-6　场发射扫描电镜

图 2-7　X 射线衍射仪

试样制备：剖断局部试样并选取少许内部新鲜面浸泡至无水乙醇中终止水化。将试样研磨至能通过 0.12mm 方筛的粉末为止。最后将处理后的粉末进行烘干并装袋区分标记。进行 X 射线衍射测试时，将样品分别放置于载物台上，设定衍射仪扫描速度为 4° /min。

（3）热重分析试验

要获得支护结构材料劣化后的非晶体物质成分组成，需开展热重分析试验。热重分析试验选用 TGA/DSC3+ 同步热分析仪（图 2-8）。

该设备的温度调控范围为室温～ 1600℃，称重天平灵敏度为 0.01μg，采用 6 对 Pt-Pt/Rh 热电偶，量热温度分辨率为 0.00003℃，量热准确度可达 ±1%。

试样制备：称取 5 ～ 10mg 试样并放置于研磨钵中制成粉末状试样放入真空封闭设备中，设定升温区间为 20 ～ 1000℃，加热速率为 10℃ /min，测试模式选用失重曲线。

（4）压汞试验

要获得支护结构材料劣化后的孔隙结构分布特征，需开展压汞试验。该试验采用全自动压汞仪，如图 2-9 所示。

该设备最大进汞压力 414MPa，包括四个低压站，两个高压站。汞进入待测样品的孔隙需施加外部压力，外部压力越大，汞能进入的孔半径越小。根据进汞压力与孔径之间的关系，即可得到所测样品的孔隙率及孔结构特征。设备孔径测量范围 3nm ～ 1000μm，但被测样品的测试的最小孔径范围与被测样品材质有关。对于质地较软、易变形的样品，为确保测试的准确性可联合氮气吸附仪进行修正处理。

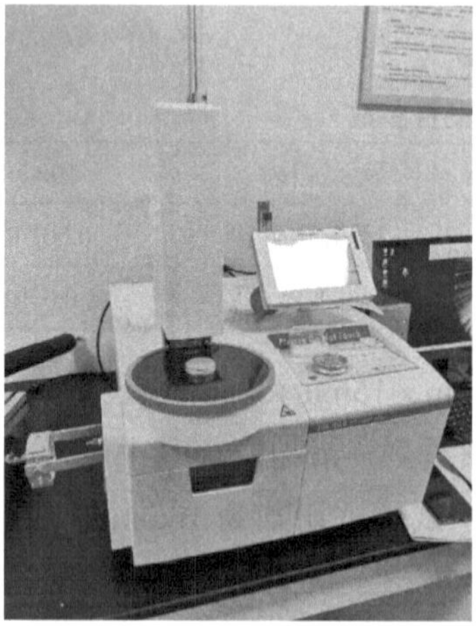

图 2-8　TGA/DSC3+ 同步热分析仪

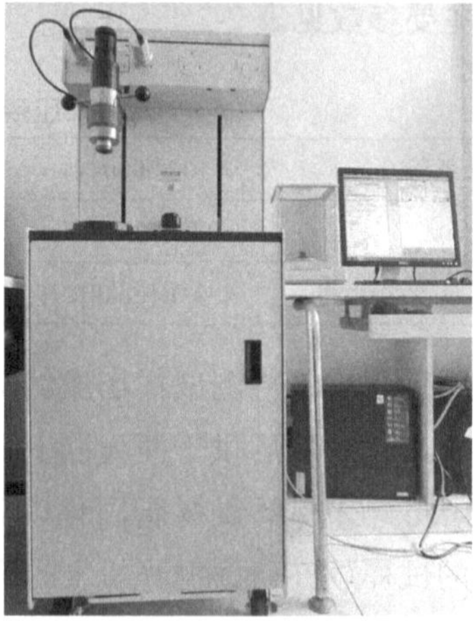

图 2-9　全自动压汞仪

试样制备：将待测试样切成约 10mm × 10mm × 20mm 大小，用无水乙醇浸泡终止水化，然后烘干两天以上，进行孔隙结构测试。

（5）纳米压痕试验

要获得支护结构材料劣化后的微观弹性模量，需开展纳米压痕试验。该试验采用的设备是纳米压痕仪，如图 2-10 所示。

图 2-10　纳米压痕仪

纳米压痕仪可兼容多量程测试模块，具备高度稳定性和高灵敏度。该仪器最大荷载为 500mN，位移分辨率为 0.001nm，可实现大加载量和大位移压痕测试，设备主要参数见表 2-2。

纳米压痕仪设备参数　　表 2-2

最大载荷	100/500mN	最大位移	100/200μm
荷载分辨率	0.003/0.02μN	位移分辨率	0.001/0.01nm
荷载本底噪声	＜0.05[rms][μN]	深度本底噪声	＜0.05[rms][μN]

试样制备：①将待测试样切成约 20mm × 15mm × 15mm 长方体，用无水乙醇浸泡终止水化，然后烘干两天以上，放置到环氧树脂模具中进行冷镶，模具直径为 25mm。②待环氧树脂固化以后，试样被切割为 10mm 厚左右的薄片，将制备好的试样放在研磨抛光机上打磨。在整个切割以及打磨抛光过程中，必须保持试样的 2 个平面平行。打磨清洗之后，方可进行纳米压痕试验。③进行纳米压痕测试时，压头以 0.1mN/s 的线性速度加载 20s 至 2mN，恒载 5s 以后仍然以 0.1mN/s 的线性速度卸载。

（6）无损 CT 扫描试验

为了研究锚固系统的失效机理和规律，需采用无损 CT 扫描法探查锚固试件内部裂缝的发展情况，本次试验采用的设备为螺旋 CT 扫描仪，见图 2-11。

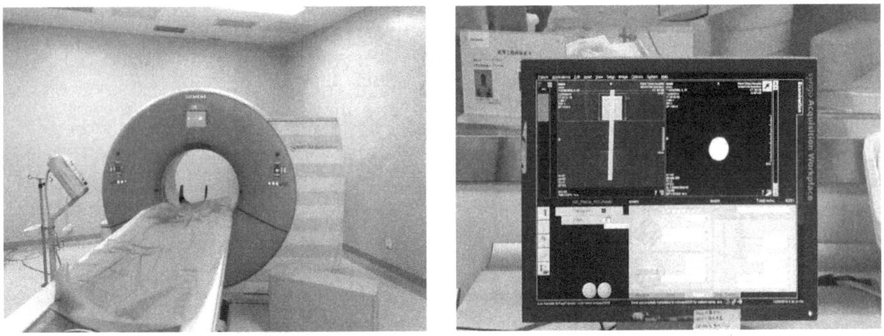

图 2-11　螺旋 CT 扫描仪

该机高分辨率的扫描范围为 200cm。能实现 64 层 0.6mm 薄层采集，扫描速度快、覆盖范围广，0.33s 旋转一周，可产生 128 层图像，覆盖 4cm 范围。

2.2.3　隧道支护体系材料劣化的宏观力学性能试验方法

隧道支护体系材料劣化的宏观力学性能试验包括：单轴抗压强度测试试验、

锚杆拉拔试验及型钢推出试验。

（1）单轴抗压强度测试试验

为了获得支护结构构件劣化后的单轴抗压强度，开展了单轴抗压强度测试试验。本次试验采用的压力试验机（图 2-12）净重 1450kg，最大试验力 2000kN，示值精度 ±1%，承压板尺寸 320mm×320mm，承压板间最大净距 320mm。

图 2-12　压力试验机

（2）锚杆拉拔试验

为了获得高地温环境下灌浆料劣化后的围岩 - 锚杆 - 灌浆料的界面力学特性，开展了锚杆拉拔试验。拉拔实验采用液压万能试验机和专用拉拔装置进行，见图 2-13。

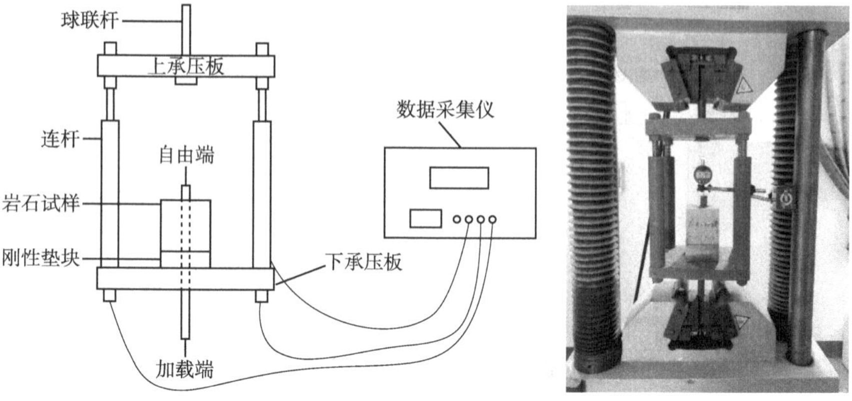

a）　　b）

图 2-13　锚杆拉拔试验

本次试验用的试验机的最大试验力为 1t，活塞的移动速度可设定在 100mm/min 以下。专用拉拔装置由承压板（上、下）、球联杆、刚性缓冲块、连杆组成。承压板由四根连杆连接成钢架，上、下承压板中心均开有孔洞。球联杆穿过上承压板，由万能试验机的卡盘夹紧，有助于改善偏心拉力的情况。下部缓冲块的刚度足够大，避免在较大的外力作用下发生弹性变形。垫块中心设有孔洞，孔洞直径大于岩石试件，以保证锚固件的自由滑移。锚杆的受力端部穿过缓冲块和下承压板，由万能试验机的夹头夹住。当试验机横梁垂直向上移动时，锚固体被缓慢拉出。

将制备好的锚杆拉拔试样安装在液压万能试验机上，并配备专用的拉拔装置。安装电子千分尺（量程＜12mm），固定在锚杆中心，测试锚固体在自由端位移。加载试验采用等应变速度控制，加载速度保持0.5mm/min不变。加载端载荷和位移的变化由计算机自动监测。当试验曲线下降部分变平或试验结果大于电子千分尺量程时，停止加载试验。

（3）型钢推出试验

为了获得近海或海洋氯化物环境下型钢锈蚀劣化后的型钢-混凝土的界面力学特性，开展了型钢推出试验。推出试验采用一个定制的加载装置和最大容量为1200kN的液压伺服千斤顶进行，如图2-14所示。

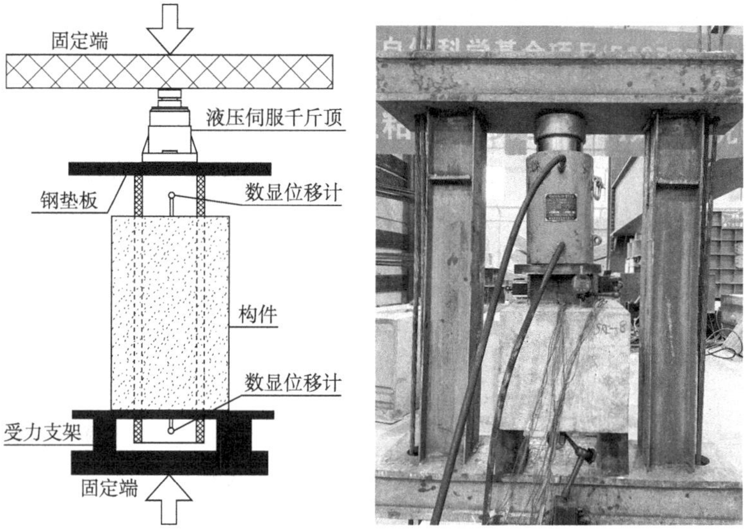

a）加载示意图　　b）加载实验设备

图2-14　型钢推出试验

所有试件采用恒定加载速度加载，加载速率恒定为20kN/min。当荷载增加到600kN时，采用恒定位移速率0.12mm/min控制加载过程，直到试件断裂。为了消除不完全接触造成的测量误差，所有试验开始都施加轴向力为10kN的预压。混凝土下端通过支座固定在试验台上，上端自由。加载时，钢垫板在千斤顶作用下向下顶推型钢，型钢上端承担液压千斤顶的荷载。采用两台精度为0.01mm的位移传感器测量试件自由端和加载端的滑移位移。

第 3 章

围岩劣化机理及力学参数变化规律

围岩是隧道结构荷载的来源，也同隧道结构一起承受荷载。围岩受到地下水、高地应力、溶蚀作用等环境因素的影响或施工扰动后，其物理力学参数和承载性能均有不同程度的劣化，最终影响到围岩自承能力的发挥。本章探讨地下水、高地应力、溶蚀作用和施工影响下的围岩劣化机理，给出围岩劣化后的参数演化规律。

3.1 地下水作用下围岩劣化及其力学参数变化规律

围岩是隧道周围由结构面与岩体组成的地质体，地下水的软化作用下会导致岩体与结构面的力学参数衰减，降低围岩的稳定性；车辆动荷载的往复作用更加强了地下水对围岩的冲刷，导致围岩中的细颗粒流失，加速围岩劣化。

3.1.1 地下水对围岩劣化的影响

地下水的软化作用是指当岩石受水浸湿后，水分子改变了岩石的物理状态，使岩石内部颗粒间的表面发生变化，弱化了岩体力学参数，降低了围岩稳定性。地下水对围岩的软化效果往往要视围岩条件而定。当隧道围岩存在软弱结构面时，岩体的强度受软弱结构面强度的影响。地下水能软化结构面中的物质，从而使结构面的抗剪强度降低，严重影响隧道围岩的稳定性。

1）地下水软化作用对岩石强度的影响规律

（1）岩石软化性分类

岩石软化是岩石浸水后强度降低的现象。岩石抵抗浸水软化的能力主要取决于岩石中亲水性和易活性矿物或胶结物的类型及含量、岩石中孔隙及裂隙的发育程度等，岩石中亲水性或可溶性矿物含量越多，孔隙及裂隙越发育，岩石抵抗浸水软化的能力越差，即岩石越容易被水软化。软化系数 k_n 是岩石试件饱和抗压强度 R_c 与其干燥状态抗压强度 R_{cd} 的比值，表示岩石在水作用下的强度降低程度。现行《岩土工程勘察规范》（GB 50021）提出岩石按软化系数可分为软化岩石和不软化岩石。当软化系数＞0.75 时，岩石为不软化岩石；当软化系数≤0.75 时，岩石为软化岩石。

当水侵入岩石时，水顺着孔隙和裂隙进入岩石内部，削弱了矿物颗粒间的联系，使岩石强度降低。强度降低程度取决于孔隙和裂隙的状况、组成岩石的矿物成分的亲水性和水分含量、水的物理化学性质等。通过对相关文献的调研和整理，得到了部分岩石的软化系数，见表 3-1。

部分岩石软化系数 表 3-1

岩石名称	风化程度	平均抗压强度（MPa）		软化系数
		干试样	湿试样	
玄武岩	新鲜	169.0	138.0	0.82
	弱风化	137.0	88.0	0.65
花岗岩	新鲜	190.0	154.0	0.81
	微风化	169.0	149.0	0.88
	弱风化	147.0	112.0	0.75
闪长岩	新鲜	204.0	175.0	0.85
	微风化	165.0	114.0	0.68
玢岩类	新鲜	192.0	156.0	0.80
	弱风化	139.0	110.0	0.79
辉绿岩	新鲜	186.0	153.0	0.81
凝灰岩	新鲜	209.0	163.0	0.77
熔结凝灰岩	新鲜	180.0	153.0	0.85

续上表

岩石名称	风化程度	平均抗压强度（MPa）		软化系数
		干试样	湿试样	
大理岩	新鲜	76.0	64.0	0.85
石英岩	新鲜	213.0	181.0	0.85
片麻岩	新鲜	148.0	130.0	0.87
	微风化	95.0	51.0	0.55
云母石英片岩	弱风化	109.0	89.0	0.82
云母片岩	弱风化	69.0	31.0	0.46
灰岩	新鲜	108.0	95.0	0.89
石英砂岩	新鲜	189.0	153.0	0.81
砾岩	新鲜	130.0	81.0	0.60
石英砂岩	—	207.0	168.0	0.81
钙质砂岩	—	135.0	104.0	0.77
泥质砂岩	弱风化	42.0	23.0	0.54
泥质粉砂岩	—	66.0	30.0	0.45
钙质砂岩	—	142.0	108.0	0.76
粗粒花岗岩	—	239.0	208.0	0.87
细粒花岗岩	—	265.0	241.0	0.91
花岗斑岩	—	250.0	230.0	0.92
砂岩	—	109.3	102.8	0.93
石灰岩	—	114.1	76.5	0.66
黏土质砂岩	—	54.0	36.0	0.67
黏土页岩	—	24.0	11.0	0.46
泥灰岩	—	46.0	21.0	0.46
砂质页岩	—	25.4	10.1	0.39 ～ 0.43
含砂质泥岩	—	20.5	9.0	0.48
砂质泥岩	—	27.6	11.3	0.41

由表 3-1 可知：

①对于岩浆岩类岩石，在新鲜或者微风化条件下，其软化系数＞ 0.75。

②对于大部分变质岩类岩石，在新鲜或者微风化条件下，其软化系数≤0.75，如千枚岩、板岩、云母片岩等岩石遇水后强度变化很大，软化系数较小，为软化的岩石。

③对于沉积岩类中的石灰岩、灰岩、白云质灰岩以及部分砂岩，其软化系数＞0.75，为不软化的岩石；泥质砂岩等岩石的软化系数≤0.75，为软化的岩石。对于沉积类的岩石，其软化性与岩石的含泥量有着很大的关系，含泥量的高低决定了岩石遇水软化的程度。

按照软化系数对岩石进行分类，见表3-2。

岩石软化性分类表 表3-2

岩石软化性分类	代表性岩石	
不软化岩石	岩浆岩	花岗岩、粗粒花岗岩、细粒花岗岩、花岗斑岩、闪长玢岩、辉绿岩、闪长岩、花岗闪长岩、流纹斑岩、玄武岩、安山岩、凝灰岩、凝灰角砾岩、火山角砾岩
	沉积岩	砂质砾岩、石英砂岩、钙质砂岩、砂质页岩、石灰岩、白云质灰岩、灰岩、古生代及部分中生代砂岩
	变质岩	大理岩、角闪片麻岩、花岗片麻岩、长英角岩、石英岩、石英片岩、角闪片岩、砂质板岩
软化岩石	沉积岩	泥质砂岩、泥质粉砂岩、黏土质砂岩、砂岩、黏土页岩、泥灰岩、含砂质泥岩、砂质泥岩、部分中生代及新生代砂岩
	变质岩	云母片岩、炭质板岩、千枚岩、微风化的片麻岩、不软化岩石中风化程度在弱风化及以上的变质岩类岩石

（2）地下水对岩石抗剪强度参数的影响

地下水对岩石的抗剪强度有着很重要的影响。水通过岩石裂隙进入岩石内部，使岩石内部的矿物遇水湿润。当组成岩石的矿物亲水性很强时，这些矿物颗粒表面能吸附大量的水分子，从而使岩石膨胀，并产生膨胀应力，使得岩石的黏聚力降低。此外，水进入后还能与岩石本身发生各种物理和化学作用，从而导致岩石的强度降低。

为了表征岩石在饱和状态下抗剪强度参数的降低程度，相关学者引入了抗剪软化系数的概念，并分别用η_c与η_φ表示岩石黏聚力与摩擦角的降低程度，见式（3-1）和式（3-2）。

$$\eta_c = \frac{c_{sat}}{c} \tag{3-1}$$

$$\eta_{\varphi} = \frac{\varphi_{sat}}{\varphi} \tag{3-2}$$

式中：c——岩石的黏聚力（MPa）；

φ——岩石的摩擦角（°）；

c_{sat}——饱和状态下的黏聚力（MPa）；

φ_{sat}——饱和状态下的摩擦角（°）。

根据收集到的不同岩性岩石剪切试验的数据，按式（3-1）和式（3-2）进行计算分析，得到不同状态下不同岩性岩石抗剪强度参数，见表 3-3。

不同状态下不同岩性岩石抗剪强度参数对比　　表 3-3

岩　性	自 然 状 态		饱 和 状 态		软化系数 η	
	c（MPa）	φ（°）	c_{sat}（MPa）	φ_{sat}（°）	η_c	η_{φ}
大理岩	23.78	32.49	18.02	25.90	0.76	0.80
花岗岩	31.62	38.13	25.75	36.85	0.81	0.97
二辉岩	28.33	39.85	22.58	34.5	0.80	0.87
含辉岩	23.38	23.88	16.76	18.46	0.72	0.77
混合岩	16.62	20.14	10.14	15.75	0.61	0.78
斜长岩	29.94	44.59	25.73	41.94	0.86	0.94
中风化砂岩	16.36	42.97	14.05	39.39	0.86	0.92
泥质粉砂岩	7.50	17.9	4.87	20.0	0.65	1.12
浅黄色粉砂质泥岩	0.61	17.8	0.39	21.4	0.64	1.20
灰白色粉砂质泥岩	0.57	19.3	0.08	13.3	0.14	0.69

从以上数据可以看出，地下水对岩石抗剪强度的影响表现为岩石黏聚力与摩擦角的降低。对于大理岩等硬岩，其弱化系数较大；而对于泥岩等软岩，其弱化系数较小。因此，坚硬程度越高的岩石，水对岩石抗剪强度的弱化作用越小；同一种岩性的岩石，其黏聚力的弱化程度大于摩擦角的弱化程度。

2）地下水软化作用对岩体结构面的影响规律

地下水对围岩结构面的作用主要体现在降低岩体结构面的抗剪强度上。在岩石强度一定的条件下，围岩稳定性主要受结构面状态的影响，地下水对结构面强度的影响见表 3-4。其中，含胶结夹层砂岩结构面两侧岩壁为硬质砂岩，强度高，围岩级别为Ⅲ级，夹层厚度为 2 ～ 5mm，为棕褐色泥质砂岩碎屑，胶结程度很好；而含夹层泥岩结构面两侧岩壁为泥岩，围岩级别为Ⅴ级，夹层厚度为 2 ～ 5mm，为棕褐色泥质碎屑，胶结状况较差。

砂岩结构面直剪试验结果 表 3-4

结构面类型	组别	φ (°)	c (MPa)	软化系数 η	
				η_c	η_φ
含胶结夹层砂岩结构面	天然状况	34.825	0.075	0.84	0.90
	浸水状况	31.349	0.063		
含夹层泥岩结构面	天然状况	23.207	0.042	0.57	0.96
	浸水状况	22.212	0.024		

由表 3-4 可知：硬质砂岩结构面的摩擦角降低了 12%，泥岩结构面的摩擦角降低了 17%；硬质砂岩结构面的黏聚力降低了 24%，泥岩结构面的黏聚力降低了 44%。

由此可见，地下水对泥岩结构面的影响大于对砂岩结构面的影响。这主要是受到结构面内充填物质特征的影响，因为泥岩结构面内的充填物质更易泥化、胶结状况更差。此外，水对结构面黏聚力的影响大于对结构面摩擦角的影响。

3）地下水软化作用对岩体完整性的影响规律

岩体的完整程度由结构面性质、组数、张开度以及充填物性质所决定，可划分为完整、较完整、较破碎、破碎、极破碎五个等级。由此可见，岩体完整程度完全由结构面的状况所决定。地下水对结构面的影响实际上可归结为对岩体完整性的影响，一般而言，岩体完整性越差，则岩体结构面越多，结合也越差。因此，地下水对岩体结构面强度降低程度越大，对岩体完整性的影响也就越大。

现行《铁路隧道设计规范》（TB 10003）提出根据不同地下水出水状态对基本围岩分级的物理力学参数进行修正，采用岩石单轴饱和抗压强度作为评价围岩质量的重要指标之一，说明已经考虑了地下水对岩体强度的软化作用，在结构安全性评价中可根据相关条文规定进行参数取值。

3.1.2 动载 - 地下水耦合作用对围岩劣化的影响

在地下水与车辆动载耦合作用下，仰拱结构与围岩之间因冲击作用而产生空洞和裂隙。当底部围岩空洞发展到一定程度时，会使仰拱结构出现脱空，对隧道仰拱结构的安全性造成影响。

1）车辆动载 - 地下水耦合作用围岩劣化机理

车辆动载 - 地下水耦合作用使得仰拱底部软弱围岩的孔隙增加，造成仰拱底部围岩宏观力学性质（强度参数、变形参数等）的劣化或弱化。这一不可逆的变化，造成了仰拱底部围岩有效承载面积的缺失，导致了仰拱底部围岩的劣化，改变了仰拱结构的支撑条件（图 3-1），使仰拱底部的接触应力由最初的均匀分布变为不连续分布（图 3-2），从而加剧了仰拱结构的劣化。

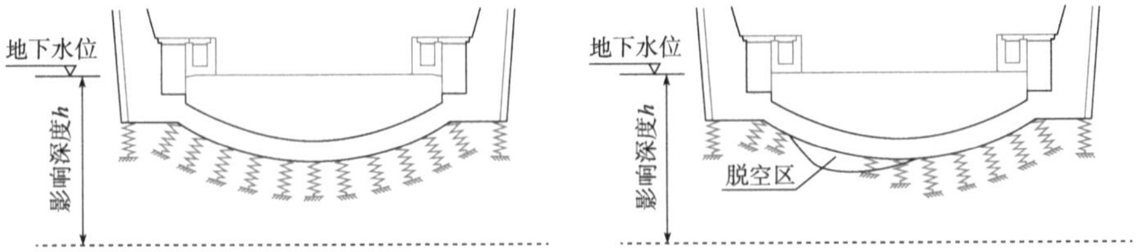

a）围岩未劣化，连续均匀支撑 k　　b）围岩劣化，连续均匀支撑 k'

图 3-1　围岩发生劣化前后对仰拱结构的支撑示意图

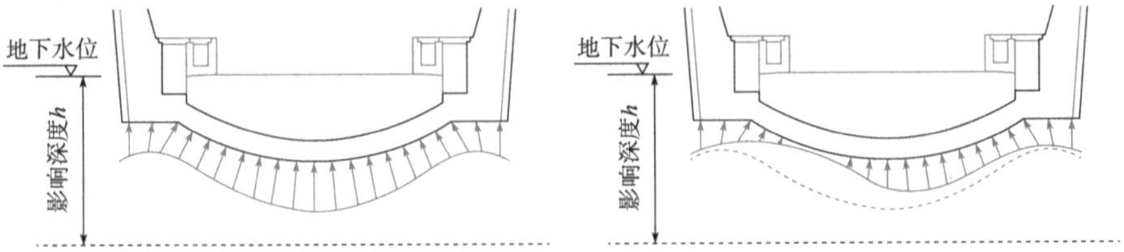

a）围岩未劣化，层间接触压力　　b）围岩劣化，层间接触压力

图 3-2　围岩发生劣化前后仰拱结构所受接触压力示意图

2）车辆动载 - 地下水耦合作用下围岩力学参数演化规律

图 3-3 所示为采用离散元软件计算不同颗粒流失率条件下的围岩弹性模量分布。

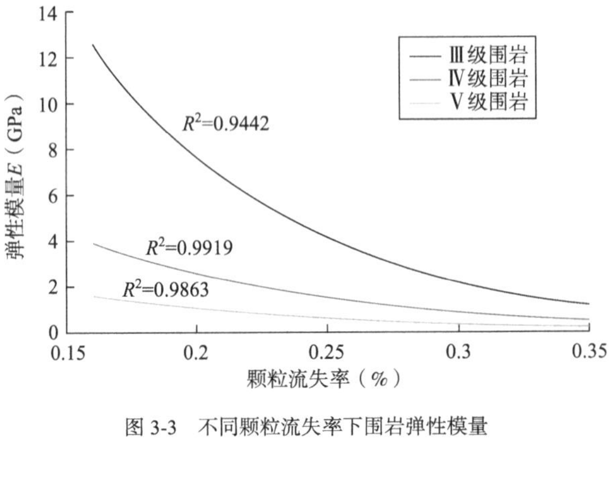

图 3-3　不同颗粒流失率下围岩弹性模量

由图 3-3 可知，围岩颗粒被地下水冲刷后，流失率逐渐增大，围岩的弹性模量随之衰减。当围岩颗粒流失率较小时，不同级别围岩弹性模量差异明显。随着地下水对围岩冲刷作用的加剧，围岩颗粒流失量增多，围岩弹性模量逐渐收敛，不同级别围岩之间的弹性模量差值变小。

通过回归分析得出不同围岩级别条件下，围岩弹性模量随流失率变化的函数关系式，见式（3-3）～式（3-5）。

$$\text{Ⅲ级围岩：}E = 95e^{-12.62\lambda} \quad R^2 = 0.9442 \tag{3-3}$$

$$\text{Ⅳ级围岩：}E = 23e^{-11.04\lambda} \quad R^2 = 0.9919 \tag{3-4}$$

$$\text{Ⅴ级围岩：}E = 9.4e^{-11.07\lambda} \quad R^2 = 0.9863 \tag{3-5}$$

式中：E——围岩弹性模量（GPa）；

λ——围岩颗粒流失率（%）。

3）车辆动载 - 地下水耦合作用对结构安全性的影响

车辆动载 - 地下水耦合作用使仰拱底部围岩逐渐发生劣化，使得劣化围岩与仰拱结构之间发生不连续的支撑，导致仰拱结构内力发生变化，最终影响仰拱结构的安全性。

（1）围岩劣化对弹性抗力系数的影响

隧道与围岩之间的支撑通常采用弹性抗力系数 K_R 进行表征。当围岩颗粒发生流失变化时，会导致颗粒流失部位结构的位移发生变化，导致围岩 - 结构的支撑条件（弹性抗力系数 K_R）变化。因此，以结构的位移量作为中间变量，建立起围岩颗粒流失率与围岩弹性抗力系数 K_R 的关系。

采用地层 - 结构模型分析仰拱结构不同部位出现围岩颗粒流失情况下仰拱结构的径向位移量，计算主要考虑Ⅴ级围岩的情况。图 3-4 所示为仰拱围岩出现颗粒流失的部位。

图 3-5 所示为图 3-4 中三种不同位置围岩发生颗粒流失情况下隧道仰拱的径向位移量。

由图 3-5 可知，隧道仰拱的径向位移随着仰拱底部围岩颗粒流失率的增大而逐渐增大，围岩颗粒发生流失的位置对仰拱的径向位移有一定的影响。当仰拱中心下方发生颗粒流失时，仰拱的径向位移最大；当仰拱拱脚下方发生颗粒流失时，隧道仰拱径向位移最小。故颗粒流失发生于仰拱中心下方时对仰拱受力最为不利。

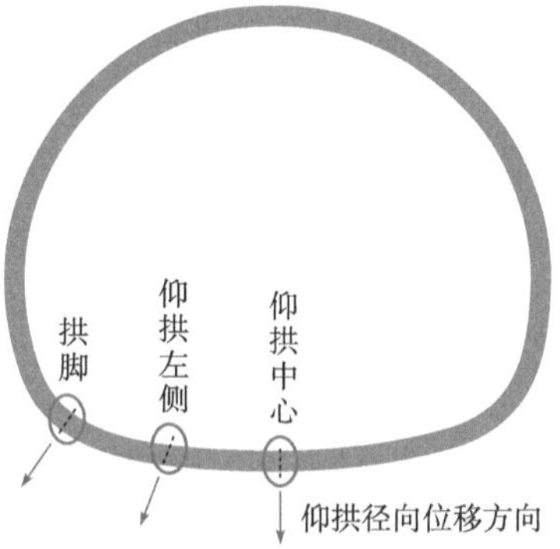

图 3-4　仰拱围岩出现颗粒流失部位示意图

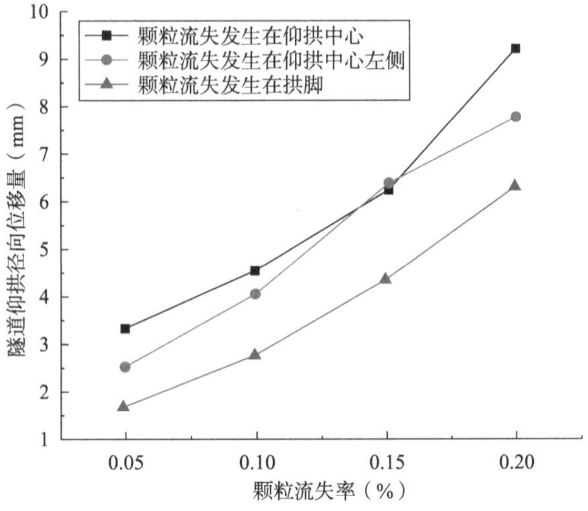

图 3-5　隧道仰拱径向位移随颗粒流失率的变化曲线

对颗粒流失发生于仰拱中心下方时颗粒流失率 λ 与隧道仰拱径向位移 δ 的关系进行拟合，可得出式（3-6）。

$$\delta = 0.045\lambda \quad R^2 = 0.832 \tag{3-6}$$

式中：δ——隧道仰拱中心下方径向位移（mm）；

λ——围岩颗粒流失率（%）。

隧道仰拱径向位移 δ 与围岩泊松比 μ 的关系，见式（3-7）。

$$\mu = 80\delta + 0.37 \tag{3-7}$$

式中：μ——围岩泊松比。

由式（3-5）可得出颗粒流失率 λ 与围岩弹性模量 E 的关系。

结合式（3-5）和式（3-6），可得出隧道仰拱径向位移δ与弹性模量E的关系，见式（3-8）。

$$E = 1569e^{228\delta} \tag{3-8}$$

Muir Wood 采用艾里（Airy）应力函数推导了地层弹性抗力系数K_R计算公式，见式（3-9）。

$$K_R = \frac{3E}{(1-\mu)(5-6\mu)R} \tag{3-9}$$

式中：K_R——地层弹性抗力系数（MPa/m）；

R——隧道开挖半径（m）。

将式（3-6）和式（3-7）代入式（3-9）可得隧道仰拱径向位移与围岩弹性抗力系数的关系式，见式（3-10）。

$$K_R = \frac{1046e^{228\delta}}{(80\delta-0.63)(480\delta-2.78)} \tag{3-10}$$

根据式（3-10）可得到仰拱底部围岩弹性抗力系数K_R与仰拱径向位移的关系曲线，如图 3-6 所示。

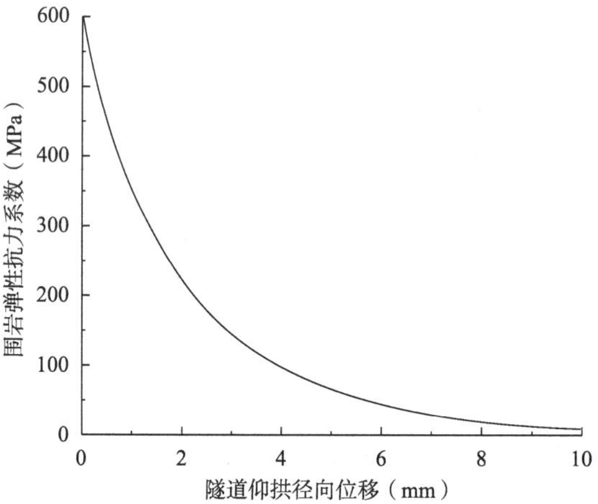

图 3-6　隧道仰拱径向位移与围岩弹性抗力系数关系曲线

由图 3-6 可知，围岩弹性抗力系数K_R随着隧道仰拱径向位移增大呈指数衰减趋势。当δ值为 1.5mm 时，K_R值衰减幅度达 50% 以上；当δ值达到 5mm 时，K_R值衰减幅度达 90% 以上；当δ值继续增大时，K_R值衰减幅度减小并逐渐收敛。

将式（3-6）代入式（3-10）可得隧道仰拱中心正下方围岩颗粒流失率与围岩弹性抗力系数的关系式，见式（3-11）。

$$K_R = \frac{1046e^{10.26\lambda}}{(3.6\lambda - 0.63)\times(21.6\lambda - 2.78)} \tag{3-11}$$

隧道仰拱中心正下方围岩颗粒流失率与隧底围岩弹性抗力系数之间的关系曲线，如图 3-7 所示。

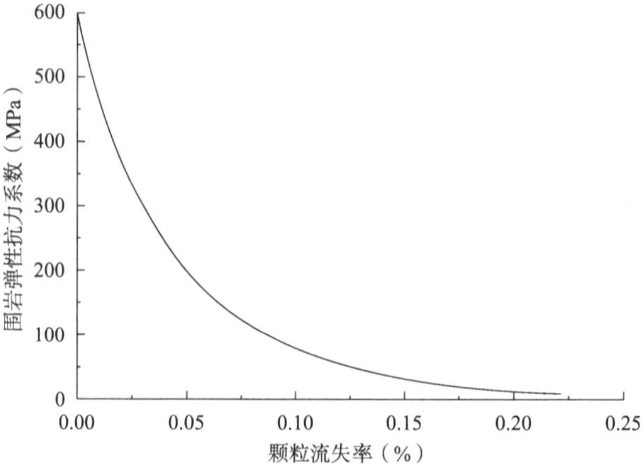

图 3-7　隧道仰拱围岩颗粒流失率与围岩弹性抗力系数关系曲线

由图 3-7 可知，仰拱中心围岩弹性抗力系数 K_R 随着隧道仰拱中心颗粒流失率的增大呈指数衰减趋势。当 λ 为 0.03 时，K_R 值衰减幅度达 50% 以上；当 λ 达到 0.11 时，K_R 值衰减幅度达 90% 以上；当 λ 值继续增大时，K_R 值衰减幅度减小并逐渐收敛。

（2）围岩劣化对结构安全性的影响

仰拱围岩劣化导致围岩弹性抗力系数 K_R 衰减，影响隧道仰拱受力，对隧道结构受力及安全性造成影响。

为了评价仰拱中心围岩出现不同劣化程度下隧道仰拱的安全性，将围岩弹性抗力系数 K_R 按不同衰减幅度情况进行取值。采用荷载 - 结构模型分析仰拱中心位置发生颗粒流失的情况，并得到 K_R 在不同衰减幅度时的仰拱结构内力值影响曲线，如图 3-8 所示。

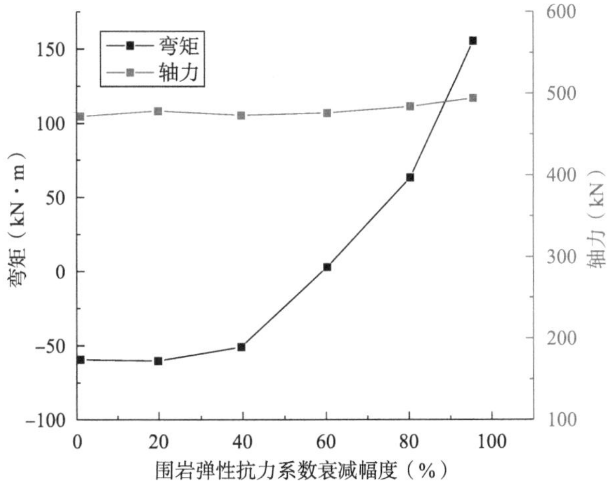

图 3-8　隧道仰拱围岩劣化对结构内力的影响

由图 3-8 可知，当围岩弹性抗力系数衰减幅度小于 60% 时，仰拱结构弯矩值逐渐减小；当围岩弹性抗力系数衰减幅度为 60% 时，仰拱弯矩开始出现反向弯矩，其数值为 2kN · m；当围岩弹性抗力系数衰减幅度超过 60% 后，结构弯矩值发生突增。仰拱中心围岩劣化对隧底结构轴力值影响不大，即使围岩弹性抗力系数衰减 95% 时，结构轴力与衰减前相差不到 6.2%。

围岩弹性抗力系数出现不同衰减幅度情况时，隧道仰拱结构中心处的安全系数分布曲线如图 3-9 所示。

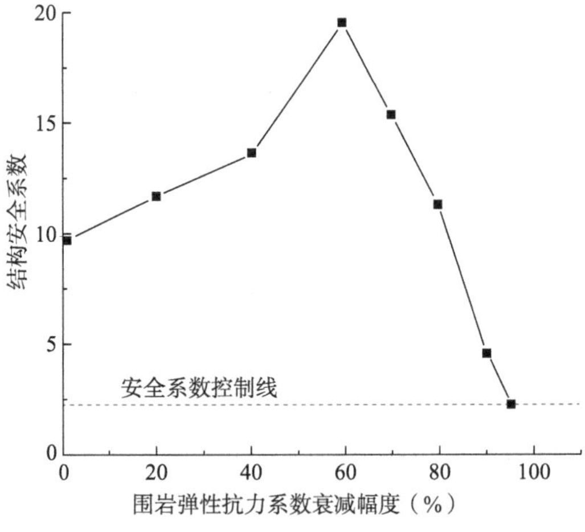

图 3-9　隧道仰拱结构中心处的安全系数分布曲线

由图 3-9 可知，随着围岩弹性抗力系数衰减幅度的增加，仰拱中心部位安全系数先增加后减小。围岩劣化过程中，仰拱结构承受的轴力几乎没有变化。当围岩弹性抗力系数衰减幅度＜ 60% 时，仰拱中心部位弯矩的减小导致安全系数增加；当围岩弹性抗力系数衰减幅度为 60% 时，弯矩最小，安全系数出现峰值；当围岩弹性抗力系数衰减幅度＞ 60% 时，弯矩逐渐增大，仰拱中心部位结构安全系数减小；当围岩弹性抗力系数衰减幅度为 95% 时，仰拱中心部位安全系数最小。

3.2　高地应力作用下围岩劣化及其力学参数演化规律

在高地应力环境下的软岩受到地应力的挤压作用而产生劣化，出现较大的变形，引发隧道施工或运营期间初期支护开裂变形、二次衬砌挤出破坏以及隧道底鼓等问题，工程中的实例如图 3-10 所示。

a）初期支护开裂及型钢钢架失稳变形　　b）二次衬砌挤出破坏

图 3-10　高地应力围岩劣化后对隧道的影响

本节选取了两种典型软岩（千枚岩、板岩）在高地应力条件下的变形与强度特性进行分析。

3.2.1　高地应力典型软岩变形参数变化规律

弹性模量与泊松比是描述岩石变形特性的两个基本指标，同时也是岩土工程计算分析中表征岩石变形特性的控制指标。

（1）弹性模量

搜集国内外已发表文献中千枚岩、板岩三轴压缩试验数据，采用现行《铁路工程岩石试验规程》(TB 10115)中规定的计算岩体弹性模量计算方法，分别计算不同围压条件下千枚岩、板岩弹性模量。通过搜集相关文献中的千枚岩与板岩的试验数据，绘制软岩弹性模量与围压变化曲线，其中一组千枚岩与板岩的变化曲线如图 3-11 所示。

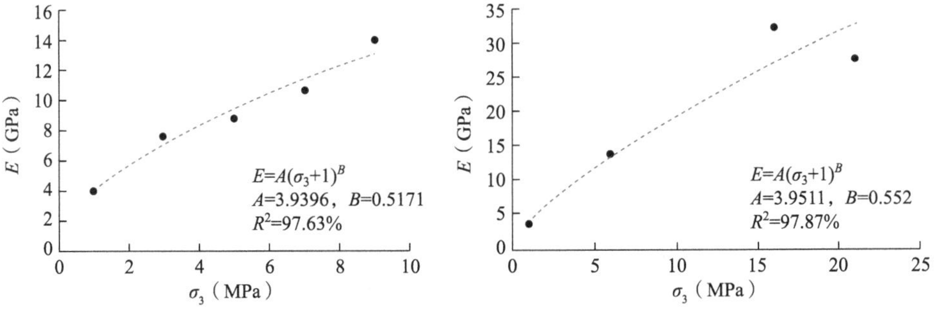

a）千枚岩　　b）板岩

图 3-11　典型软岩弹性模量与围压变化曲线

通过将所搜集到的岩样数据进行回归拟合，得出考虑围压影响的典型软岩弹性模量计算方法，见表 3-5。

考虑围压影响的典型软岩弹性模量计算方法　　表 3-5

名　称	计 算 公 式
典型软岩（板岩、千枚岩）	$E=A(\sigma_3+1)^B$
千枚岩待定参数 A	$A=0.9806E_0+0.0437$
千枚岩待定参数 B	$B=-0.0144E_0+0.581$
板岩待定参数 A	$A=0.9446E_0+0.4348$
板岩待定参数 B	采用室内试验获得

注：E_0 为单轴条件下千枚岩、板岩的弹性模量。

（2）泊松比

通过搜集国内外已发表文献中千枚岩、板岩的三轴压缩试验数据，采用现行《铁路工程岩石试验规程》(TB 10115)等规范中规定的计算岩体泊松比计算方法，分别计算不同围压条件下千枚岩、板岩的泊松比。

基于文献的试验数据，分析围压对千枚岩、板岩泊松比的影响，绘制不同围压条件下板岩泊松比变化曲线，如图 3-12 所示。

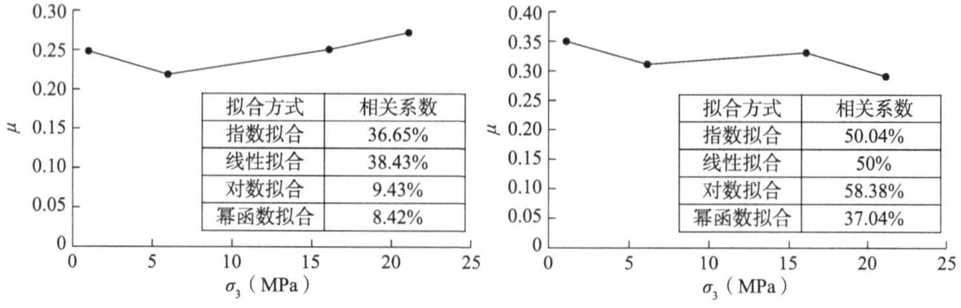

a）千枚岩　　b）板岩

图 3-12　不同围压条件下千枚岩、板岩的泊松比变化曲线

由图 3-12 可知，不同围压条件下软岩泊松比量值差异不大，且量值较为集中。故围压对典型软岩泊松比影响较小。因此，在岩土、地下工程计算分析中可将软岩泊松比视为常数，其量值等于单轴条件下软岩泊松比。

3.2.2　高地应力典型软岩强度参数变化规律

1）典型软岩三轴压缩强度特征

千枚岩和板岩三轴压缩强度随围压的增加而增加，且增长趋势具有明显的非线性特征，三轴压缩强度增长率呈逐渐减小趋势，如图 3-13 所示。

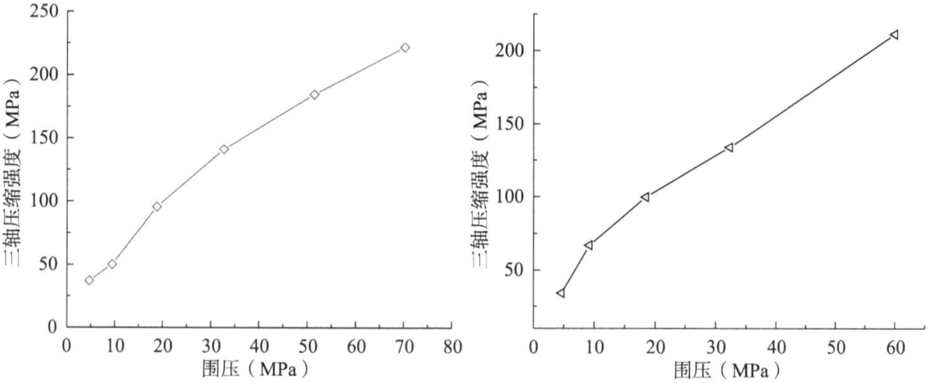

a）千枚岩　　b）板岩

图 3-13　不同围压条件下典型软岩的三轴压缩强度

2）典型软岩剪切强度特征

大量的岩石力学试验证明岩石破坏模式主要为剪切破坏，在岩石力学计算

分析中亦通常假定岩石破坏（屈服）强度由岩石剪切强度控制。因此，高地应力条件下软岩剪切强度变化规律是关注的重点。

根据上述三轴压缩试验数据，在σ-τ平面中绘制不同围压下莫尔（Mohr）圆，同时根据Mohr强度理论，绘制Mohr强度包络线，从而分析不同围压条件下软岩剪切强度变化规律。两种软岩（千枚岩、板岩）的Mohr圆与Mohr强度包络线，如图3-14所示。其中，图中Mohr圆上的数字表示围压量值。

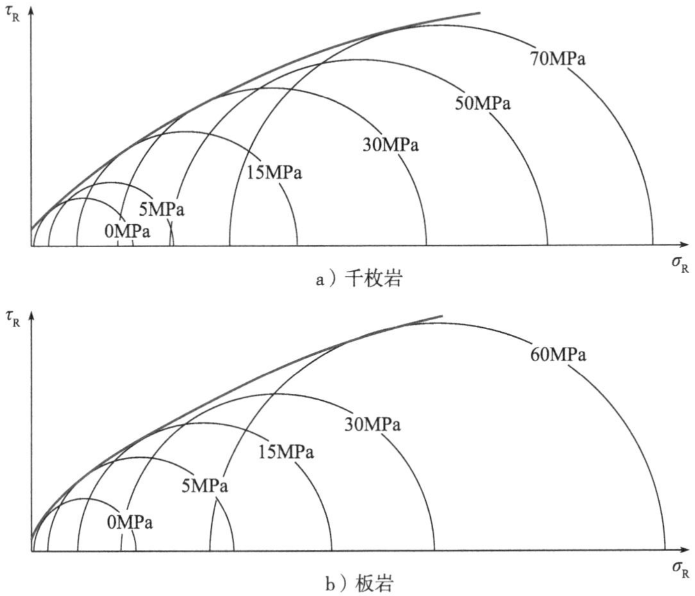

a）千枚岩

b）板岩

图3-14　典型软岩的剪切强度与Mohr强度包络线

根据图3-14中Mohr强度包络线可得出高地应力条件下软岩剪切强度特征：

（1）随着围压增大，软岩剪切强度呈明显非线性增大趋势。

（2）随着围压增大，剪切强度增长率呈逐渐减小趋势。

（3）基于库仑强度理论，软岩剪切强度参数随围压的变化而变化，并非定值；随围压增大，摩擦角呈逐渐减小趋势；而黏聚力呈逐渐增大趋势。

Mohr强度包络线所反映的岩石剪切强度特性，通常采用强度准则进行描述。目前应用最为广泛的强度准则为传统莫尔-库仑（Mohr-Coulomb）强度准则，其表达式为：

$$\tau_R = c + \sigma_R \tan\varphi \tag{3-12}$$

式中：τ_R——剪切面上的剪应力（MPa）；

c——岩石黏聚力（MPa）；

σ_R——剪切面上的正应力（MPa）；

φ——岩石摩擦角（°）。

传统 Mohr-Coulomb 强度包络线如图 3-15 所示。

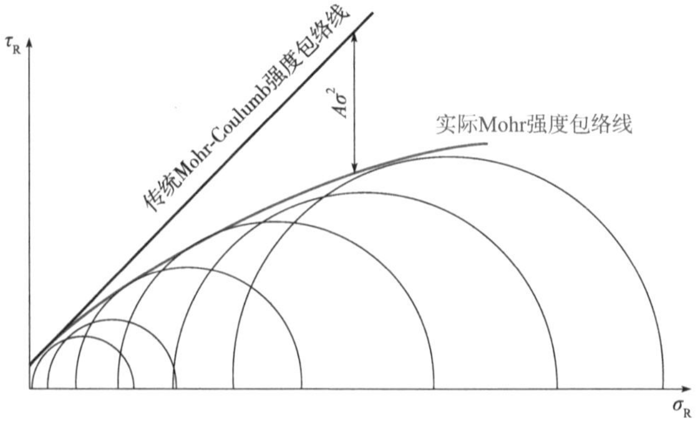

图 3-15　传统与修正 Mohr-Coulomb 强度准则

为了能准确表征软岩剪切强度非线性特征，国内外学者对传统 Mohr-Coulomb 强度准则进行了非线性修正。该方法为在传统 Mohr-Coulomb 强度准则基础上增加了 $A\sigma^2$ 修正项，将传统直线型强度准则修正为非线性准则，以体现高地应力条件下软岩非线性剪切特性。

根据高地应力条件下软岩剪切强度特性可知，软岩剪切强度参数随围压的变化而改变，若采用修正 Mohr-Coulomb 强度准则无法解释这一变化过程。本书结合高地应力条件下软岩非线性剪切强度特性，基于传统 Mohr-Coulomb 强度准则，引入瞬时摩擦角、黏聚力概念，将实际非线性 Mohr 强度包络线局部线性化，以实现表征软岩剪切强度的非线性特性，如图 3-16 所示。

该方法具体为：假定岩石破坏为剪切破坏，且服从 Mohr-Coulomb 强度准则；将岩石非线性强度包络线划分为无数个小直线强度包络线（如 AB），每个小直线强度包络线可基于 Mohr-Coulomb 强度准则采用该应力状态下对应的瞬时剪切强度参数 (φ_{AB}，c_{AB}) 进行描述。倘若直线段 AB 趋近于无尽小，则 A 点与 B 点重合；此时岩石瞬时剪切强度参数 [$\varphi_{A(B)}$，$c_{A(B)}$] 表征的是一点（A 点或 B 点）

处岩石剪切强度，如图 3-16 所示。因此，若已知强度包络线任意点处岩石瞬时剪切强度参数 (φ_i，c_i)，即可表征任意点处岩石剪切强度。

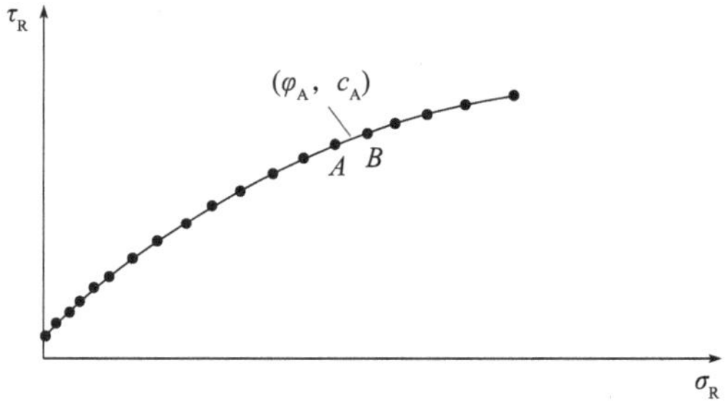

图 3-16　非线性 Mohr 强度包络线局部线性化

由上述线性化方法可知，其实质为基于传统 Mohr-Coulomb 强度准则，通过不断变化的瞬时剪切强度参数表征岩石剪切强度的非线性特性。因此，本书主要基于传统 Mohr-Coulomb 强度准则，通过瞬时剪切强度参数来表征高地应力条件下软岩非线性剪切强度特性。而该方式的关键为确定不同围压下岩石瞬时剪切强度参数。

3）典型软岩剪切强度参数变化规律及变化模型

根据搜集的目前已公开发表文献中千枚岩、板岩三轴试验数据，绘制 Mohr 强度包络线，探究围压对软岩瞬时剪切强度参数的影响规律，其中的一组千枚岩与板岩的变化曲线如图 3-17 所示。

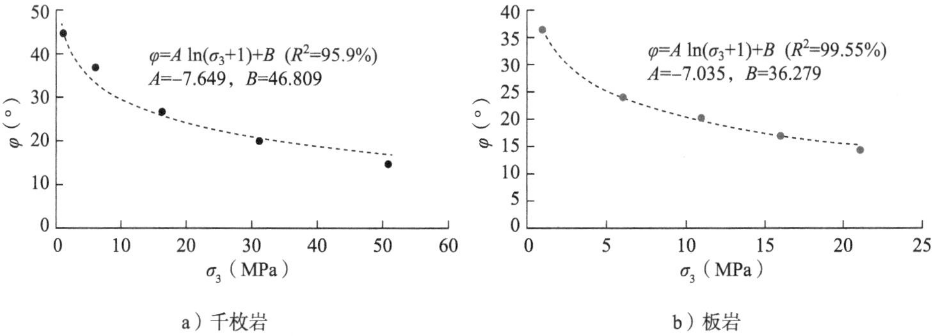

图 3-17　不同围岩软岩的瞬时摩擦角变化曲线

（1）瞬时摩擦角变化规律及变化模型

由图 3-17 可知，随着围压的增大，千枚岩和板岩的瞬时摩擦角呈逐渐减小趋势。因此可认为典型软岩瞬时摩擦角随围压增大呈对数函数趋势减小。

对千枚岩与板岩瞬时摩擦角与围压关系拟合，发现二者呈对数关系，且拟合相关系数均大于 90%。因此可采用式（3-13）的计算模型来表征围压对典型软岩瞬时摩擦角的影响。

$$\varphi_i = A\ln(\sigma_3 + 1) + B \tag{3-13}$$

式中：φ_i——瞬时摩擦角（°）；

σ_3——最小主应力（MPa）；

A、B——参数，力学模型中待定与千枚岩、板岩岩性有关，可通过室内三轴压缩试验获得。

（2）瞬时黏聚力变化规律及变化模型

瞬时黏聚力变化规律及变化模型如图 3-18 所示。

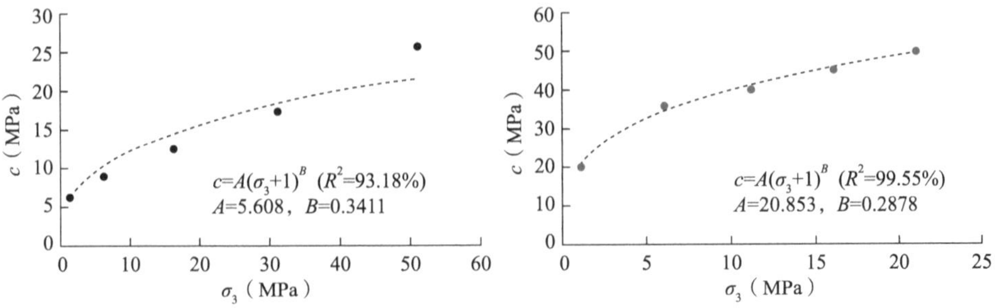

a）千枚岩　　b）板岩

图 3-18　不同围岩瞬时黏聚力变化曲线

由图 3-18 可知，软岩瞬时黏聚力随着围压的增加，呈增大趋势。

通过搜集到的其他千枚岩与板岩的试验数据进行回归拟合，发现二者呈对数关系，拟合相关系数均大于 90%。因此，可采用式（3-14）来表征围岩对典型软岩瞬时黏聚力的影响。

$$c_i = A(\sigma_3 + 1)^B \tag{3-14}$$

式中：c_i——瞬时黏聚力（MPa）；

σ_3——最小主应力（MPa）；

A、B——参数，力学模型中待定与千枚岩、板岩岩性有关，可通过室内三轴压缩试验获得。

3.2.3 软岩非线性变形与强度力学特性对隧道围岩应力和位移场的影响

为分析软岩非线性变形与强度特性对围岩应力位移计算结果的影响，基于 Mohr-Coulomb 强度准则，分别采用考虑与不考虑力学参数变化两种计算方法计算不同初始地应力条件下（5MPa、10MPa、15MPa、20MPa）围岩应力、塑性区范围以及洞周位移变化规律，得到的围岩力学参数见表 3-6。

围岩力学参数　　表 3-6

参数名称	取值	参数名称	取值
隧道半径（m）	3	支护反力（kPa）	0
泊松比	0.35	剪胀系数	1
弹性模量变化模型（GPa）	$E=0.1512(\sigma_3+1)^{0.9308}$	弹性模量常量（GPa）	0.15
黏聚力变化模型（MPa）	$c_i=1.1576(\sigma_3+1)^{0.4216}$	黏聚力常量（MPa）	2.59
摩擦角变化模型（°）	$\varphi_i=-3.742\ln(\sigma_3+1)+24.825$	摩擦角常量（°）	17

不同初始地应力工况下围岩弹塑性计算结果如图 3-19 所示。

如图 3-19a）所示，不同初始地应力条件下，考虑围岩力学参数变化时所得塑性区半径均大于不考虑围岩力学参数变化时塑性区半径，且两种计算方法所得塑性区半径差值随着初始地应力的增大而呈增大趋势。分析认为，这主要是围岩剪切强度特征引起的。不考虑围岩力学参数变化（即传统 Mohr-Coulomb 强度准则），实际上是认为围岩剪切屈服面随围压等比增大，从而高估了围岩剪切强度；而围岩在高围压条件下剪切强度呈现明显的非线性特征，其剪切强度增大率随围压增大逐渐减小（剪切屈服面并非等比增大，而是增大比率逐渐减小），导致考虑力学参数变化时所得塑性区半径大于不考虑围岩参数变化时塑性区半径。通过上述分析可知，若不考虑围岩剪切强度参数变化，则计算得到的塑性区半径将会小于实际围岩塑性区半径值，且随着初始地应力的增大，塑性区半径计算误差将会越来越大。

如图 3-19b）所示，低应力条件下（初始围压为 5MPa 时），考虑与不考虑两种计算方法所得隧道洞周位移相差不大。但随着初始地应力增大，不考虑围岩参数变化时所得洞周位移明显大于考虑围岩参数变化时所得洞周位移值，且随着初始地应力的增大，采用两种计算方法所得洞周位移差值呈增大趋势。分析认为，这是由围岩变形参数特征（主要为弹性模量）引起的。不考虑围岩参数变化时计算隧道洞周位移，实际上忽略了围压对围岩弹性模量的影响（即随着围压的增大，围岩弹性模量明显增大），低估了有围压作用下围岩刚度，从而导致所得洞周位移明显大于考虑弹性模量变化时的洞周位移。通过上述分析可知，若不考虑围岩变形参数变化，则计算得到的隧道洞周位移将会明显大于隧道实际洞周位移值，且随着初始地应力的增大，隧道洞周位移计算误差呈增大趋势。如图 3-19c）、d）所示，不同初始地应力条件下不考虑围岩力学参数时围岩应力（径向、切向应力）均大于考虑围岩力学参数时的围岩应力值，但两者差值较小，相同位置处两种计算方法所得围岩应力值（径向、切向应力）较为接近。

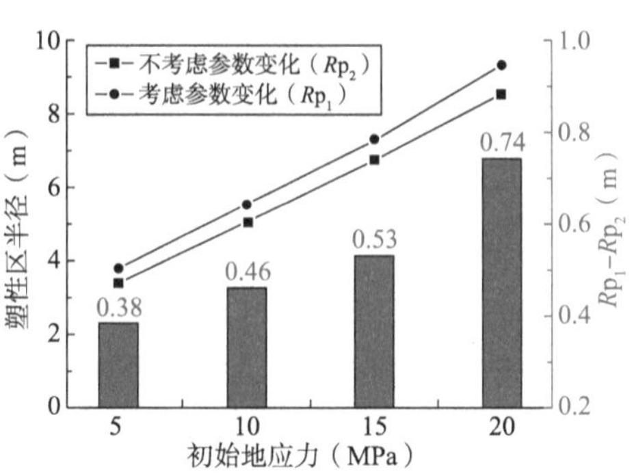

a）塑性区半径结果

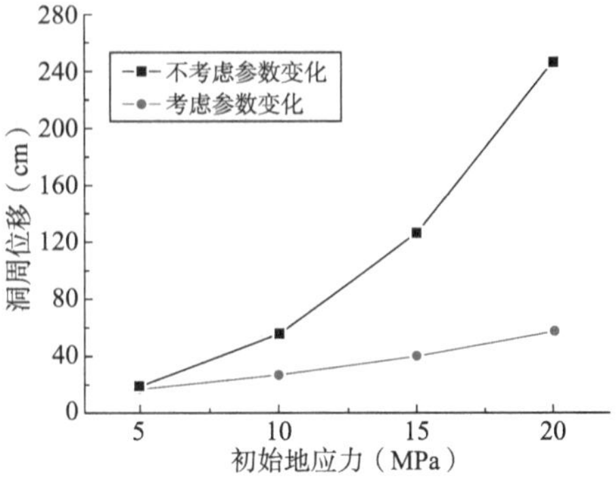

b）洞周位移结果

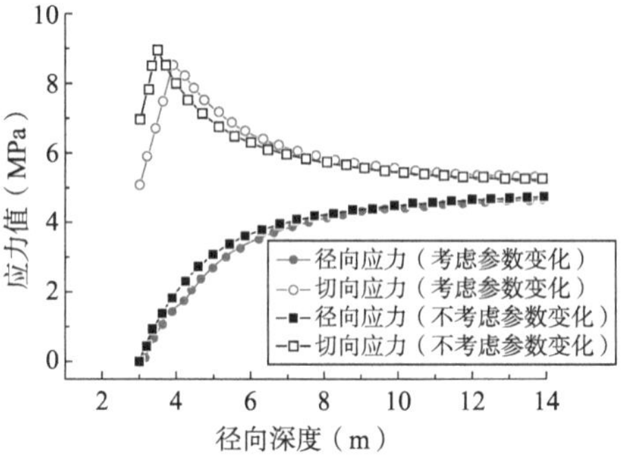

c）初始地应力 5MPa 时应力分布

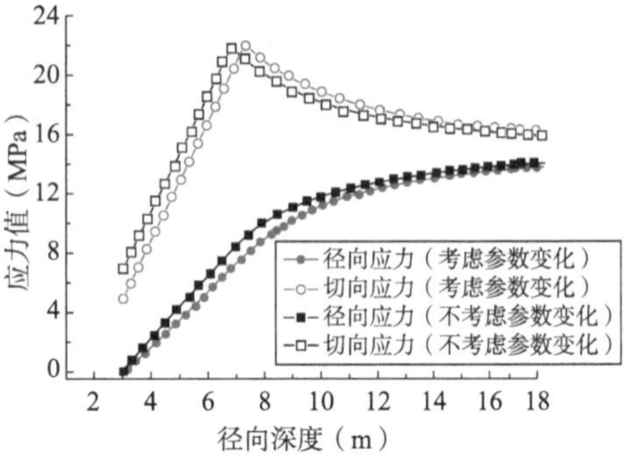

d）初始地应力 15MPa 时应力分布

图 3-19　考虑与不考虑围岩力学参数条件下围岩应力分布及塑性区半径、洞周位移

综上分析可知，围岩力学参数与其所受围压相关，且对围岩变形及塑性区的发展具有较大的影响作用。众所周知，隧道开挖势必会导致围岩应力的释放，导致围岩所受围压减小，进而使围岩力学参数产生劣化。而在高地应力软岩隧道中，围岩力学参数随围压变化的特性尤为明显，其对隧道稳定性的判断以及隧道支护参数的合理设计具有较大影响作用，故在高地应力软岩隧道中应对围岩力学参数的此种劣化特征予以考虑。

3.3 溶蚀作用下围岩劣化及其力学参数演化规律

可溶性围岩溶蚀是指围岩中可溶性的岩石矿物晶体水解流失、孔隙增加，使其微观晶体结构产生劣化，最终导致可溶性围岩强度衰减的腐蚀现象。岩石矿物成分的溶解度是影响围岩溶蚀的重要因素，岩石矿物成分溶解度强的围岩往往在较短的时间内出现大面积的溶蚀破坏。而对于岩石矿物成分溶解度稍弱的围岩，其溶蚀劣化对隧道安全性的影响在短期内难以察觉，容易成为隧道长期安全的隐患。

1）围岩溶蚀劣化过程

溶蚀作用下可溶性岩石矿物晶体溶解流失，导致岩石内部孔隙率增加。岩体经历长时间的溶蚀作用，由孔隙发展成溶孔或不连通的裂隙，再发展成小型洞穴或连通的裂隙，最后发展成不同规模的溶洞。在溶蚀作用下，溶洞的可溶性岩体不断溶解，溶洞的体积不断增大，等同于围岩中孔隙率不断提高，最终将导致围岩的力学参数变化。

相关研究提出采用体岩溶率表征围岩溶蚀的情况。所谓体岩溶率，是指区域所有溶洞总体积占可溶岩体积的百分比。

然而在长期的溶蚀作用下，围岩的体岩溶率是不断变化的过程。溶蚀作用 t_R 年后围岩体岩溶率的计算方法见式（3-15）。

$$\xi(t_R) = \frac{V_{R,0} - g[X_R(t_R)]}{V_{R,0}} \tag{3-15}$$

式中：$\xi(t_R)$——溶蚀作用 t_R 年后围岩的体岩溶率（%）；

$V_{R,0}$——围岩的体积（m^3）；

$g[X_R(t_R)]$——溶蚀作用 t_R 年后围岩体积损失量（m^3）；

$g(x)$——围岩体积损失计算的概化公式，其形式与溶洞的形状有关；

$X_R(t_R)$——溶蚀作用 t_R 年后围岩溶蚀损失深度（m）。

假设区域内溶洞为圆形或椭圆形，围岩溶蚀劣化前后变化如图 3-20 所示。

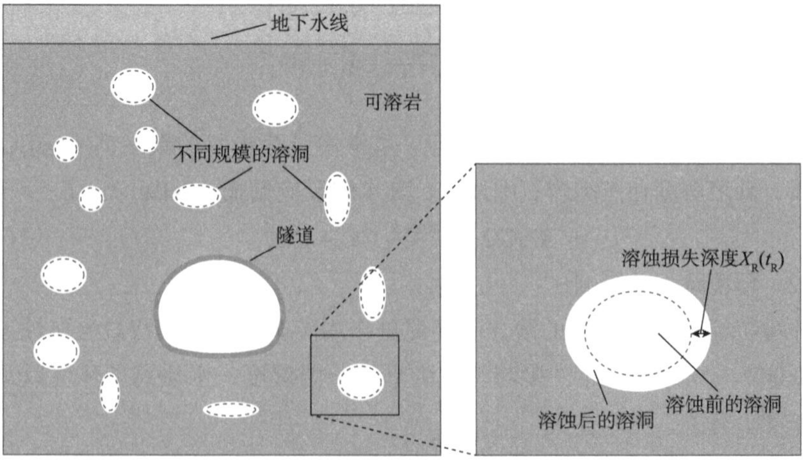

图 3-20　围岩溶蚀劣化过程

长时期的溶蚀作用下会导致围岩溶蚀损失深度 $X_R(t_R)$ 增加，溶洞的体积增大，围岩的体积损失量 $g[X_R(t_R)]$ 增大，最终使得区域内围岩的体岩溶率 $\xi(t_R)$ 增大。因此，如何确定围岩溶蚀损失深度 $X_R(t_R)$，就显得尤为重要。

2）围岩溶蚀速率的主要影响因素

围岩溶蚀损失深度 $X_R(t_R)$ 与围岩溶蚀速率 λ_R 有关，围岩溶蚀速率 λ_R 受工程环境以及岩石矿物成分的溶解度影响。

（1）岩石矿物成分溶解度的影响

岩石矿物成分的溶解度对围岩的溶蚀速率 λ_R 影响显著，不同岩体的溶蚀速率可能相差几倍甚至几万倍不等。按照岩石矿物成分的溶解度来分，可将可溶性岩分为三类，分别为卤化物岩、硫酸盐岩和碳酸盐岩。

①卤化物岩

卤化物岩（如岩盐及钾盐等）通常由易溶于水的矿物组成，其矿物成分溶解度极高，其水解反应见式（3-16）。

$$\begin{cases} NaCl \xrightarrow{\text{水解}} Na^+ + Cl^- \\ KCl \xrightarrow{\text{水解}} K^+ + Cl^- \end{cases} \tag{3-16}$$

②硫酸盐岩

硫酸盐岩（如芒硝、石膏质岩及硬石膏岩等）通常由微溶于水的硫酸钙（$CaSO_4$）矿物组成，其矿物成分溶解度稍低，其水解反应式见式（3-17）和式（3-18）。

$$Na_2SO_4 \xrightarrow{\text{水解}} 2Na^+ + SO_4^{2-} \tag{3-17}$$

$$CaSO_4 \xrightarrow{\text{水解}} Ca^{2+} + SO_4^{2-} \tag{3-18}$$

③碳酸盐岩

碳酸盐岩（如石灰岩及白云岩等）通常由难溶于水的碳酸钙（$CaCO_3$）矿物组成，其溶解度在三类岩石中最低，其水解反应见式（3-19）。

$$CaCO_3 \xrightarrow{\text{水解}} Ca^{2+} + CO_3^{2-} \tag{3-19}$$

（2）环境特征的影响

环境特征对围岩岩体的溶蚀起到促进作用。调研到的碳酸盐岩溶蚀速率范围为 0.002 ～ 0.04mm/ 年，多与埋置的环境（温湿度、水质离子环境以及二氧化碳浓度）有关，见表 3-7。

不同可溶岩的溶蚀速率 λ_R 表 3-7

序号	可溶岩类型	可　溶　岩	（地下）溶蚀速率（mm/ 年）
1	硫酸盐岩	芒硝	8212.1 ～ 24636.4
2	硫酸盐岩	石膏质岩	13.3 ～ 42.6
3	碳酸盐岩	碳酸盐岩	0.002 ～ 0.04

高湿度环境下碳酸盐岩的溶蚀速率相对较高，而低湿度环境的较低，因此具有明显的区域特性。目前调研到的硫酸盐岩主要有芒硝和石膏质岩，芒硝的溶解度较高，其平均溶蚀速率为 8212.1 ～ 24636.4mm/ 年，而石膏质岩的溶解度较低，其平均溶蚀速率为 13.3 ～ 42.6mm/ 年。动力水对岩石的溶蚀速率影响较大，石膏质岩在非动力水条件下的溶蚀速率为 13.3mm/ 年，在动力水条件下的溶蚀速率为 42.6mm/ 年。

假设围岩的溶蚀速率是均匀的，可得出围岩溶蚀损失深度 $X_R(t_R)$ 的计算公式，见式（3-20）。

$$X_R(t_R) = \frac{\lambda_R \cdot t_R}{1000} \tag{3-20}$$

式中：$X_R(t_R)$——溶蚀作用 t 年后围岩溶蚀损失深度（m）；

λ_R——围岩岩体的溶蚀速率（mm/ 年），见表 3-7；

t_R——溶蚀时间（年）。

将式（3-20）代入式（3-15）可得溶蚀时间 t_R 与体溶岩系数之间的关系，见式（3-21）。

$$\xi(t_R)=\frac{V_{R,0}-g\left(\frac{\lambda_R \cdot t_R}{1000}\right)}{V_{R,0}} \tag{3-21}$$

式中符号含义同前。

3）溶蚀作用下围岩力学参数变化规律

在溶蚀作用下，围岩形成大小规模不同的溶洞，溶洞数量越多，围岩物理力学参数变化越大。

图 3-21 所示的不同体岩溶率的弹性模量与单轴抗压强度变化规律，是通过将溶洞简化为三维球体并放置于围岩有限元模型中计算得到的；溶洞位置分布根据随机投放的算法计算确定。

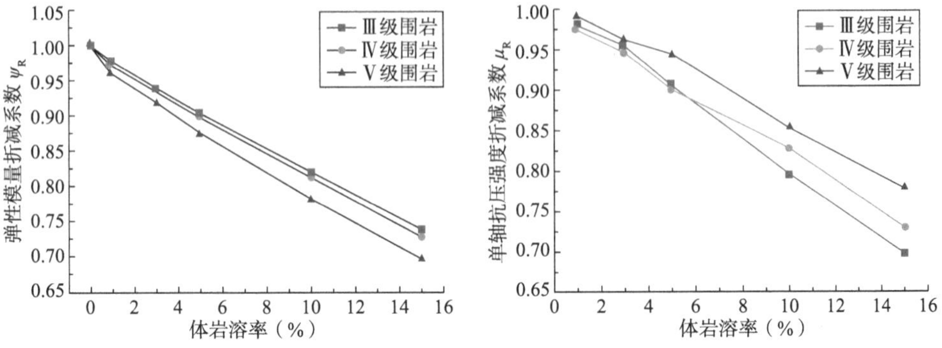

a）围岩弹性模量　　b）单轴抗压强度

图 3-21　溶蚀作用下围岩力学参数变化规律

由图 3-21a）可知，围岩弹性模量和单轴抗压强度的折减系数均随体岩溶率的增大而减小，即溶蚀越严重，围岩物理力学强度衰减越大。在体岩溶率相同的条件下，围岩级别越高弹性模量折减越小，Ⅲ、Ⅳ级围岩的结果相近，而均与Ⅴ级围岩相差较大。围岩的单轴饱和抗压强度的变化规律与体岩溶率的范围有关，当体岩溶率小于 5% 时，Ⅲ、Ⅳ级围岩结果接近，而均与Ⅴ级围岩相差较大；当体岩溶率大于 5% 时，围岩级别越高，单轴饱和抗压强度折减系数越大。

通过回归拟合，可得出溶蚀作用下不同围岩级别的弹性模量与饱和单轴抗压强度的预测公式，分别见式（3-22）和式（3-23）。

$$E^{\text{lea}} = \frac{1}{1 + a_i P_{\text{lea}}} E_0 \quad (i = 1,2) \tag{3-22}$$

式中：E^{lea}——在溶蚀作用下围岩的弹性模量（MPa）；

E_0——围岩初始弹性模量（MPa）；

P_{lea}——在溶蚀作用下围岩的体岩溶率（%）；

a_i——在溶蚀作用下围岩弹性模量的回归拟合系数，见表 3-8。

在溶蚀作用下围岩弹性模量的回归拟合系数 表 3-8

参　数	取　值	R^2
a_1（III、IV）	2.643	0.988
a_2（V）	4.015	0.976

$$R_{\text{c}}^{\text{lea}} = \frac{1}{1 + b_i P_{\text{lea}}} R_{\text{c},0} \quad (i = 1,2,3) \tag{3-23}$$

式中：$R_{\text{c}}^{\text{lea}}$——在溶蚀作用下围岩的单轴饱和抗压强度（MPa）；

$R_{\text{c},0}$——围岩初始单轴饱和抗压强度（MPa）；

P_{lea}——在溶蚀作用下围岩的体岩溶率（%）；

b_i——在溶蚀作用下围岩单轴饱和抗压强度的回归拟合系数，见表 3-9。

在溶蚀作用下围岩单轴饱和抗压强度的回归拟合系数 表 3-9

参　数	取　值	R^2
b_1（III、IV）	2.609	0.973
b_2（IV）	2.284	0.986
b_3（V）	1.732	0.968

当隧道穿越可溶性围岩时，隧道结构长期安全性评价，应结合可溶岩体的溶蚀速率，分析一定溶蚀时间 t_{R} 内，围岩体岩溶率的变化，进而计算出溶蚀作用下的围岩力学参数。

3.4 施工影响下围岩损伤及其力学参数变化规律

目前隧道施工工法主要为钻爆法与掘进机法，本节主要探究钻爆法和掘进机法对围岩损伤的影响。

1）钻爆法施工对围岩损伤的影响规律

（1）岩石爆破破碎机理

岩石破坏是冲击波和爆生气体膨胀压力共同作用的结果。炸药在炮孔中起爆后，强大的冲击波压应力使炮孔周围岩石受压破碎，在瞬间形成压缩破碎和初始裂隙，而应力波反射拉应力使岩石中的裂隙扩展，引起岩石进一步破裂。爆生气体膨胀作用使岩石中的裂隙贯穿形成破碎块度，碎胀体积增大，岩石成块或成片运动，形成爆堆及爆破漏斗。

（2）围岩爆破损伤规律

围岩体的爆破损伤实际是在爆破压力、气体以及卸荷应力的共同作用下岩体力学性能的劣化和原有裂纹的扩展，从而影响岩体的完整性。目前常用扰动损伤变量 D_{bl} 衡量施工爆破作用对围岩岩体的影响。岩体弹性模量和应力波在岩体中传播频率的平方呈正比，因此损伤变量可进一步定义，见式（3-24）。

$$D_{\mathrm{bl}} = 1 - \frac{\bar{E}}{E} = \frac{f^2}{f_0^2} \tag{3-24}$$

式中：D_{bl}——围岩扰动损伤变量；

E——未受到爆破扰动的初始围岩弹性模量（GPa）；

$\bar{E}$——爆破扰动的初始围岩弹性模量（GPa）；

f——爆破扰动后应力波在岩体内传播的频率（Hz）；

f_0——应力波在岩体内传播的初始频率（Hz）。

岩体破坏损伤与振动频率相关。施工爆破产生的应力波传播过程中不断衰减，波的主振动频率也减小，故岩体的损失程度在应力波传播的方向上存在差异。研究结果认为，施工爆破主频率是炸药量和爆破中心的距离的函数，见式（3-25）。

$$f = \frac{\dfrac{1}{H_{\mathrm{bl}}}}{a_1\left(\dfrac{Q^{1/3}}{H_{\mathrm{bl}}}\right) + a_2 H_{\mathrm{bl}}} \tag{3-25}$$

式中：Q——单响炸药量（kg）；

H_{bl}——至爆破中心的距离（m）；

a_1、a_2——待定常数，由现场监测数据拟合获得。

隧道工程施工爆破前，原岩体因存在孔隙、节理、裂纹等而具有初始损伤量为 $D_{bl,0}$，炸药爆炸后近区岩体粉碎，形成粉碎区，粉碎区围岩体扰动损伤变量 $D_{bl}=1$，粉碎区外一定距离内为岩体破裂、裂缝扩展区域，形成扰动损伤区。原岩体区，粉碎区和扰动损伤区的位置关系如图 3-22 所示。

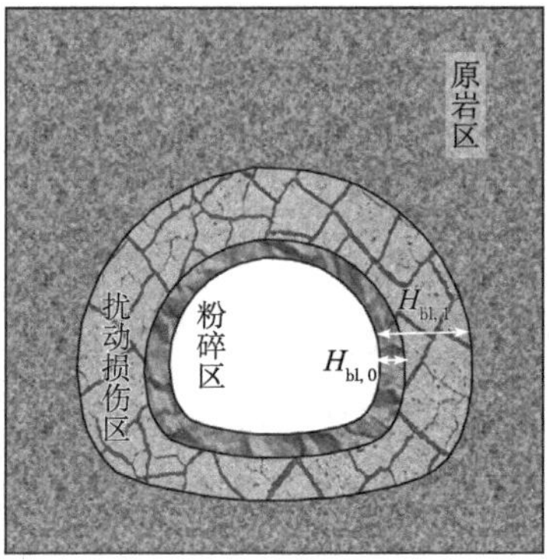

图 3-22　爆破荷载作用下围岩损伤区位置关系示意图

围岩扰动损伤变量见式（3-26）。

$$\begin{cases} D_{bl}=1 \quad (H_{bl} \leqslant H_{bl,0}) \\ D_{bl}=D_0+\dfrac{1}{(a_1Q^{1/3}+a_2H_{bl}^2)^2 f_0^2} \quad (H_{bl,0}< H_{bl} \leqslant H_{bl,1}) \\ D_{bl}=D_0 \quad (H_{bl} > H_{bl,1}) \end{cases} \tag{3-26}$$

式中：D_{bl}——围岩扰动损伤变量；

D_0——围岩体初始损伤量；

$H_{bl,0}$——粉碎区深度（m）；

$H_{bl,1}$——扰动损伤区深度（m）；

其他符号含义同前。

现行《水工建筑物岩石基础开挖施工技术规范》（DL/T 5389）给出了损伤扰动区围岩损伤变量的取值，即 $D_{bl} \geqslant 0.19$。将现场的爆破参数与围岩的初始参数代入式（3-26）和式（3-27）即可得出距离爆破中心点一定范围内的围岩扰动损伤变量值 D_{bl}。当 $D_{bl} \geqslant 0.19$ 时，可认为围岩受到扰动。

2）掘进机法施工对围岩损伤的影响规律

掘进机法破岩主要是刀盘滚刀与掌子面岩体相互作用的结果，破岩过程主要包括两个阶段：首先是单滚刀侵入岩石，在岩石表面产生碎片并在岩石内部产生竖向裂纹、侧向裂纹及环向裂纹；其次是相邻滚刀间的相互作用，当滚刀作用下的裂纹朝自由表面扩展或扩展到相邻滚刀造成裂纹时，两滚刀之间形成条状岩片，岩片剥落，完成破岩过程。

以中天山隧道 TBM 掘进施工为例，该隧道穿越的岩性主要有角斑岩和花岗岩等，施工期间采用非金属超声检测仪得到的岩体扰动范围统计，见表 3-10。

中天山隧道 TBM 掘进对围岩扰动情况　　表 3-10

编号	岩　性	岩体完整性	岩体扰动范围（m）
1	角斑岩	较完整	0.6
2	花岗岩	完整	0.3 ～ 0.4
3	花岗岩	较完整	0.6 ～ 0.8
4	花岗岩	破碎	1.0 ～ 1.3

由表 3-10 可见，TBM 对掘进段围岩的扰动范围相对较小，在 0.3 ～ 1.3m 之间，岩体的完整性程度对 TBM 掘进围岩扰动范围的影响较为显著。以花岗岩段为例，当围岩较为完整时，扰动范围为 0.3 ～ 0.4m；当围岩较为破碎时，扰动范围为 1.0 ～ 1.3m。

第 4 章

隧道支护结构劣化机理及力学参数变化规律

采用复合式衬砌结构的隧道，围岩与初期支护密切接触。在渗漏溶蚀、化学腐蚀、高地温、冻融环境，以及近海与海洋氯化物环境下，初期支护构件的劣化更为突出。隧道内车辆尾气富集，二次衬砌混凝土与其密切接触，使得二次衬砌混凝土碳化问题严重。混凝土碳化诱发钢筋锈蚀劣化将大大降低二次衬砌的承载力。本章主要探讨初期支护和二次衬砌构件材料的劣化机理以及力学参数变化规律。

4.1 喷射混凝土劣化及力学参数变化规律

本节探究了渗漏溶蚀环境、化学腐蚀环境、高地温环境以及冻融环境下喷射混凝土的劣化机理，形成隧道支护结构材料力学参数衰减预测模型。

4.1.1 溶蚀作用下喷射混凝土劣化及力学参数变化规律

混凝土溶蚀现象是指在地下水环境下混凝土中氢氧化钙水解溶出，引发 C-S-H 凝胶以及钙矾石等水化产物相继脱钙水解，导致水化产物的胶凝性降低的一种腐蚀现象。隧道支护结构存在施工缝或局部裂缝，在地下水环境下，不可避免发生渗漏水问题，最终导致混凝土等水泥基材的结构物发生溶蚀现象。

混凝土溶蚀过程也是混凝土逐渐中性化的过程。混凝土浇筑成型后，氢氧化钙等水化产物在混凝土内部不断堆积使得混凝土处于高碱性浓度环境（pH > 12.5），与地下水环境（中性或低碱性浓度环境）形成浓度势能差，促使水解后 OH^- 离子不断扩散流失。因此，润湿状态的混凝土发生溶蚀现象是不可避免的。

实际工程中，喷射混凝土溶蚀现象是较为常见的。图 4-1 所示为润湿的喷射混凝土表面出现一小段白色的碳酸钙结晶体，是溶蚀的 Ca^{2+} 与二氧化碳或者水中碳酸盐反应形成的。

图 4-1　隧道施工期间喷射混凝土表面的溶蚀现象

对于局部流水环境，虽然碳酸钙结晶体难以附着在混凝土表面，但也受到了溶蚀作用，且情况往往更为严重。由于动力流水环境下混凝土溶蚀无明显表观现象，因此在实际工程中难以察觉。

溶蚀作用会引起混凝土的水化产物水解流失，混凝土碱度降低，同时产生大量孔隙。由于混凝土溶蚀是一个极为缓慢的过程，因此对设计年限较长的混凝土结构工程（如交通隧道等工程），溶蚀作用对混凝土的劣化影响不容忽视。

1）喷射混凝土溶蚀劣化机理及其微观特征

（1）喷射混凝土溶蚀机理

①混凝土中水泥净浆溶蚀劣化全过程

混凝土溶蚀主要表现为水泥净浆中水化产物的水解流失。相关学者将水泥净浆溶蚀全过程划分成 3 个区段：完好区、溶蚀过渡区及完全溶蚀区。完好区表示混凝土中尚未发生溶蚀的区域。完全溶蚀区表示混凝土水化产物难以继续水解，其物理力学特性相对稳定的区域。溶蚀过渡区为混凝土水化产物先后发生水解过程的区域。

在溶蚀过渡区中，水泥净浆中可水解的水化产物主要有氢氧化钙、铝酸盐水化物（钙矾石和单硫型铝酸盐）和 C-S-H 凝胶，其水解的先后顺序为氢氧化钙［反应式见式（4-1）］、铝酸盐水化物［反应式见式（4-2）］、C-S-H 凝胶［反应式见式（4-3）］。

$$[Ca(OH)_2]_{solid} \xrightarrow{水解} Ca^{2+} + 2OH^- \tag{4-1}$$

$$\begin{cases} 3CaO \cdot Al_2O_3 \cdot CaSO_4 \cdot 12H_2O(AFm) \xrightarrow{水解} \\ \quad 4Ca^{2+} + SO_4^{2-} + 2[Al(OH)_4]^- + 4OH^- + 6H_2O \\ 3CaO \cdot Al_2O_3 \cdot 3CaSO_4 \cdot 32H_2O(AFt) \xrightarrow{水解} \\ \quad 6Ca^{2+} + 3SO_4^{2-} + 2[Al(OH)_4]^- + 4OH^- + 26H_2O \end{cases} \tag{4-2}$$

$$\begin{aligned} &[xCaO \cdot SiO_2 \cdot yH_2O]_{solid} \xrightarrow{水解} \\ &\quad [(x-a)CaO \cdot (1-b)SiO_2 \cdot yH_2O]_{solid} + aCa^{2+} + bSiO_2 \end{aligned} \tag{4-3}$$

由于氢氧化钙水解反应最快，完全水解后在宏观层面上可采用酸碱指示剂酚酞溶液进行滴定判识，而在微观层面上，完全水解后水泥净浆表面的 Ca/Si 通常降低至 1.7 ～ 1.8，故氢氧化钙完全水解的位置是宏观溶蚀特征与微观溶蚀特征的对应点。故将溶蚀过渡区中氢氧化钙溶解的区域分为溶蚀过渡 A 区，其余的为溶蚀过渡 B 区，水泥净浆表面的 Ca/Si=1.7 ～ 1.8 为划分溶蚀过渡 A 区与溶蚀过渡 B 区的标准。

在溶蚀过渡 B 区，C-S-H 凝胶水解主要表现为凝胶内的 Ca-OH 基团中 Ca^{2+} 离子水解。基团中的 Ca^{2+} 离子水解也会引发 Ca/Si 降低，当 Ca/Si 降至 1 ～ 1.2 范围时，基团几乎完全消失，此时 C-S-H 凝胶在一般环境条件下难以继续水解，其物理力学特性相对稳定。故水泥净浆表面的 Ca/Si=1 ～ 1.2 是划分溶蚀过渡 B 区与完全溶蚀区的标准。

②喷射混凝土与模筑混凝土水化过程的差异

喷射混凝土中通常要添加无碱性速凝剂促进早凝。以硫酸铝型无碱性速凝剂为例，速凝剂中的硫酸铝与水泥中的矿物成分发生水化反应，形成大量铝酸盐水化物（AFt 和 AFm），见式（4-4）。与模筑混凝土相比，速凝剂大大缩短了混凝土水化的诱导期，加快了水泥凝结，并使其具有早强特性。

$$
\begin{cases}
C_3A + 3CaSO_4 \cdot 2H_2O + 26H_2O \rightarrow 3CaO \cdot Al_2O_3 \cdot 3CaSO_4 \cdot 32H_2O(AFt) \\
3CaO \cdot Al_2O_3 \cdot 3CaSO_4 \cdot 32H_2O(AFt) + 2C_3A + 26H_2O \rightarrow \\
\quad 3(3CaO \cdot Al_2O_3 \cdot CaSO_4 \cdot 12H_2O)(AFm) \\
3CaO \cdot Al_2O_3 \cdot 3CaSO_4 \cdot 32H_2O(AFt) + 4Al(OH)_4^- + 6CH \rightarrow \\
\quad 3(3CaO \cdot Al_2O_3 \cdot CaSO_4 \cdot 12H_2O)(AFm) + 4OH^- + 8H_2O
\end{cases}
\tag{4-4}
$$

无碱性速凝剂对水泥早期水化过程的影响最终导致水泥水化产物含量发生变化，表 4-1 给出了标准条件养护 60d 水泥净浆主要水化产物含量。

标准条件养护 60d 水泥净浆主要水化产物含量　　表 4-1

水泥净浆类型	水化产物的质量含量（%）				
	水化物质				未水化物质
	CH	C-S-H 凝胶	AFt	AFm	
未添加速凝剂工况（普通水泥净浆工况）	16.31	56.72	6.73	2.41	17.83
添加 9% 无碱性硫酸铝型速凝剂工况	13.22	51.84	10.21	3.05	21.68

注：测试样品为 0.45 水胶比的 P.O 42.5 水泥净浆。

由表 4-1 可知，速凝剂的作用导致铝酸盐水化物（AFt 和 AFm）生成量增加了 4.12%，增幅达 45.07%，但硅酸盐水化产物（CH 和 C-S-H 凝胶）的生成量降低了 7.97%，降幅为 10.91%。添加了速凝剂的水泥在早期水化过程中，铝酸盐水化物大量堆积在硅酸三钙（C_3S）表面，抑制了硅酸三钙（C_3S）的溶解，对 CH 和 C-S-H 凝胶的形成起到负面作用。因此，未添加速凝剂水泥净浆 60d 的水化反应更充分，水化产物在微观结构表面上堆积的更密实。

③喷射混凝土中水泥净浆溶蚀全过程曲线

喷射混凝土中水泥净浆的溶蚀过程仍存在 4 个溶蚀区，但与模筑混凝土在完好区和溶蚀过渡 A 区存在差异。喷射混凝土采用的酸性无碱性速凝剂对水化产生的氢氧化钙有中和作用，降低其生成含量，而大量铝酸盐水化产物堆积影响氢氧化钙和 C-S-H 凝胶的水化反应，二者共同作用下导致完好区的 Ca/Si 降低。由于喷射混凝土中 CH 的含量降低，水泥净浆溶蚀过程中需要完好区补充更多的 Ca^{2+}，故溶蚀过渡 A 区的区间长度增加 33.4%。喷射混凝土的溶蚀区（完全溶蚀区 + 溶蚀过渡区）区间长度比模筑混凝土大 27.4%，也就是说，喷射混凝土比模筑混凝土溶蚀速率更快，如图 4-2 所示。

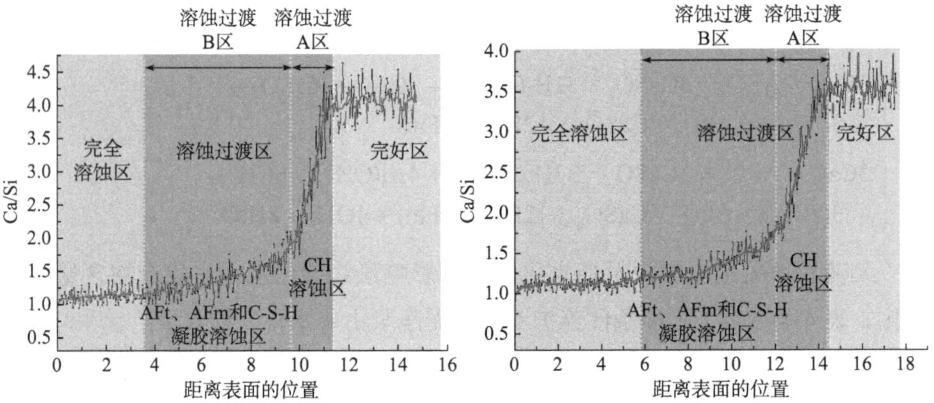

a）模筑混凝土　　b）喷射混凝土

图 4-2　混凝土中水泥净浆溶蚀过程表面 Ca/Si 分布

（2）喷射混凝土溶蚀微观劣化特征

溶蚀作用会改变水泥净浆原有的微观形貌特征，使其变得疏松多孔，图 4-3 所示为不同溶蚀区喷射混凝土试样微观形貌特征。

由图 4-3 可知，完好区水泥净浆微观形貌表象为水化产物大量堆积，表面密实度高。溶蚀作用下，水泥净浆微观形貌上会产生大量微孔隙，越接近完全溶蚀区，微孔隙越多，结构越松散。

通过压汞试验对喷射混凝土不同溶蚀分区的不同孔径孔隙特征进行分析，孔隙分布曲线如图 4-4 所示。

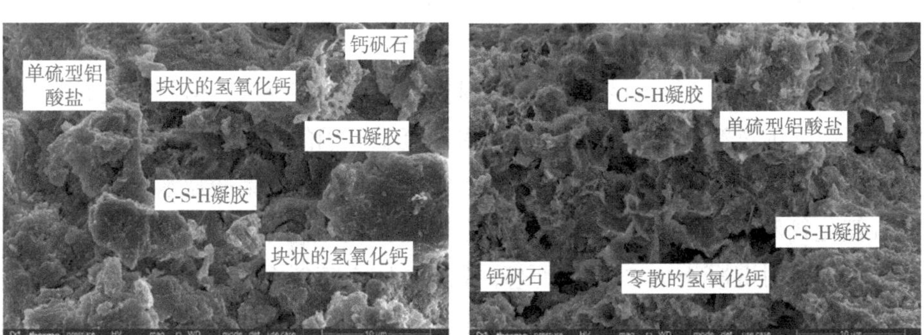

a）完好区　　b）溶蚀过渡A区中部

图　4-3

c）溶蚀过渡B区中部

d）完全溶蚀区

图 4-3　不同溶蚀区喷射混凝土试样微观形貌特征

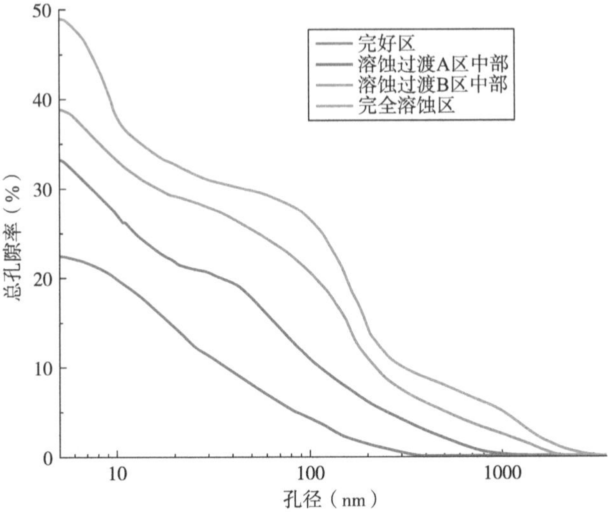

图 4-4　溶蚀作用下喷射混凝土试样不同孔径孔隙分布曲线

溶蚀作用会导致水泥净浆的孔隙率大幅度增加。由图 4-4 可知，水泥净浆由完好区发展至溶蚀过渡 A 区中部位置，总孔隙率增加了 47.5%；由溶蚀过渡 A 区中部位置发展至溶蚀过渡 B 区中部位置时，水泥净浆的总孔隙率增加 16.5%；最后发展至完全溶蚀区，水泥净浆总孔隙率增加了 26.1%。

不同溶蚀区的孔隙孔径的分布也不同。氢氧化钙水解后会产生毛细孔（孔径范围＞ 50nm），铝酸盐水化产物和 C-S-H 凝胶产生非毛细孔（孔径范围≤ 50nm）。水泥净浆由完好区发展至溶蚀过渡 A 区中部位置附近，氢氧化钙的水解导致毛细孔的孔隙率增加，增幅高达 118.1%，非毛细孔孔隙率变化不大。由溶蚀过渡 A 区中部位置发展至溶蚀过渡 B 区中部位置时，氢氧化钙、铝酸盐水化物以及 C-S-H 凝胶水解导致毛细孔和非毛细孔孔隙率增加，其中毛细孔增幅约为 40.2%，非毛细孔增幅约为 14.2%。最后由溶蚀过渡 B 区中部位置发展至完全溶蚀区时，铝酸盐水化物以及 C-S-H 凝胶水解导致非毛细孔孔隙率增加，增幅约为 32.9%；部分非毛细孔相互连通也使得毛细孔孔隙率增加，增幅约为 11.8%。图 4-5 所示为溶蚀作用下喷射混凝土与模筑混凝土总孔隙率分布曲线。

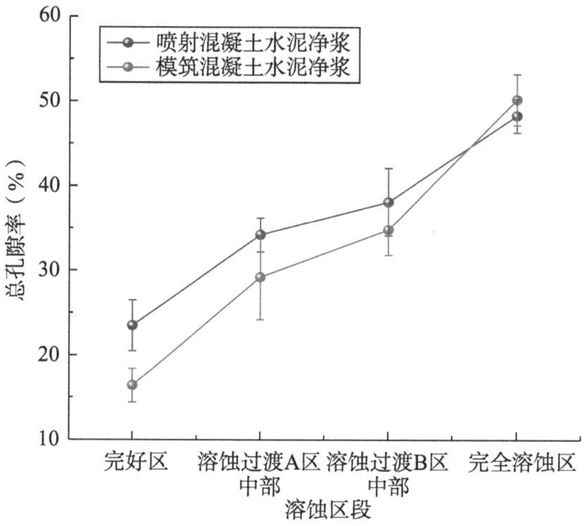

图 4-5　溶蚀作用下喷射混凝土与模筑混凝土总孔隙率分布曲线

由图 4-5 可知，在溶蚀作用下，同配合比的模筑混凝土与喷射混凝土总孔隙的变化规律是相似的，但数值上存在差异。模筑混凝土初始孔隙率更低，但完全溶蚀形态下二者的总孔隙率是接近的。

（3）喷射混凝土溶蚀劣化微观力学特征

溶蚀作用后水泥浆体微观结构变得疏松多孔，这将影响其微观物理力学参数。微观层面的物理力学参数通常采用测区的平均压点弹性模量进行表征。图 4-6 所示为采用纳米压痕仪测试不同溶蚀分区的水泥净浆的压点弹性模量云图，其中水化产物的分布位置是基于水化产物的标准压点弹性模量的标定值获得。

水化产物在钙溶蚀过程中结构特性和物理形态发生改变。在图 4-6 中，水化产物在发生钙溶蚀时，氢氧化钙等水化产物溶解，产生大量毛细孔，C-S-H 凝胶则由原来高密度和低密度两种形态退化成多孔形态。

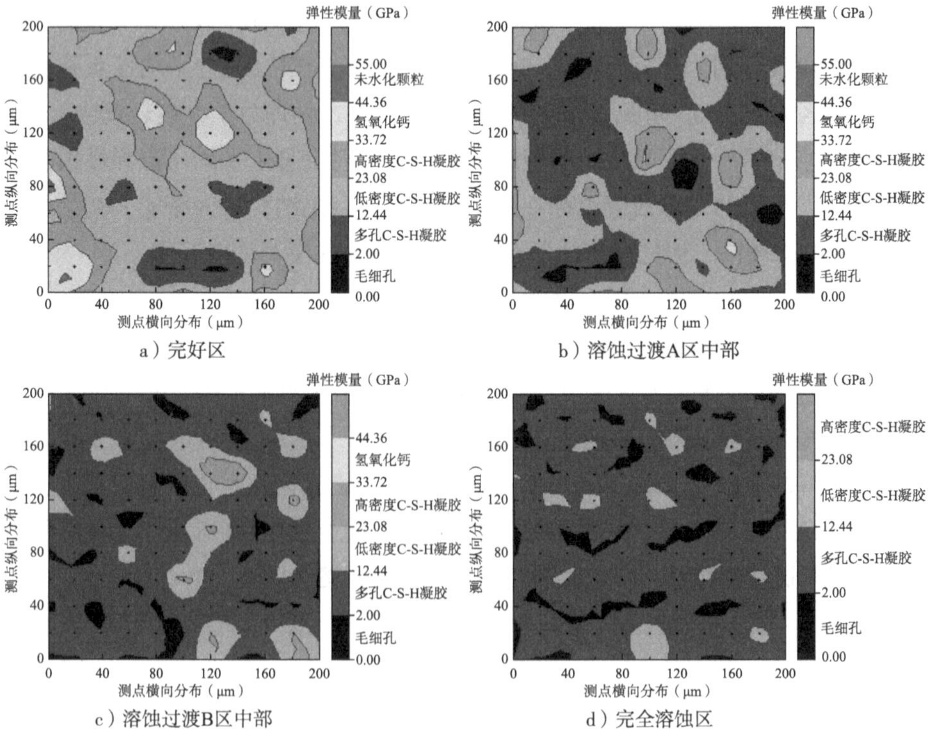

图 4-6　不同溶蚀区的喷射混凝土的压点弹性模量分布云图

将图 4-6 中不同溶蚀区的压点弹性模量取平均值，可得出不同溶蚀区的平均压点弹性模量，如图 4-7 所示。

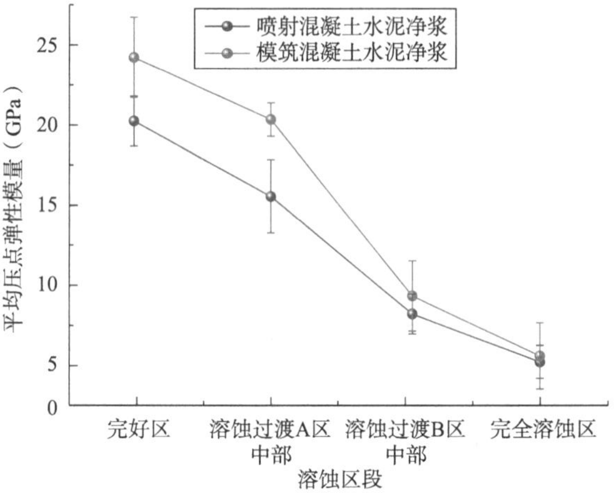

图 4-7　不同溶蚀区的混凝土的平均压点弹性模量变化曲线

由图 4-7 可知，喷射混凝土水泥净浆溶蚀过渡 A 区与 B 区中部位置的平均压点弹性模量分别为完好区的 75.3% 和 41.6%，完全溶蚀区的平均压点弹性模量为完好区的 27.2%。可见，水泥净浆溶蚀越严重，物理力学参数衰减越大。

在溶蚀作用下，同配合比的模筑混凝土与喷射混凝土平均压点弹性模量的变化规律是相似的，但数值上存在差异。模筑混凝土结构较为密实，初始平均压点弹性模量较高，但完全溶蚀形态下平均压点弹性模量是接近的。

2）喷射混凝土溶蚀速率的影响因素

混凝土溶蚀速率的影响因素可分为环境特征、材料以及成型方式。环境特征包括水质中 HCO_3^- 浓度和动力水流速，其中动力水流速的变化将导致水的流态变化，这对喷射混凝土溶蚀速率产生影响。

表象溶蚀深度是指距离试件表面一定范围内氢氧化钙完全水解的深度，通常采用无色的酸碱指示剂酚酞溶液进行滴定判识。如图 4-8 所示，无色的酚酞溶液喷射至试件横截面上，未变粉色的深度为表象溶蚀深度。

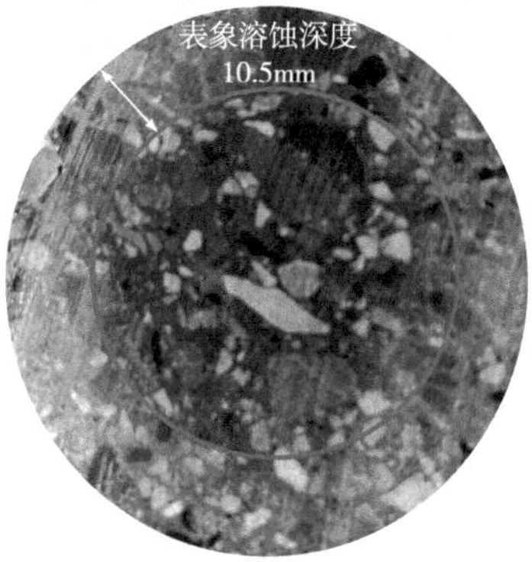

图 4-8　加速溶蚀试验 60d 的喷射混凝土表象深度

大量试验研究表明，混凝土溶蚀过程整体上满足菲克（Fick）第二扩散定律，即表象溶蚀深度与$\sqrt{t_{lea}}$之间存在线性关系，见式（4-5）。

$$X_{lea}(t_{lea}) = k_{lea,cr}\sqrt{t_{lea}} \tag{4-5}$$

式中：$X_{lea}(t_{lea})$——喷射混凝土表象溶蚀深度（mm）；

t_{lea}——喷射混凝土溶蚀时间（d）；

$k_{lea,cr}$——喷射混凝土溶蚀系数。

通过试验所得的表象溶蚀深度 $X_{lea}(t_{lea})$ 与对应的溶蚀时间 t_{lea}，利用最小二乘法进行拟合，可得到溶蚀系数 $k_{lea,cr}$，本书采用溶蚀系数 $k_{lea,cr}$ 来评价不同影响因素条件下喷射混凝土平均溶蚀速率。

（1）喷射混凝土材料的影响

喷射混凝土材料的影响主要考虑材料的用量以及成型方式，其中材料用量主要考虑水泥用量（即水胶比）和速凝剂用量，而成型方式主要考虑喷射成型与模筑成型。

①成型方式的影响

喷射混凝土是采用湿喷机利用高压空气将水泥与骨料送到喷头和速凝剂混合后，高速喷向围岩表面，经养护后形成。在高压喷射过程中，少量空气因局部负压被带入混凝土内部而形成微小气孔，溶蚀作用下微小气孔容易相互连通，形成渗水通道，加速混凝土溶蚀。以化学加速溶蚀试验的结果为例，高压喷射成型的混凝土在相同的溶蚀时间条件下表象溶蚀深度更大，如图 4-9 所示。

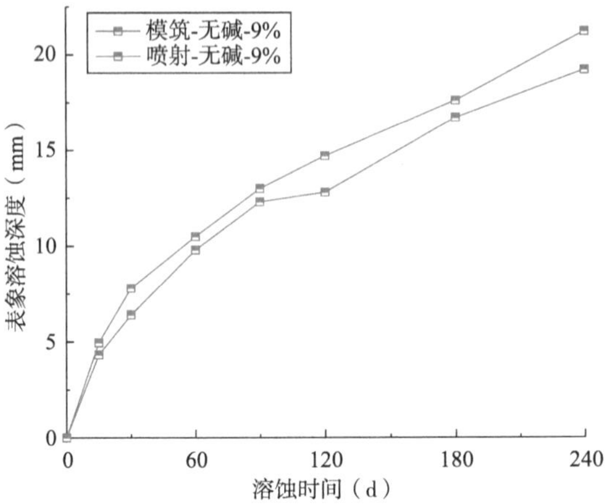

图 4-9　不同成型方式混凝土的表象溶蚀深度曲线

按式（4-5）进行回归拟合，可得高压喷射成型的混凝土的溶蚀系数大于模筑混凝土，见表 4-2。

受喷射成型方式的影响的混凝土溶蚀系数　　表 4-2

工况	模筑 - 无碱 - 9%	喷射 - 无碱 - 9%
喷射混凝土溶蚀系数	1.205	1.332
R^2	0.913	0.972

②速凝剂的影响

速凝剂是喷射混凝土成型过程的一个不可或缺的部分。速凝剂影响水泥早期水化过程，导致水化产物的生成量以及内部孔隙结构与不添加速凝剂的混凝土不同。无碱性速凝剂降低了水化反应的氢氧化钙（CH）生成量，同时形成大量不稳定水化产物钙矾石（AFt），导致混凝土后期孔隙增多且孔隙结构粗化。以化学加速溶蚀试验的结果为例，添加无碱性速凝剂的混凝土在相同的溶蚀时间条件下表象溶蚀深度更大，如图 4-10 所示。

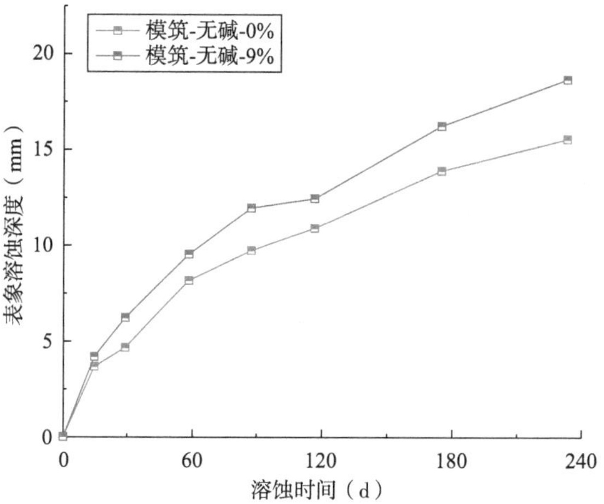

图 4-10　不同速凝剂用量混凝土的表象溶蚀深度曲线

按式（4-5）进行回归拟合，可得到无碱速凝剂影响的混凝土溶蚀系数，见表 4-3。

无碱速凝剂影响的混凝土溶蚀系数　　　　表 4-3

工况	模筑 - 无碱 - 0%	模筑 - 无碱 - 9%
喷射混凝土溶蚀系数	1.012	1.205
R^2	0.943	0.913

分析数据表明：添加速凝剂的混凝土更容易发生溶蚀，约为不添加无碱性速凝剂混凝土的 1.2 倍。

③水胶比的影响

混凝土水胶比越低，混凝土内部毛细孔的数量越少，则混凝土越密实，高密实程度的混凝土钙扩散流失量相对较少。

图 4-11 所示为不同水胶比喷射混凝土化学加速溶蚀试验的结果。在相同的溶蚀时间条件下，低水胶比的喷射混凝土表象溶蚀深度更小。

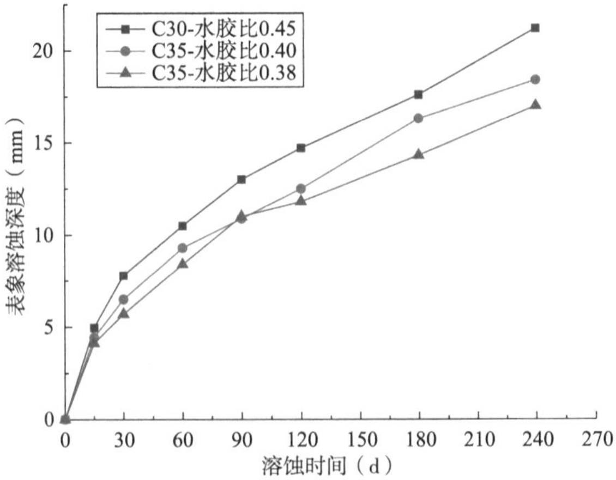

图 4-11　不同水胶比的喷射混凝土的表象溶蚀深度分布曲线

按式（4-5）进行回归拟合，不同水胶比的喷射混凝土溶蚀系数见表 4-4。

不同水胶比的喷射混凝土溶蚀系数　　表 4-4

工况	C35 - 水胶比 - 0.38	C35 - 水胶比 - 0.40	C30 - 水胶比 - 0.45
喷射混凝土溶蚀系数	1.093	1.176	1.332
R^2	0.946	0.983	0.972

为了量化水胶比的影响，引入喷射混凝土水胶比溶蚀影响系数 $K_{\text{lea,W}}$。以水胶比为 0.45 作为基准，对不同水胶比的喷射混凝土溶蚀系数进行归一化处理，见表 4-5。

喷射混凝土水胶比溶蚀影响系数 $K_{\text{lea,W}}$　　表 4-5

水胶比 W	0.38	0.40	0.45
水胶比溶蚀影响系数 $K_{\text{lea,W}}$	0.821	0.883	1

（2）环境因素的影响

① HCO_3^- 离子含量的影响

一般环境水质中 HCO_3^- 离子与混凝土中的氢氧化钙发生化学反应，形成难

溶性的 $CaCO_3$ 微颗粒，见式（4-6）。

$$Ca^{2+} + OH^- + HCO_3^- = CaCO_3\downarrow + H_2O \tag{4-6}$$

$CaCO_3$ 微颗粒能填充混凝土微孔隙，提高混凝土密实程度，降低喷射混凝土的溶蚀速率。$CaCO_3$ 微颗粒填充效应是“移动式”的。当混凝土内部碱度降低，$CaCO_3$ 微颗粒的稳定性降低。部分 $CaCO_3$ 微颗粒会发生二次化学反应，促使 $CaCO_3$ 微颗粒溶解，见式（4-7）。

$$CaCO_3 + HCO_3^- + H_3O^+ = Ca(HCO_3)_2 + H_2O \tag{4-7}$$

溶解后 HCO_3^- 继续向前扩散，并与未溶蚀区的混凝土发生如式（4-6）所示的化学反应。

将不同 HCO_3^- 浓度的喷射混凝土常速溶蚀试验结果绘制成图 4-12。由图可见，在相同的溶蚀时间条件下，HCO_3^- 浓度越大，喷射混凝土的表象溶蚀深度越小。

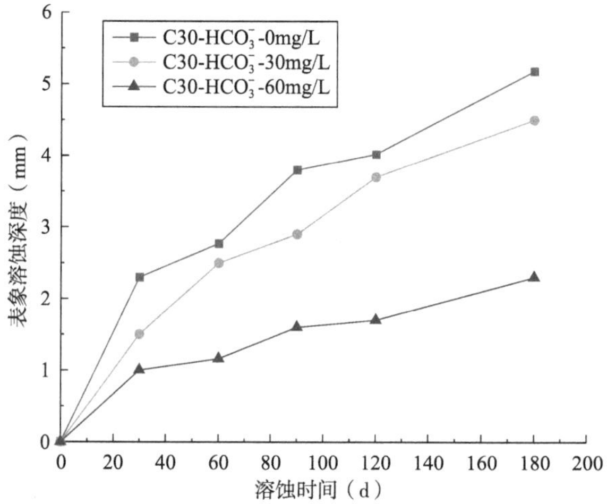

图 4-12　不同 HCO_3^- 浓度的喷射混凝土表象溶蚀深度分布曲线

按式（4-5）进行回归拟合，不同 HCO_3^- 浓度的喷射混凝土溶蚀系数见表 4-6。

喷射混凝土 HCO_3^- 浓度的溶蚀系数　　表 4-6

工况	C30-HCO_3^--0mg/L	C30-HCO_3^--30mg/L	C30-HCO_3^--60mg/L
喷射混凝土溶蚀系数	0.382	0.322	0.173
R^2	0.946	0.983	0.972

为了量化 HCO_3^- 浓度的影响，引入喷射混凝土 HCO_3^- 型水质的溶蚀影响系

数 $K_{lea,HC}$。以 HCO_3^-=0mg/L 工况的溶蚀系数作为基准，对喷射混凝土 HCO_3^- 浓度的溶蚀系数进行归一化处理，见表 4-7。

喷射混凝土 HCO_3^- 浓度溶蚀影响系数 $K_{lea,HC}$　　表 4-7

HCO_3^- 离子浓度 C_{HC}（mg/L）	60	30	0
HCO_3^- 型水质的溶蚀影响系数 $K_{lea,HC}$	0.452	0.823	1

②地下水流速的影响

地下水在隧道初期支护的流态有两种，分别是层流流态与湍流流态。层流状态的水流速度较为缓慢，通常表现为点滴状出水与线状出水，主要赋存于喷射混凝土施工缝或因异常开裂的微小裂缝中。湍流流态的水流速度较快，主要赋存于喷射混凝土背后不密贴而形成的水流通道中。

水流的冲刷剪切效应与流态有关，当动力水流速较低，动力水处于层流流态时，水的黏性较弱，导致冲刷剪切效应不显著，动力水对喷射混凝土表面溶出的钙离子起到携带作用；当地下水流速较大，动力水处于湍流流态时，水的黏性增强，导致冲刷剪切效应增强，动力水的携带作用与冲刷剪切作用共同影响喷射混凝土溶蚀。

图 4-13 所示为层流流态不同动力水流速 v 的喷射混凝土常速溶蚀试验测试结果。

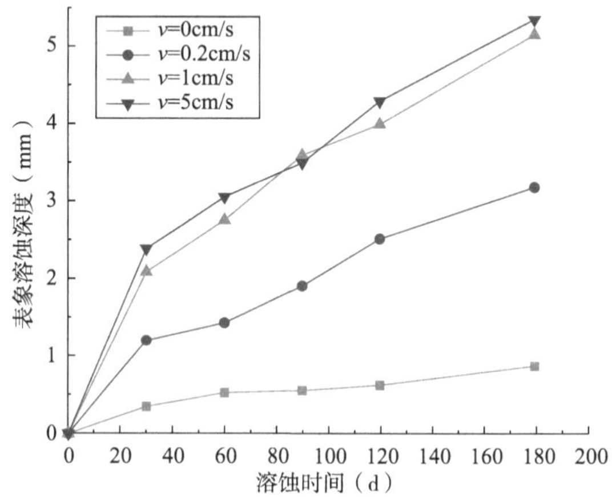

图 4-13　层流流态不同动力水流速的喷射混凝土表象溶蚀深度分布曲线

由图 4-13 可知，在层流流态的水环境中，动力水流速会加速混凝土溶蚀。动力水的携带作用减缓了试件表面的离子富集效应，加速了喷射混凝土溶蚀速率。但当动力水流速在 1 ～ 5cm/s 的区间时，动力水流速对喷射混凝土溶蚀的作用相当微弱。

图 4-14 所示为湍流流态不同动力水流速的喷射混凝土常速溶蚀试验测试结果。

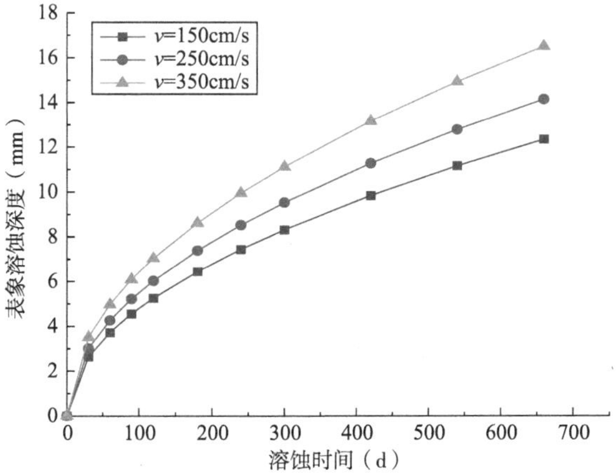

图 4-14　湍流流态不同动力水流速的喷射混凝土表象溶蚀深度分布曲线

由图 4-14 可知，在湍流流态的地下水环境中，动力水流速越大，喷射混凝土表象溶蚀深度越大。湍流流态下喷射混凝土表层出现不同程度的劣化。混凝土表层劣化特征的分析指标主要有表层的 Ca/Si 和磨损深度。不同溶蚀时间喷射混凝土的 Ca/Si 变化曲线如图 4-15 所示。

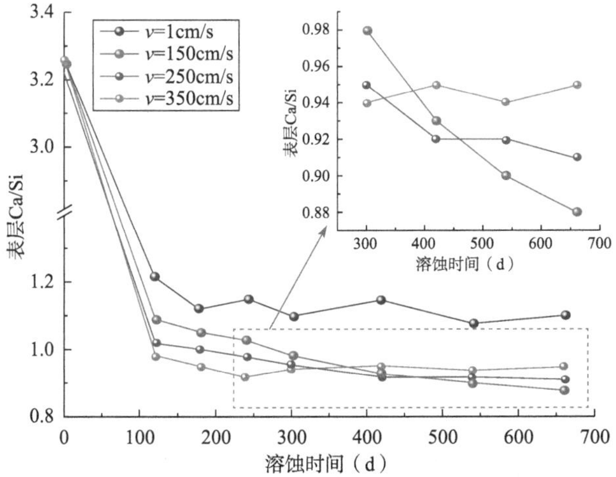

图 4-15　湍流流态不同流速喷射混凝土表层 Ca/Si 变化曲线

由图 4-15 可知，与层流流态工况（v=1cm/s）相比，湍流流态工况的表层 Ca/Si 下降更快，说明了在湍流流态下，剪切效应加速了表层混凝土的溶蚀，动力水流速越高，效应越强。溶蚀造成混凝土表层劣化，当劣化到某一临界状态，表层的水泥浆体在水流的作用下出现磨损。通过对不同溶蚀时间试件表层总磨损深度进行统计，得出湍流流态喷射混凝土表层劣化特征，如图 4-16 所示。

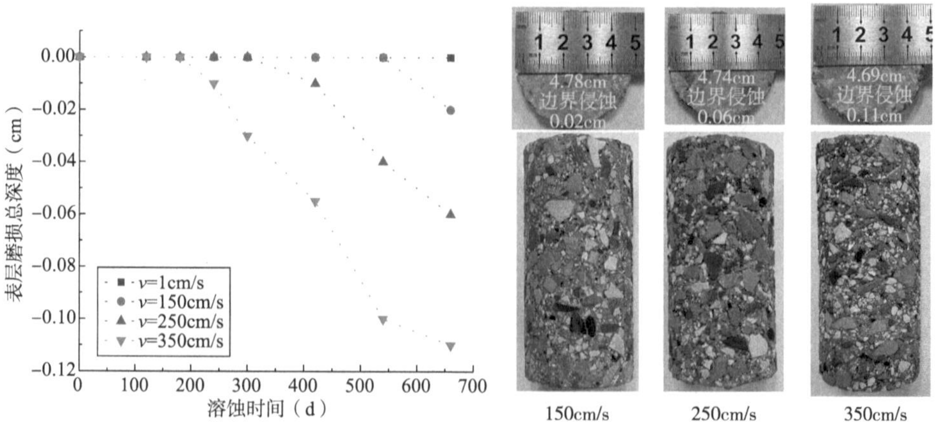

a）不同溶蚀时间不同流速喷射混凝土表层磨损总深度　　b）湍流流态试件表层劣化特征（溶蚀 660d）

图 4-16　湍流流态喷射混凝土表层劣化特征

如图 4-16a）所示，层流流态工况喷射混凝土的表层并没有出现磨损现象，但在湍流流态环境下，动力水流速≥ 150cm/s 时喷射混凝土的表面出现了磨损。动力水流速越大，表层溶蚀劣化的速率越快，磨损发生的时间越早，最终磨损的总深度也越大。图 4-16b）为溶蚀 660d 的试件表层的磨损情况。湍流剪切效应导致水泥浆体劣化损失，导致骨料外露，动力水流速越大，磨损情况越严重。

按式（4-5）进行回归拟合，得到不同动力水流速的喷射混凝土溶蚀系数。引入喷射混凝土动力水流速溶蚀影响系数 $K_{\mathrm{lea,v}}$，以流速 v=1cm/s 的工况作为基准，对不同流速的喷射混凝土溶蚀系数进行归一化处理，可得式（4-8）。

$$K_{\mathrm{lea,v}}=\begin{cases}1.031-0.031\times0.012^{\lg v} & R^2=0.958 \quad 0.2\leqslant v\leqslant 1\mathrm{cm/s} \quad \text{层流流态}\\ 0.006\mathrm{e}^{\frac{\lg v}{0.560}}+0.998 & R^2=0.917 \quad 1\leqslant v\leqslant 24\mathrm{cm/s} \quad \text{层流流态}\\ 0.006\mathrm{e}^{\frac{\lg v}{0.560}}+0.998 & R^2=0.917 \quad 24\leqslant v\leqslant 350\mathrm{cm/s} \quad \text{湍流流态}\end{cases} \tag{4-8}$$

式中：$K_{lea,v}$——喷射混凝土动力水流速溶蚀影响系数；

v——动力水流速（cm/s）。

将式（4-8）绘制成喷射混凝土动力水流速 v 影响系数分布曲线，如图 4-17 所示。

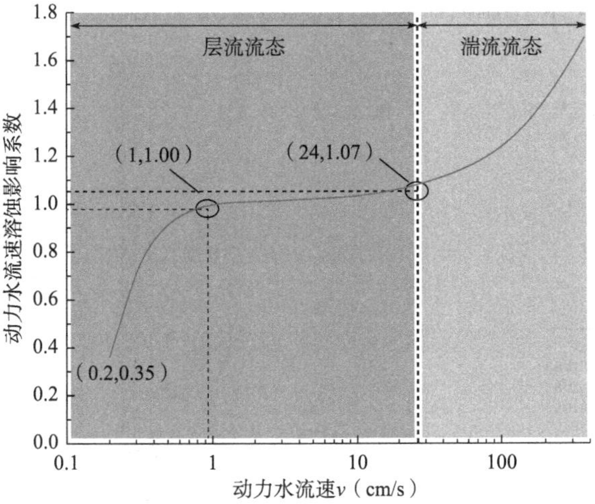

图 4-17 喷射混凝土动力水流速影响系数分布曲线

当 0.2cm/s ≤ v ≤ 1cm/s 时，动力水的携带作用，减缓了混凝土表面钙离子富集效应，加速了混凝土溶蚀。而当 1cm/s ≤ v ≤ 24cm/s 时，混凝土表层的钙离子富集现象消失，动力水流速对溶蚀的促进作用相对微弱，进入了一个“平台期”。而当水流流速逐渐增大，流态由层流逐渐向湍流转变时，水流的冲刷剪切效应对混凝土的溶蚀具有一定的促进作用。由图 4-17 可知，临界状态流速 v=24cm/s 的溶蚀修正影响系数与基准工况值（v=1cm/s）相比增大了 7.2%，说明此时已经度过了“平台期”。当 v > 24cm/s 时，动力水流速溶蚀影响系数开始大幅度增加。

（3）喷射混凝土溶蚀速率预测方法

以动水力水流速为 1cm/s、水质中 HCO_3^- 浓度为 0mg/L 的常速溶蚀试验工况作为基准值，结合表 4-7、表 4-9 和式（4-8）的溶蚀影响系数，可得出喷射混凝土溶蚀表象溶蚀深度的预测公式，见式（4-9）。

$$X_{lea}(t_{lea}) = K_{lea,cr}\sqrt{t_{lea}} = 7.30K_{lea,W} \cdot K_{lea,HC} \cdot K_{lea,v} \cdot \sqrt{t_{lea}} \tag{4-9}$$

式中：$X_{lea}(t_{lea})$——喷射混凝土表象溶蚀深度（mm）；

$K_{lea,cr}$——喷射混凝土溶蚀系数；

$K_{lea,W}$——喷射混凝土水胶比溶蚀影响系数，见表 4-5；

$K_{lea,HC}$——喷射混凝土 HCO_3^- 型水质的溶蚀影响系数，见表 4-7；

$K_{lea,v}$——喷射混凝土动力水流速溶蚀影响系数，见式（4-8）；

t_{lea}——喷射混凝土溶蚀时间（年）。

按 C30 喷射混凝土在不同地下水环境下溶蚀 100 年计算，得到的表象溶蚀深度见表 4-8。

溶蚀 100 年后 C30 喷射混凝土表象溶蚀深度　　表 4-8

耦合环境	溶蚀深度（cm）		
	微腐蚀环境	轻度腐蚀环境	中等腐蚀环境
	HCO_3^-（＞60mg/L）	HCO_3^-（30～60mg/L）	HCO_3^-（0～30mg/L）
静态（v=0cm/s）	＜0.52	0.52～1.01	1.01～1.20
层流（v=1cm/s）	＜3.32	3.32～6.45	6.45～7.65
湍流（v=24cm/s）	＜3.62	3.62～7.02	7.02～8.33
湍流（v=150cm/s）	＜4.09	4.09～7.95	7.95～9.43
湍流（v=350cm/s）	＜5.33	5.33～10.34	10.34～12.27

注：上述腐蚀环境为现行《公路工程地质勘察规范》（JTG C20）关于溶出性分解腐蚀的三级腐蚀环境。

在富水环境下，喷射混凝土保护层厚度通常为 4～5cm。当地下水流速为 0cm/s 时，其表象溶蚀深度最大为 1.20cm，在此环境下喷射混凝土溶蚀作用对结构耐久性影响极小。在层流环境下，当地下水中 HCO_3^- 浓度＞60mg/L 时，溶蚀作用对混凝土保护层的影响作用有限。当地下水中 HCO_3^- 浓度＜30mg/L 时，溶蚀 100 年后的表象溶蚀深度将超过保护层厚度。建议对线状出水位置进行封堵，使其处于静态水环境，降低溶蚀对结构耐久性的影响。在湍流环境下，当动力水流速≥150cm/s 时，溶蚀 100 年后的表象溶蚀深度均超过混凝土保护层厚度，建议对洞周围岩进行注浆加固，降低衬砌背后的孔洞与动力水流速，降低溶蚀对结构耐久性的影响。

3）溶蚀作用对喷射混凝土力学参数的影响规律

在溶蚀作用下会使喷射混凝土微观结构变得疏松多孔，导致其微观力学参数衰减。随着溶蚀时间的增加，喷射混凝土表象溶蚀深度越大，横截面上溶蚀区的面积占比越大，必将导致其宏观力学参数的变化。因此，建立溶蚀作用下喷射混凝土的力学参数随溶蚀时间的关系，为隧道结构的安全性评价提供依据。

（1）喷射混凝土面积溶蚀率与溶蚀时间的关系

定义喷射混凝土面积溶蚀率 $\Delta S_{lea}(t_{lea})$ 为喷射混凝土横截面上溶蚀区的面积占截面总面积的比重，见式（4-10）。

$$\Delta S_{lea}(t_{lea}) = \frac{S_{lea}(t_{lea})}{S_0} \times 100\% \tag{4-10}$$

式中：$S_{lea}(t_{lea})$——溶蚀时间 t_{lea} 年的喷射混凝土横截面的溶蚀面积（mm^2）；

$\Delta S_{lea}(t_{lea})$——溶蚀时间 t_{lea} 年的喷射混凝土横截面的面积溶蚀率（%）；

S_0——喷射混凝土横截面的总面积（mm^2）。

喷射混凝土横截面的总面积与其形状有关，本书以圆柱形的取芯试件为例，结合式（4-9）和式（4-10），得出不同时间喷射混凝土面积溶蚀率的计算公式，见式（4-11）。

$$\Delta S_{lea}(t_{lea}) = \frac{R_0^2 - [R_0 - X_{lea}(t_{lea})]^2}{R_0^2} \times 100\% \tag{4-11}$$

式中：$X_{lea}(t_{lea})$——喷射混凝土表象溶蚀深度（mm）；

R_0——喷射混凝土圆柱形取芯样的半径（mm）。

可见，溶蚀时间 t_{lea} 越长，喷射混凝土的表象溶蚀深度越大，喷射混凝土的面积溶蚀率越大。

（2）喷射混凝土面积溶蚀率与喷射混凝土力学参数相对损失率的关系

为便于分析，定义一定溶蚀时间 t_{lea} 的喷射混凝土弹性模量的相对损失率为 $\Delta E_c^{lea}(t_{lea})$，其计算公式为：

$$\Delta E_c^{lea}(t_{lea}) = \frac{E_c^{lea}(t_{lea}) - E_{c,0}}{E_{c,0}} \times 100\% \tag{4-12}$$

式中：$\Delta E_c^{lea}(t_{lea})$——溶蚀时间 t_{lea} 的喷射混凝土弹性模量相对损失率（%）；

$E_c^{lea}(t_{lea})$——溶蚀时间 t_{lea} 的喷射混凝土弹性模量（GPa）；

$E_{c,0}$——喷射混凝土的初始弹性模量（GPa）。

同时，定义一定溶蚀时间 t_{lea} 的喷射混凝土单轴抗压强度的相对损失率为 $\Delta f_c^{lea}(t_{lea})$，其计算公式为：

$$\Delta f_{\mathrm{c}}^{\mathrm{lea}}(t_{\mathrm{lea}})=\frac{f_{\mathrm{c}}^{\mathrm{lea}}(t_{\mathrm{lea}})-f_{\mathrm{c},0}}{f_{\mathrm{c},0}}\times 100\% \tag{4-13}$$

式中：$\Delta f_{\mathrm{c}}^{\mathrm{lea}}(t_{\mathrm{lea}})$——溶蚀时间 t_{lea} 的喷射混凝土单轴抗压强度相对损失率（%）；

$f_{\mathrm{c}}^{\mathrm{lea}}(t_{\mathrm{lea}})$——溶蚀时间 t_{lea} 的喷射混凝土单轴抗压强度（MPa）；

$f_{\mathrm{c},0}$——喷射混凝土初始单轴抗压强度（MPa）。

将溶蚀试验各工况的弹性模量与单轴抗压强度的测试数据按式（4-12）和式（4-13）处理后绘制成图，如图 4-18 所示。

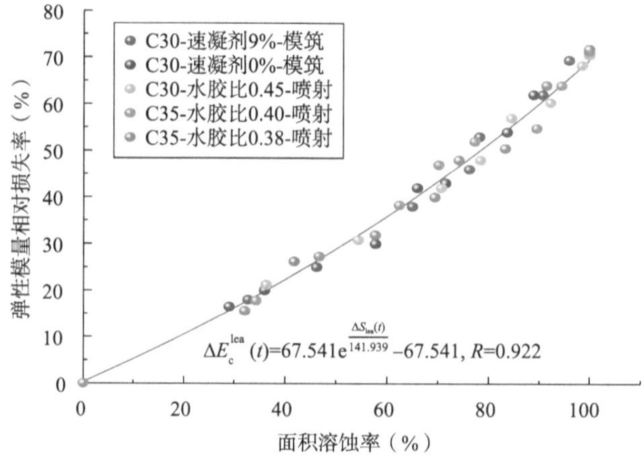

a）弹性模量相对损失率

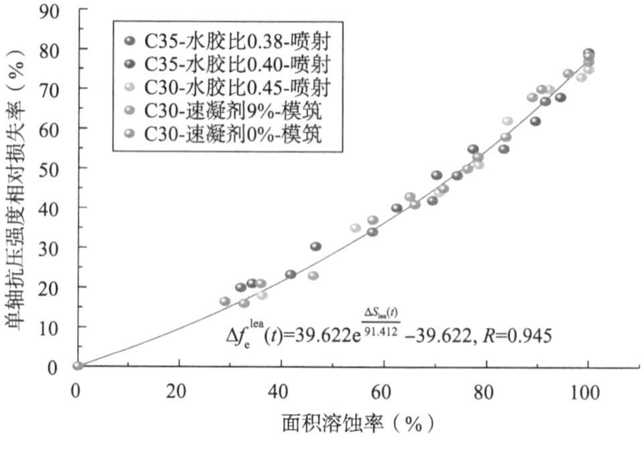

b）单轴抗压强度相对损失率

图 4-18　试件面积溶蚀率与力学参数损失率的关系曲线

由图 4-18a）可知，喷射混凝土的弹性模量的相对损失率随着试件面积溶蚀率的增大而增大。当面积溶蚀率≤ 60% 时，喷射混凝土弹性模量相对损失率的变化趋势呈现出线性特征；当面积溶蚀率＞ 60% 时，喷射混凝土弹性模量的相对损失率的变化趋势开始呈现出非线性特征；当面积溶蚀率为 68% 时，斜率的增幅达 5.4%。根据纳米压痕仪的分析结果可知，溶蚀过渡区发展成完全溶蚀区时，水泥净浆的力学参数仍会衰减 34.6%。试件的面积溶蚀率增大，完全溶蚀区的面积也在增大，因此弹性模量的相对损失率的斜率也开始呈现出非线性特征。当喷射混凝土面积溶蚀率达到 100% 时，弹性模量相对损失率达 69.5%。

由图 4-18b）可知，单轴抗压强度的相对损失率随着试件面积溶蚀率的增大而增大。当面积溶蚀率＞ 40% 时，喷射混凝土单轴抗压强度相对损失率开始呈现出非线性特征；当面积溶蚀率为 46.5%，斜率的增幅达到 5.1%；当喷射混凝土面积溶蚀率达到 100% 时，弹性模量相对损失率达 69.5%，单轴抗压强度相对损失率达 78.6%。

可见，溶蚀作用对混凝土的力学参数影响较大。

将一定溶蚀时间内的弹性模量相对损失率、单轴抗压强度相对损失率与面积溶蚀率进行拟合，可得出式（4-14）和式（4-15）。

$$\Delta E_{\mathrm{c}}^{\mathrm{lea}}(t_{\mathrm{lea}}) = 67.541\mathrm{e}^{\frac{\Delta S_{\mathrm{lea}}(t_{\mathrm{lea}})}{141.939}} - 67.541 \quad R^2 = 0.922 \tag{4-14}$$

$$\Delta f_{\mathrm{c}}^{\mathrm{lea}}(t_{\mathrm{lea}}) = 39.622\mathrm{e}^{\frac{\Delta S_{\mathrm{lea}}(t_{\mathrm{lea}})}{91.412}} - 39.622 \quad R^2 = 0.945 \tag{4-15}$$

（3）溶蚀作用后喷射混凝土的力学参数与溶蚀时间的关系

为建立溶蚀时间与力学参数劣化的关系，将式（4-10）、式（4-12）和式（4-14）进行整理可得一定溶蚀时间 t_{lea} 的喷射混凝土的弹性模量预测公式，见式（4-16）。

$$E_{\mathrm{c}}^{\mathrm{lea}}(t_{\mathrm{lea}}) = \left[67.541\mathrm{e}^{\frac{S_{\mathrm{lea}}(t_{\mathrm{lea}})}{141.939S_0}} - 66.541\right]E_{\mathrm{c,0}} \quad R^2 = 0.922 \tag{4-16}$$

式中：$E_{\mathrm{c}}^{\mathrm{lea}}(t_{\mathrm{lea}})$——溶蚀时间 t_{lea} 的喷射混凝土弹性模量（GPa）；

$S_{\mathrm{lea}}(t_{\mathrm{lea}})$——溶蚀时间 t_{lea} 的喷射混凝土横截面的溶蚀面积（mm^2）；

$E_{\mathrm{c,0}}$——喷射混凝土的初始弹性模量（GPa）。

同理将式（4-10）、式（4-13）和式（4-15）进行整理可得一定溶蚀时间 t_{lea} 的喷射混凝土的单轴抗压强度预测公式，见式（4-17）。

$$f_c^{lea}(t_{lea})=\left[39.622e^{\frac{S_{lea}(t_{lea})}{91.412S_0}}-38.622\right]f_{c,0}\quad R^2=0.945 \tag{4-17}$$

式中：$f_c^{lea}(t_{lea})$——溶蚀时间 t_{lea} 的喷射混凝土单轴抗压强度（MPa）；

$S_{lea}(t_{lea})$——溶蚀时间 t_{lea} 的喷射混凝土横截面的溶蚀面积（mm^2），其计算方法与横断面形状有关；

$f_{c,0}$——喷射混凝土的初始单轴抗压强度（MPa）。

当采用圆柱形取芯样时，将式（4-16）和式（4-17）进行替换，可得出溶蚀作用下不同溶蚀时间 t_{lea} 的混凝土力弹性模量与单轴抗压强度的预测公式，见式（4-18）和式（4-19）。

$$E_c^{lea}(t_{lea})=\left\{67.541e^{\frac{R_0^2-[R_0-X_{lea}(t_{lea})]^2}{141.939R_0^2}}-66.541\right\}E_{c,0} \tag{4-18}$$

$$f_c^{lea}(t_{lea})=\left\{39.622e^{\frac{R_0^2-[R_0-X_{lea}(t_{lea})]^2}{91.412R_0^2}}-38.622\right\}f_{c,0} \tag{4-19}$$

式中：$E_c^{lea}(t_{lea})$、$E_{c,0}$——溶蚀时间 t_{lea} 的弹性模量、初始弹性模量（GPa）；

$f_c^{lea}(t_{lea})$、$f_{c,0}$——溶蚀时间 t_{lea} 的试件单轴抗压强度、初始单轴抗压强度（MPa）；

$X_{lea}(t_{lea})$、R_0——溶蚀时间 t_{lea} 的试件的表象溶蚀深度、圆柱形取芯样的半径（mm）。

在考虑溶蚀作用对喷射混凝土的影响时，需要明确初期支护所处环境的 HCO_3^- 浓度和动力水流速，并以此作为基础参数计算溶蚀影响系数，同时结合喷射混凝土的材料参数（如水胶比），计算水胶比溶蚀影响系数。当溶蚀影响系数明确后，即可得到该工程喷射混凝土溶蚀表象溶蚀深度的预测公式。利用该公式对溶蚀时间内隧道喷射混凝土的表象溶蚀深度和力学参数值进行预测。

4.1.2　化学腐蚀环境下喷射混凝土劣化及力学参数变化规律

化学腐蚀环境主要为硫酸盐干湿交替环境和地下水中的镁盐环境、酸性环境以及侵蚀性二氧化碳环境。目前硫酸盐干湿交替环境在隧道工程建设中是较为常见的。本节主要探讨喷射混凝土在硫酸盐干湿交替环境下的劣化机理以及力学参数的变化规律。

1）喷射混凝土硫酸盐腐蚀劣化机理

硫酸盐腐蚀过程是一个复杂的物理化学及力学变化过程。在潮湿环境下，硫酸根离子扩散至混凝土内部，与混凝土中水化产物发生化学反应，生成易膨胀性物质。在干燥环境下易膨胀性物质结晶析出，体积迅速膨胀，形成膨胀压力，破坏混凝土微观结构，使更多硫酸根离子进入混凝土内部。在干湿循环条件下，易膨胀性物质大量积累，使混凝土外层开裂、剥落，造成结构截面有效面积减少，导致结构承载力降低。

2）硫酸盐腐蚀作用下喷射混凝土劣化规律

现行《既有混凝土结构耐久性评定标准》（GB/T 51355）以硫酸根离子浓度达到 4% 对应的深度为腐蚀劣化深度 $X_{SO_4^{2-}}$ 的计算方法，见式（4-20）。

$$X_{SO_4^{2-}} = \lambda_{SO_4^{2-}} \cdot t_{SO_4^{2-}} \tag{4-20}$$

式中：$X_{SO_4^{2-}}$——混凝土腐蚀劣化深度（mm）；

$\lambda_{SO_4^{2-}}$——混凝土硫酸盐腐蚀速率（mm/ 年）；

$t_{SO_4^{2-}}$——硫酸盐腐蚀损伤时间（年）。

其中，硫酸盐腐蚀速率与环境中硫酸盐的浓度、胶凝材料中铝相物质含量、混凝土的水胶比以及硫酸盐扩散系数有关，其计算公式为：

$$\lambda_{SO_4^{2-}} = \frac{E_{c,0} \cdot \beta^2_{SO_4^{2-}} \cdot C_{SO_4^{2-}} \cdot D_{i,SO_4^{2-}} \cdot X_{Al_2O_3}}{0.10196 \cdot \alpha_{SO_4^{2-}} \cdot \gamma_{SO_4^{2-}} \cdot (1-v)} \cdot \eta_{SO_4^{2-}} \times 10^{-3} \tag{4-21}$$

式中：$\lambda_{SO_4^{2-}}$——混凝土硫酸盐腐蚀速率（mm/ 年）；

$E_{c,0}$——混凝土初始弹性模量（GPa）；

$\beta_{SO_4^{2-}}$——单位体积的砂浆中 1mol 硫酸盐产生的体积变形量（m^3/mol）；

$D_{i,SO_4^{2-}}$——检测时刻混凝土硫酸根离子扩散系数（mm^2/ 年）；

$X_{Al_2O_3}$——每立方米混凝土胶凝材料中的 Al_2O_3 的含量（kg/m^3）；

$\alpha_{SO_4^{2-}}$——混凝土断裂表面的粗糙度；

$\gamma_{SO_4^{2-}}$——硬化水泥石的断裂表面能（J/m^2）；

v——混凝土泊松比，取 0.3；

$\eta_{SO_4^{2-}}$——混凝土硫酸盐腐蚀速率修正系数，取 0.47。

检测时混凝土硫酸根离子扩散系数 $D_{i,SO_4^{2-}}$ 的确定方法，见式（4-22）。

$$D_{i,SO_4^{2-}} = D_{0,SO_4^{2-}} \times t_{SO_4^{2-}}^{-a} \tag{4-22}$$

式中：a——与混凝土水胶比 W 相关的参数，当 $0.4 \leqslant W < 0.50$ 时 a 取 0.72，

当 $0.5 \leqslant W < 0.55$ 时 a 取 0.66；

$t_{SO_4^{2-}}$——硫酸盐腐蚀时间（年）；

$D_{0,SO_4^{2-}}$——与混凝土水胶比相关的参数，可按表 4-9 取值。

混凝土硫酸根离子扩散系数 $D_{0,SO_4^{2-}}$ 取值　　表 4-9

水胶比 W	$D_{0,SO_4^{2-}}$（mm^2/ 年）
0.40	22.24
0.45	28.04
0.50	34.50
0.55	41.61

考虑硫酸盐腐蚀对混凝土的影响时，需要明确环境中硫酸盐的浓度、胶凝材料中铝相物质含量、混凝土的水胶比以及硫酸盐扩散系数等基本参数，计算该环境下喷射混凝土硫酸盐腐蚀的速率，基于此可预测一定时间内喷射混凝土腐蚀劣化深度。

4.1.3　高地温环境下喷射混凝土劣化及力学参数变化规律

当高地温隧道开挖时，洞内空气温度迅速降至 28℃，混凝土处于一个高温变温养护成型过程，这使得混凝土结构成型后的力学参数值低于常温养护条件时的值。工程经验表明，高地温环境下成型的混凝土往往更容易开裂，引发材料劣化。因此，本节主要给出了高地温喷射混凝土的劣化机理以及力学参数劣化规律。

1）高地温环境喷射混凝土早期强度的影响机理

一般来说，材料的微观结构决定了其宏观行为。深入了解水泥净浆的微观结构与宏观性能之间的相互关系，是研究高地温隧道支护材料及支护结构力学性能的重要基础。与大多数化学反应一样，水泥浆体的水化速率一般随着温度的升高而增加。初期高温养护条件有助于水化物积累和混凝土内部骨架结构体系的快速形成，从而可有效抵抗外部荷载。从扫描电镜结果（图 4-19）可以看出，3d 龄期时与标况 -20℃ -95%RH 条件（即 20℃、95%RH 标准养护条件）下的试样相比，高温变温 -80℃ -95%RH 条件（即 80℃、95%RH 高温变温养护条件）下的水化产物明显更加密实，孔隙率较低，这表明高温加速了从水化状态向形成普通膏体的快速转移。

图 4-20 所示为 3d 龄期和 28d 龄期标况养护与高温养护水泥净浆的水化产物的 X 射线衍射（XRD）测试图谱。

a）标况 -20℃ -95%RH-3d

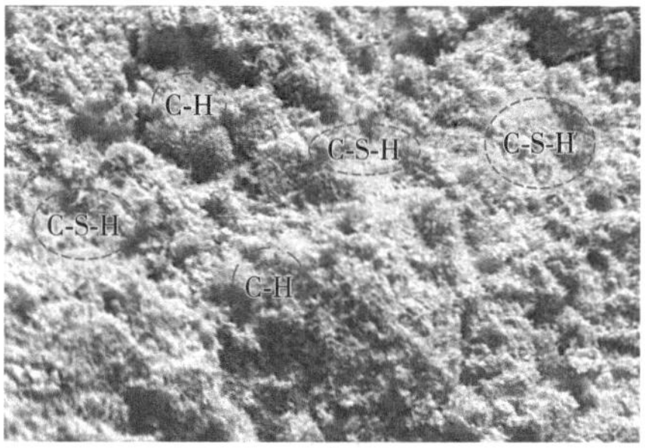

b）高温变温 -80℃ -95%RH-3d

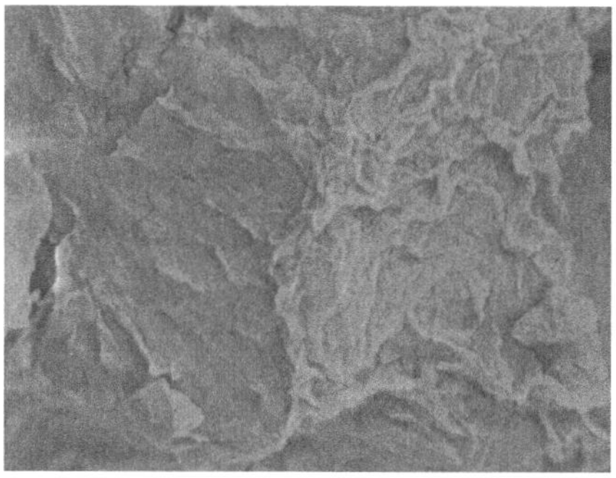

c）标况 -20℃ -95%RH-28d

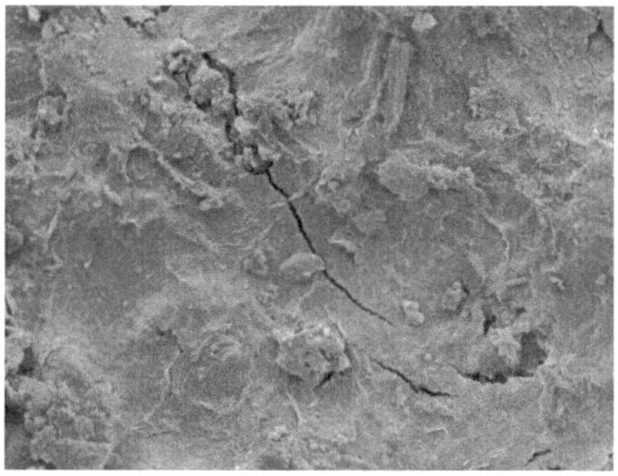

d）高温变温 -80℃ -95%RH-28d

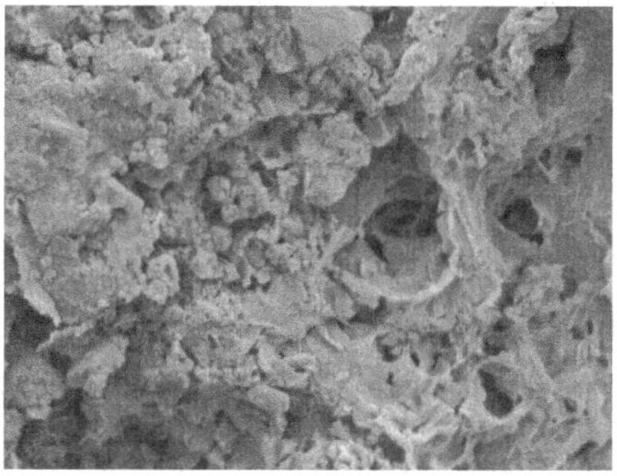

e）高温变温 -80℃ -25%RH-28d

图 4-19　不同养护条件下水泥基材料微观结构

由图 4-20 可得，随着水化的进行，氢氧化钙（CH）含量进一步增加，C-S-H 凝胶形态得到改善，提高了水泥净浆表面的密实程度。然而，持续的高温和更多的热量也会带来许多不利影响，特别是对于材料长期强度的发展。当养护龄期为 28d 时，标准养护条件下试样的微观形态比高温变温养护下更加紧密，而高温下水泥水化程度较低，大量未水化的水泥颗粒被迅速包裹，导致结构相对疏松，容易出现明显的穿孔现象。

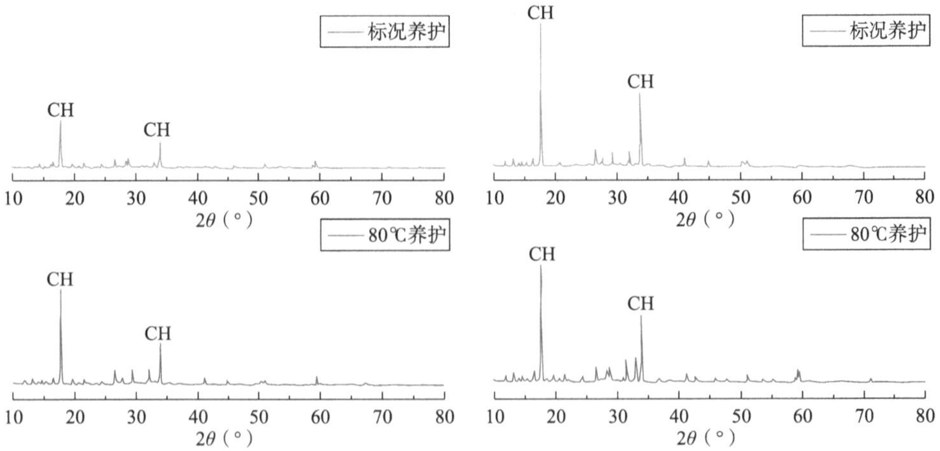

a）3d 龄期　　b）28d 龄期

图 4-20　高地温养护与标准养护条件下龄期 XRD 图谱

θ- 衍射角，即入射 X 射线与衍射线的夹角

随着养护龄期的发展，以前未水化的水泥颗粒会产生较多的氢氧化钙（CH），层间连接较弱，强度较低。一般来说，它也是硬化水泥在外力作用下产生裂缝的根源。微裂缝的存在会使试样在受力过程中产生应力集中，从而大大降低其力学强度。特别是在湿度较低的情况下，水泥基材料失水干燥、水化程度降低从而引起长期强度衰减的现象更为明显。因为水在整个水泥水化过程中也起着关键作用。与高温变温 80℃ -25%RH 条件下的试样相比，高温变温 80℃ -95%RH 下的产物结晶度明显提高，排列更有序，趋向更明显。此外，在水分充足的情况下，通过骨料和界面过渡区的裂纹较少。一方面，水与水泥反应产生的水化产物通常会溶解在水中，并向固体颗粒移动。水不仅是反应物之一，也是一种运输产物的中介。水形成了一个相互连接的多孔网络，由于水被消耗掉而没有填满网络，形成了网状结构，产生了非紧密性和整体微观结构的不均匀性。

因此，无论是早期还是晚期，水对混凝土的抗压性都有很大的影响。既有文献的试验结果也表明，在高相对湿度下，365d 后硅酸三钙（C_3S）的水化度约为 67%，相对湿度较低时，水化度更小。扫描电子显微镜（SEM）试验表明高温低湿条件下水泥水化反应不充分，大量未水化的水泥颗粒被迅速包裹，结构疏松多孔，微观产物排序紊乱，层间连接较弱，骨料和界面过渡区裂纹较多，在荷载作用下更易产生宏观裂缝。

2）高地温环境对喷射混凝土力学参数的影响规律

高地温环境对喷射混凝土力学参数的影响主要体现在单轴抗压强度和弹性模量。

（1）高地温环境对喷射混凝土单轴抗压强度的影响

高温变温养护条件下喷射混凝土的抗压强度整体表现为初期增长迅速，但随着养护龄期的增加，抗压强度增速减缓并逐渐稳定，高地温养护环境下喷射混凝土的抗压力学强度存在交叉效应，即养护温度较高时，试样的早期力学强度显著提升，但后期强度出现衰减趋势。

随着养护温度的升高，喷射混凝土早期强抗压强度增加显著，表现出明显的早强效应。图 4-21 所示为不同温度对喷射混凝土单轴抗压强度的影响曲线。

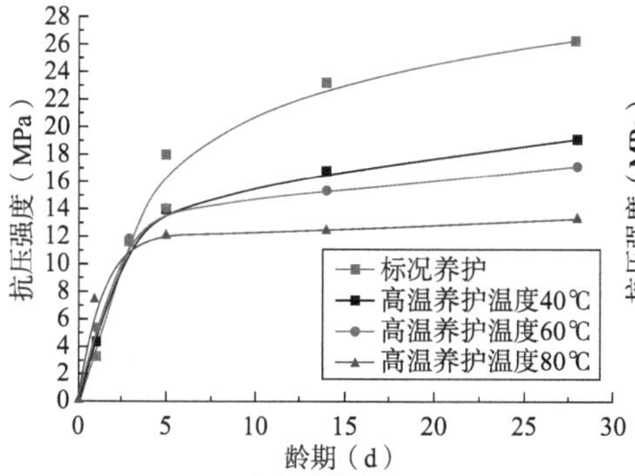

a）相对湿度为25%

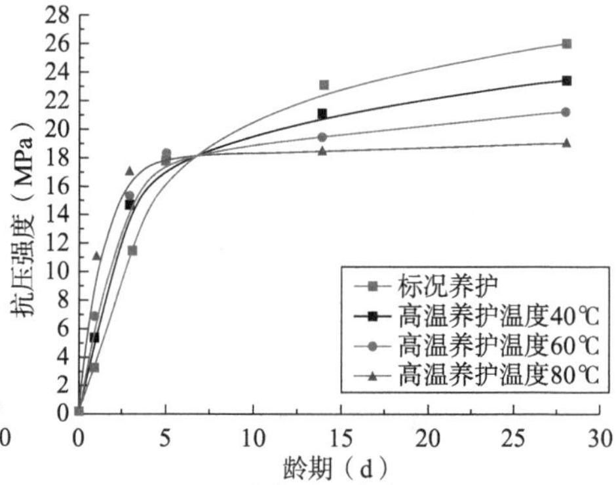

b）相对湿度为55%

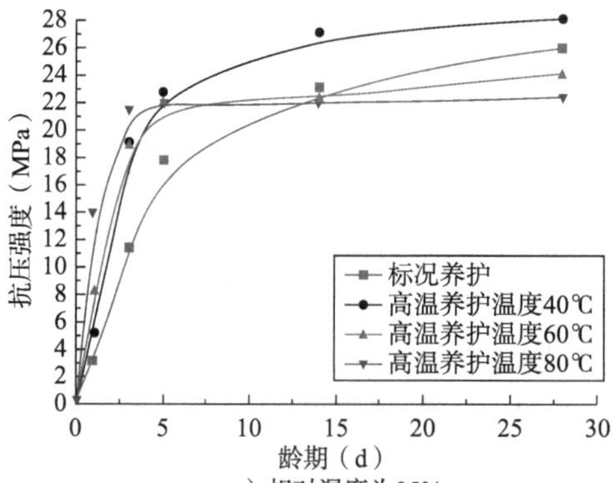

c）相对湿度为95%

图 4-21　不同温度对喷射混凝土单轴抗压强度的影响曲线

当湿度为 25% 时，温度为 40℃、60℃、80℃变温养护条件下的喷射混凝土抗压强度分别比标准养护条件下 1d 龄期的喷射混凝土试样强度高 34.4%、65.6%、93.8%。特别是当养护龄期小于 5d 时，高温变温养护条件下的试件抗压强度均高于标准养护条件下的试样强度。喷射混凝土在高温变温（40 ～ 80℃）养护条件下其早期强度增幅为 31% ～ 128%，表现出明显的早强效应。随着养护温度的增加，喷射混凝土的长期抗压强度发展有所减缓。与标准养护条件下 28d 龄期的试件相比，高温变温养护条件下的喷射混凝土试件抗压强度降低了 27% ～ 49%。

随着养护湿度的升高，温度引起的交叉效应作用有所变化。当相对湿度为 25% 时，高温引起的早期强度提升仅在养护龄期为 1d 时出现。但随着相对湿度的增加（55%RH 和 95%RH），不同高温养护条件下的试件均比 1d、3d 和 5d 养护龄期的标准养护条件下试件抗压强度要高，即温度引起的早强作用持续时间增长。在相同的养护温度下，随着相对湿度的增加，抗压强度有明显的增长，最大增幅可达 327%。这表明较高的养护相对湿度有助于提高早期的抗压强度。在长期强度方面（28d 养护龄期），湿度的增加使得温度引起的长期强度衰减程度有所降低。以 80℃的养护温度为例，对比标准养护条件下试样，养护相对湿度为 25%，55% 和 95% 时，喷射混凝土抗压强度分别下降了 57.8%、23.2% 和 16.4%。

（2）高地温环境对喷射混凝土弹性模量的影响

以养护龄期为 28d 的喷射混凝土弹性模量试验结果为例，变化曲线如图 4-22 所示。

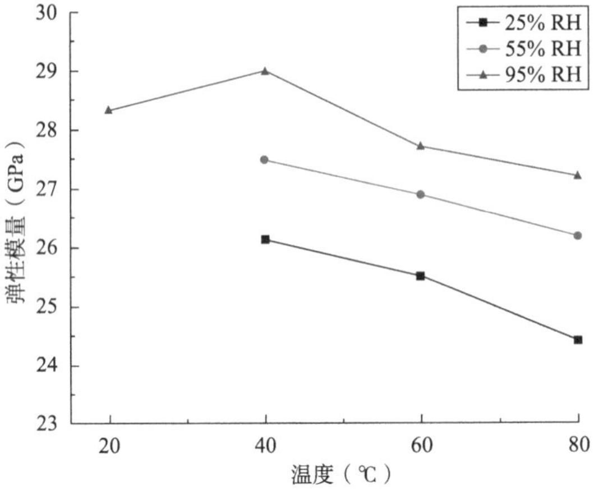

图 4-22　高地温环境下喷射混凝土 28d 弹性模量变化曲线

在不同湿度条件下，弹性模量基本呈现出随养护温度的升高而逐渐降低。与标准养护条件下的试件相比，在高温变温（40℃、60℃、80℃）养护条件下，当养护湿度为25%时，不同养护温度下弹性模量降幅分别为7.7%，9.8%，13.8%；养护湿度为55%条件下，弹性模量降幅分别为2.8%，4.9%，7.3%；养护湿度为95%条件下，高温变温（60℃、80℃）时弹性模量降幅分别为2.0%，4.1%。但是当养护温度为40℃、湿度为95%时，试件弹模具有2.4%的提升。因此，试验结果表明高温变温养护对于弹性模量的长期发展不利，但增加养护湿度对试件弹性模量的提升有积极的影响。

3）高地温环境喷射混凝土力学参数劣化模型

为了进一步量化计算不同条件下喷射混凝土强度及变形量，以标准养护条件下的试样力学特性及试验数据的回归分析结果为基准，提出了高地温环境温度与湿度耦合作用下的喷射混凝土单轴抗压强度及弹性模量计算公式。

长期处于高地温环境作用下的混凝土力学性能也会随着变高温及湿度的耦合作用而出现不同程度的衰减。为了表征单因素影响作用下混凝土力学参数的变化规律，引入喷射混凝土单轴抗压强度的温度修正系数$\mu_{\mathrm{hg,T}}$及湿度修正系数$\mu_{\mathrm{hg,RH}}$。

通过归一化处理试验数据，可得式（4-23）和式（4-24）。

$$\mu_{\mathrm{hg,T}} = 0.0024T - 0.096 \tag{4-23}$$

$$\mu_{\mathrm{hg,RH}} = -0.3938\mathrm{RH}^2 + 0.7333\mathrm{RH} - 0.1587 \tag{4-24}$$

式中：T——环境温度（℃）；

RH——环境相对湿度（%）。

在高地温环境下通常要考虑温湿度的耦合作用，因此，引入了高地温环境下喷射混凝土强度的温湿度耦合作用修正系数θ_{hg}，采用$\mu_{\mathrm{hg,T}}$和$\mu_{\mathrm{hg,RH}}$进行修正。建立考虑高地温环境作用的混凝土材料抗压强度$f_{\mathrm{c}}(\mathrm{RH},T)$计算公式，见式（4-25）。

$$f_{\mathrm{c}}^{\mathrm{hg}}(\mathrm{RH},T) = \theta_{\mathrm{hg}} f_{\mathrm{c,0}} \tag{4-25}$$

式中：$f_{\mathrm{c}}^{\mathrm{hg}}(\mathrm{RH},T)$——不同温湿度养护条件下喷射混凝土单轴抗压强度（MPa）；

$f_{\mathrm{c,0}}$——标准养护条件下（温度为20℃，相对湿度为95%）的喷射混凝土单轴抗压强度（MPa）。

其中，通过非线性耦合计算可以得出喷射混凝土的高地温环境影响系数，见式（4-26）。

$$\theta_{hg} = \frac{0.734 - 6.719\mu_{hg,T} - 4.514\mu_{hg,RH}}{1 - 8.241\mu_{hg,T} - 7.450\mu_{hg,RH} + 8.396(\mu_{hg,RH})^2} \tag{4-26}$$

将式（4-26）代入式（4-25），可得出式（4-27）。

$$f_c^{hg}(RH,T) = \frac{0.734 - 6.719\mu_{hg,T} - 4.514\mu_{hg,RH}}{1 - 8.241\mu_{hg,T} - 7.450\mu_{hg,RH} + 8.396(\mu_{hg,RH})^2} f_{c,0} \tag{4-27}$$

同理可以得出高地温环境下混凝土弹性模量计算公式，见式（4-28）。

$$E_c^{hg}(RH,T) = (0.0048\psi_{hg,RH}^2 + 0.039\psi_{hg,RH} - 0.052\psi_{hg,T} + 0.924)E_{c,0} \tag{4-28}$$

式中：E_c^{hg}(RH，T) 和 $E_{c,0}$——分别为标况及温湿度耦合效应的喷射混凝土弹性模量；

$\psi_{hg,T}$ 和 $\psi_{hg,RH}$——分别为高地温环境下喷射混凝土弹性模量的温度修正系数及湿度修正系数，见式（4-29）、式（4-30）。

$$\psi_{hg,T} = 0.0275T - 1.1 \tag{4-29}$$

$$\psi_{hg,RH} = -3.2143RH^2 + 6.5714RH - 1.442 \tag{4-30}$$

当隧道穿越高地温环境时，需要明确开挖围岩的初始温度与湿度。将温度与湿度代入单轴抗压强度和弹性模量的修正系数预测公式，即可获得高地温环境下喷射混凝土劣化后的力学参数。

4.1.4　冻融环境下喷射混凝土劣化及力学参数变化规律

隧道穿越季节性冻土地区，在低温冻融作用下，混凝土内部水分凝结成冰，体积迅速增加，使得混凝土承受巨大的冻胀压力。在长期反复冻融作用下，易造成混凝土劣化、表面脱落，对混凝土的正常使用造成影响。本节主要介绍了冻融环境下喷射混凝土的劣化机理以及力学参数变化规律。

1）冻融环境喷射混凝土劣化机理

由于混凝土材料外部及内部孔隙中水的相态变化（水 - 冰，冰 - 水）所产生的结晶压力、静水压力等力的作用，将会导致孔壁承受压应力和拉应力，当孔壁拉应力超过材料的强度时，产生裂缝，最终导致材料发生破坏。因此，冻融环境下混凝土材料的劣化一般认为是由冰冻作用引起的。

2）冻融环境下喷射混凝土力学参数演化规律

相关研究中采用标准冻融循环试验法，得出了冻融环境下混凝土力学参数的劣化规律，并提出了单轴抗压强度预测公式，见式（4-31）。

$$f_c^{fre}(N_{fre})=\mu_{fre,W}\cdot\mu_{fre,F}\cdot\mu_{fre,a}\cdot e^{-0.001N_{fre}}f_{c,0} \tag{4-31}$$

式中：$f_c^{fre}(N_{fre})$——冻融循环 N_{fre} 次后喷射混凝土的单轴抗压强度（MPa）；

$f_{c,0}$——喷射混凝土初始的单轴抗压强度（MPa）；

$\mu_{fre,W}$——冻融环境下喷射混凝土单轴抗压强度的水胶比修正系数；

$\mu_{fre,F}$——冻融环境下喷射混凝土单轴抗压强度的粉煤灰修正系数；

$\mu_{fre,a}$——冻融环境下喷射混凝土单轴抗压强度的含气量修正系数；

N_{fre}——特征地区的年均等效室内冻融循环次数。

（1）冻融环境特征参数 N_{fre}

已有的冻融环境混凝土强度预测的模型多基于室内快速冻融试验。室内快速冻融试验的环境参数与实际工程差异较大，不能应用于现场混凝土冻融耐久性预测。因此，有学者提出年均等效室内冻融循环次数的计算方法，建立了室内冻融试验与现场冻融环境之间的转换关系，见式（4-32）。

$$N_{fre}=\frac{K_{fre}N_{fre,act}(T_L)}{S_{fre}} \tag{4-32}$$

式中：N_{fre}——特征地区的年均等效室内冻融循环次数；

$N_{fre,act}(T_L)$——现场年均冻融循环次数；

S_{fre}——混凝土的室内外冻融损伤比例系数，S_{fre} 越大冻融损伤程度越大；

K_{fre}——混凝土在发生冻融循环时的饱含水时间比例系数。

现有规范或技术标准中多采用最冷月平均气温作为冻融环境分级的指标，最冷月平均气温与冻融循环次数关系密切。有学者建立了年均冻融循环次数与最冷月（1 月）平均气温 T（℃）的关系，见式（4-33）。

$$N_{fre,act}(T_L)=\begin{cases}40.52+20.69(-T_L)^{0.52} & T_L\text{在零上地区}\\ 54.50-8.50T_L & T_L\text{在零下地区}\\ 84.69-6.85T_L & \text{青藏高原地区}\end{cases} \tag{4-33}$$

式中：$N_{fre,act}(T_L)$——现场年均冻融循环次数；

T_L——最冷月（1 月）的平均温度。

由式（4-33）可看出，在最冷月（1 月）平均气温为零下地区或青藏高原地区，最冷月的平均气温与现场冻融次数具有较强的线性关系。

饱含水时间比例系数 K_{fre} 是表征混凝土的水饱和程度的关键参数，与混凝土的耐久性直接相关。K_{fre} 的取值与环境息息相关，对于冻胀前长期或频繁接触水的环境，K_{fre} 取 1；对于冻胀前期偶尔受水或受潮的环境，可取当地最冷月降水量不低于 0.1mm 降水日数出现的频率。K_{fre} 值越大，表示一次冻融环境的结构损伤越大。

S_{fre} 为混凝土的室内试验与现场环境的冻融损伤比例系数，S_{fre} 越大，冻融损伤程度越大，其计算公式见式（4-34）。

$$S_{\text{fre}}=\left(\frac{\dot{T}_0}{\dot{T}}\right)^{\xi}=\left(\frac{\dfrac{\Delta T_{\text{fre},0}}{t_{\text{fre},0}}}{\dfrac{\Delta T_{\text{fre}}}{t_{\text{fre}}}}\right)^{\xi_0} \tag{4-34}$$

式中：$\dot{T}_0$、$\dot{T}$——分别表示现场与实验室内冻融循环的降温速率；

$\Delta T_{\text{fre},0}$、$t_{\text{fre},0}$——分别表示现场发生冻融循环时的降温温差与降温时间间隔；

ΔT_{fre}、t_{fre}——分别表示实验室内标准快冻条件下的降温温差与降温时间间隔。

（2）材料参数

冻融环境下，材料参数对喷射混凝土单轴抗压强度有影响。材料参数主要有混凝土的水胶比、粉煤灰掺量以及含气量，见式（4-35）。

$$\begin{cases}\mu_{\text{fre,W}}=0.824W^{-0.1332}\\ \mu_{\text{fre,F}}=-2.528F^2+1.013F+0.956\\ \mu_{\text{fre,a}}=0.556\ln a+2.779\end{cases} \tag{4-35}$$

式中：W——喷射混凝土水胶比；

F——喷射混凝土粉煤灰掺量（%）；

a——喷射混凝土含气量，与引气剂有关（%）。

水胶比影响着混凝土冻融循环后的力学性能，水胶比越小，其力学性能越好。掺入适量粉煤灰对混凝土抗冻性的力学性能是有益的，但掺量超过 30% 后，抗压强度陡降。含气量对混凝土抗冻性能影响很大，掺入适量的引气剂对提高结构的抗冻性有较大的帮助。

根据喷射混凝土材料参数，代入式（4-35）可获得材料修正系数；根据现场的环境参数，代入式（4-32）～式（4-34）可获得特征地区的年均等效室内冻融循环次数；最后通过式（4-31）即可进行冻融环境下现场混凝土强度的预测。

4.2 型钢钢架劣化及力学参数变化规律

隧道在软弱围岩段施工存在较大的安全风险，通常要设置型钢钢架。型钢钢架劣化特征主要为氯离子环境下锈蚀劣化。喷射混凝土保护层抵抗氯离子侵蚀，影响钢锈蚀发生时间。当喷射混凝土内部氯离子含量超过临界值时，钢架开始锈蚀。钢架锈蚀不仅影响型钢钢架的力学参数，还影响型钢与混凝土界面传力特性，影响着初期支护承载力。因此，钢架锈蚀会对隧道结构安全性造成巨大影响。本节主要介绍钢架的锈蚀机理并建立型钢钢架锈蚀劣化模型，为评价初期支护结构的安全性提供理论支撑。

4.2.1 型钢钢架劣化的影响因素

裂缝和渗漏水的存在对初期支护中型钢钢架的锈蚀有着极大的促进作用：渗漏水为型钢钢架锈蚀提供了必要的 Cl^-、SO_4^{2-} 等离子材料，裂缝为地下水提供通道，同时也让空气接触型钢钢架，提供氧化所需要的氧气。

钢结构所用碳钢是由铁素体和渗碳体组成，其中铁素体电位较负，渗碳体电位较正。当钢结构浸入电解质溶液后，在表面形成了群微电池，铁素体作为阳极，失去电子变成铁离子溶于电解质中，渗碳体作为阴极，电解质中的氧化性物质在其表面得到从阳极流来的电子。微电池的作用导致碳钢的锈蚀溶解，这种锈蚀称为电化学锈蚀。锈蚀反应的阴极过程是氧的还原过程。表明钢结构的锈蚀是氧气作为氧化剂的电化学锈蚀，见式（4-36）、式（4-37）。

阳极反应：

$$Fe \rightarrow Fe^{2+} + 2e^- \tag{4-36}$$

溶液中反应：

$$\begin{cases} Fe^{2+} + 2OH^- \rightarrow Fe(OH)_2 \\ 4Fe(OH)_2 + O_2 + H_2O \rightarrow 4Fe(OH)_3 \\ 2Fe(OH)_3 \rightarrow Fe_2O_3 \cdot H_2O + 2H_2O \end{cases} \tag{4-37}$$

4.2.2　型钢钢架锈蚀演化过程

采用型钢钢架的混凝土结构从施作到结构失效的时间过程，由锈蚀诱导期 t_1、锈蚀发展期 t_2 组成。

1）锈蚀诱导期 t_1

锈蚀诱导期是指型钢钢架表面的钝化膜破坏的时间；混凝土碳化与氯离子侵蚀都会导致型钢钢架钝化膜破坏，诱发钢筋锈蚀。实际工程中，二次衬砌与防水板将初期支护与大气环境隔绝，喷射混凝土碳化对型钢钢架钝化膜的影响相对较为微弱。而地下水中氯离子侵入引起的锈蚀破坏更为普遍。因此，本书主要讨论氯离子引起的型钢钢架锈蚀破坏。

型钢钢架与混凝土交界面上的氯离子浓度含量达到钢表面钝化膜破坏的临界浓度时的时间为诱导期（t_1）。诱导期的时间长短与氯离子的扩散过程控制如下：

混凝土结构中的氯化物受扩散控制，可以通过 Fick 定律进行描述，见式（4-38）。

$$\frac{\partial C_{\mathrm{Cl}}}{\partial t}=\frac{\partial}{\partial x_{\mathrm{Cl}}}\left(D_{\mathrm{Cl}}\frac{\partial C_{\mathrm{Cl}}}{\partial x_{\mathrm{Cl}}}\right) \tag{4-38}$$

式中：D_{Cl}——氯离子扩散系数；

C_{Cl}——任意时刻目标平面的离子浓度（mg/L）；

x_{Cl}——目标平面至混凝土表面的距离（mm）；

t——氯离子侵蚀时间（年）。

在一维情况下，边界和初始条件见式（4-39）。

$$C_{\mathrm{Cl}}\big|_{x=\Delta x}=C_{\mathrm{Cl,s}},\ C_{\mathrm{Cl}}\big|_{t=0,\,x>\Delta x}=C_{\mathrm{Cl,0}},\ C_{\mathrm{Cl}}\big|_{x=\infty}=C_{\mathrm{Cl,0}} \tag{4-39}$$

通过拉普拉斯转换，可得到的解析解为式（4-40）。

$$C_{\mathrm{Cl}}(x_{\mathrm{Cl}},t)=C_{\mathrm{Cl,0}}+(C_{\mathrm{Cl,s}}+C_{\mathrm{Cl,0}})\left[1-erf\left(\frac{x_{\mathrm{Cl}}-\Delta x_{\mathrm{Cl}}}{2\sqrt{D_{\mathrm{Cl}}t}}\right)\right] \tag{4-40}$$

式中：$C_{\mathrm{Cl}}(x_{\mathrm{Cl}},\ t)$——$t$ 时刻距混凝土表面距离为 x_{Cl} 处的氯离子含量（mg/L）；

$C_{\mathrm{Cl,s}}$——混凝土表面氯离子浓度（mg/L）；

$C_{\mathrm{Cl,0}}$——混凝土中因外掺量等带来的初始氯离子浓度（mg/L）；

Δx_{Cl}——对流区深度（mm）；

$erf(*)$——高斯误差函数，$erf(z)=\dfrac{2}{\sqrt{\pi}}\int_0^z \exp(-\eta^2)\mathrm{d}\eta$。即为氯离子侵蚀作用下，混凝土结构中氯离子浓度的扩散分布计算公式。

当钢材表面的氯离子浓度达到界限值时 C_{crit} 时，锈蚀作用开始。根据 Fick 一维扩散模型，锈蚀起始时间 t_1 可由式（4-41）得到。

$$t_1=\frac{(c_0-\Delta x_{Cl})^2}{4\cdot D_{Cl}}\cdot\left[erf^{-1}\left(\frac{C_{Cl,s}-C_{Cl,crit}}{C_{Cl,s}-C_{Cl,0}}\right)\right]^{-2} \quad （4-41）$$

式中：D_{Cl}——同氯离子迁移系数取值相近。

以某海底隧道为例，环境作用等级为近海大气区Ⅲ-C，假定初期支护混凝土无开裂且密实，探讨保护层厚度为 5cm、6cm、7cm、8cm、9cm 情况下氯离子浓度含量达到钢表面钝化膜破坏的临界浓度的时间 t_1。型钢钢架锈蚀临界氯离子浓度 C_{crit} 按照现行《既有混凝土结构耐久性评定标准》（GB/T 51355）取 2.1kg/m^3。最终可通过式可得到诱导期 t_1 与保护层厚度 c_0 的关系曲线，如图 4-23 所示。

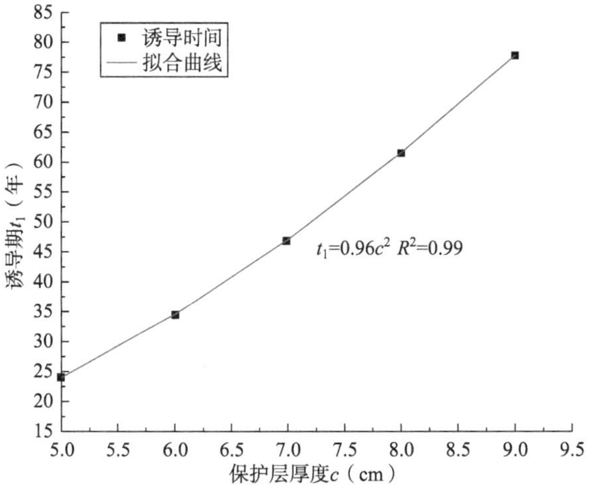

图 4-23　诱导期 t_1 与保护层厚度关系

根据图 4-23 可知：

（1）诱导期 $t_{Cl,1}$ 随着保护层厚度增加呈幂函数形式增加。

（2）保护层厚度为 5cm、6cm、7cm、8cm、9cm 时分别对应的诱导期为 24.00 年、34.56 年、47.04 年、61.44 年、77.76 年。

（3）若一开始海底隧道初期支护存在开裂、渗漏水现象，则初期支护型钢钢架表面氯离子含量就达到了型钢钢架表面钝化膜破坏的临界浓度，这就意味着型钢钢架的锈蚀诱导期 t_1 为 0，则可得到海底隧道初始阶段初期支护开裂（型钢钢架从一开始接触氯离子受到侵蚀）与未开裂（型钢钢架经过诱导期后接触氯离子受到侵蚀）两种情况下诱导期 t_1 的关系式，见式（4-42）。

$$\begin{cases} t_1 = 0 & \text{初期支护开裂且渗漏水} \\ t_1 = 0.96c_0^2 & \text{初期支护密实完整} \end{cases} \tag{4-42}$$

2）锈蚀发展期 t_2

锈蚀发展期是指钝化膜破坏后至钢架锈蚀破坏的时间。在一定湿度和供氧条件下，钢架锈蚀不断锈蚀。该段时间的长短与钢筋直径、氧气和水在混凝土中的扩散速率、混凝土电阻率大小等有关。型钢钢架锈蚀率研究以 t_2 作为起点。

海底隧道型钢钢架锈蚀 t_2 年后的锈层厚度与锈蚀速率存在的转换关系，见式（4-43）。

$$\delta_{Cl}(t_2) = 11.6 \times 10^{-4} i \cdot t_2 = \lambda_{Cl,t_2} \cdot t_2 \tag{4-43}$$

式中：$\delta_{Cl}(t_2)$——型钢钢架锈蚀 t_2 年后的锈层厚度（cm）；

i——电流密度（$\mu A/cm^2$）；

t_2——锈蚀时间（年）；

λ_{Cl,t_2}——Cl 离子环境钢材锈蚀速率（cm/ 年）。

根据式（4-43），要获得型钢钢架锈层厚度，需获得现场电流密度。通过现场调研结果得到锈层厚度，见表 4-10。

电流密度 i 与锈蚀时间的关系　　表 4-10

锈蚀时间 t_2（年）	0.274	0.493	0.823	1.082	1.164
锈层厚度（cm）	0.0125	0.0185	0.0255	0.0300	0.0320
电流密度（$\mu A/cm^2$）	39.33	32.34	23.60	23.90	23.70

电流密度与时间的关系如图 4-24 所示。

由图 4-24 可知，电流密度与锈蚀时间的关系呈指数函数形式，随着锈蚀时间的增加，电流密度逐渐减小至趋于平稳。通过数据分析得到电流密度与锈蚀时间的关系，见式（4-44）。

$$i = 20.04 t_2^{-0.376} \tag{4-44}$$

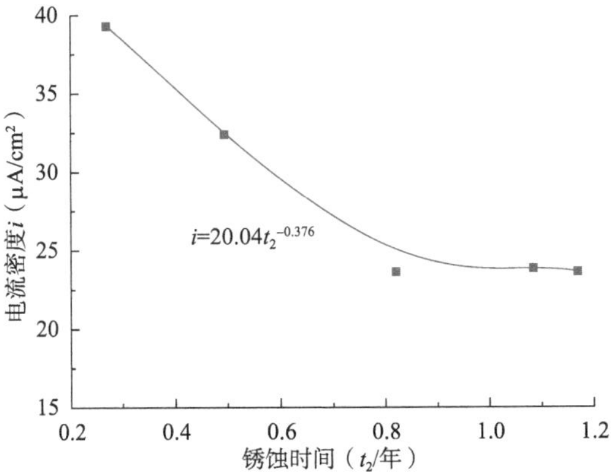

图 4-24　某海底隧道现场电流密度与锈蚀时间的关系

则可得到 Cl^- 离子环境钢材锈蚀速率 λ_{Cl,t_2} 的表达式，见式（4-45）。

$$\lambda_{Cl,t_2} = 11.6 \times 10^{-4} \times 20.04 t_2^{-0.376} = 0.023 t_2^{-0.376} \tag{4-45}$$

由式（4-43）则可得到型钢钢架锈层厚度 $\delta_{Cl}(t_2)$ 随时间的关系，见式（4-46）。

$$\delta_{Cl}(t_2) = \int_0^{t_2} \lambda_{Cl,t_2} d_t = 0.0368 t_2^{0.624} \tag{4-46}$$

假定型钢钢架（工字钢）在氯离子环境侵蚀作用下为均匀锈蚀（腹板翼缘锈蚀程度相同），则可按照工字钢截面面积定义锈蚀率，见式（4-47）。

$$\rho = \frac{A_{a,0} - A_{ac,t_2}}{A_{a,0}} \times 100\% \tag{4-47}$$

式中：$A_{a,0}$——工字钢未锈蚀时的截面面积（cm^2）；

A_{ac,t_2}——工字钢锈蚀后截面面积（cm^2）。

某海底隧道使用 I22b 工字钢，尺寸为：H=22cm、B=11.2cm、t_w=0.95cm、t_f=1.3cm。海底隧道型钢钢架锈蚀率与锈蚀时间的关系，见式（4-48）。

$$\rho = \frac{47.55-19.4(0.95-0.0368t_2^{0.624})-2(11.2-0.0368t_2^{0.624})(1.3-0.0368t_2^{0.624})}{47.55}$$

$$= \frac{1.634 t_2^{0.624} - 0.0027 t_2^{1.248}}{47.55} \tag{4-48}$$

因此，可以依据公式（4-48）得到锈蚀率与锈蚀时间的关系曲线，如图 4-25 所示。型钢钢架的锈蚀率增加幅度随着时间先增加后减小，其原因是锈蚀化学反应中铁表面形成的氧化层将阻止反应，导致锈蚀反应的速度减慢。

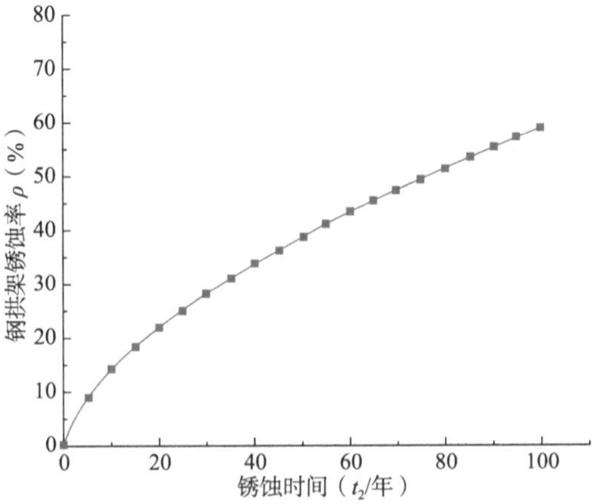

图 4-25　锈蚀率与锈蚀时间的关系

4.2.3　型钢钢架锈蚀后的力学参数变化规律

（1）几何参数

从暴露表面开始的锈蚀会导致材料损失，从而降低型钢钢架构件的截面特性，如横截面积（A）和惯性矩（I_{xx}）。图 4-26 表示隧道中使用的常见工字钢，假设整个截面的厚度均匀减小，在锈蚀速率 $\lambda_{\mathrm{Cl},t_2}$ 下经过锈蚀时间 t_2 后，工字钢的尺寸变化见式（4-49）。

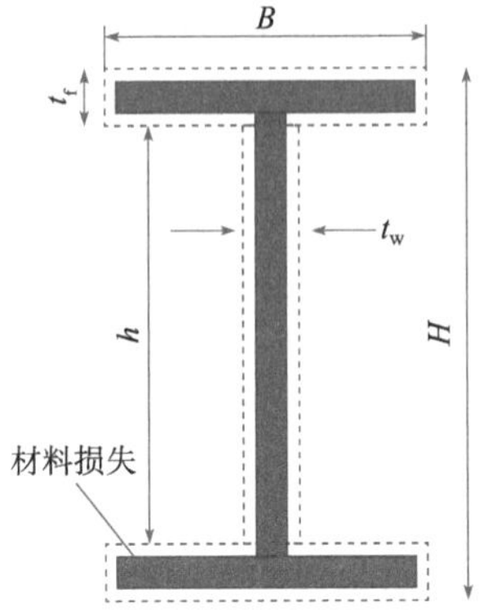

图 4-26　工字钢截面劣化模型图

$$\begin{cases} H_{unc} = H - 2\lambda_{Cl,t_2} t_2 \\ B_{unc} = B - 2\lambda_{Cl,t_2} t_2 \\ h_{unc} = h + 2\lambda_{Cl,t_2} t_2 \\ t_{wunc} = t_w - 2\lambda_{Cl,t_2} t_2 \\ t_{func} = t_f - 2\lambda_{Cl,t_2} t_2 \end{cases} \tag{4-49}$$

式中：H_{unc}——锈蚀 t_2 年后工字钢总高度（cm）；

B_{unc}——锈蚀 t_2 年后工字钢宽度（cm）；

h_{unc}——锈蚀 t_2 年后工字钢内部高度（cm）；

t_{wunc}——锈蚀 t_2 年后工字钢腹板厚度（cm）；

t_{func}——锈蚀 t_2 年后工字钢翼缘厚度（cm）。

可得到工字钢锈蚀后剩余横截面面积 $A_{a,r}$ 和惯性矩 $I_{a,r(xx)}$，见式（4-50）、式（4-51）。

$$A_{a,r} = H \cdot B - 2\lambda_{Cl,t_2} \cdot t_2(H + B) + 4(\lambda_{Cl,t_2})^2 \cdot t_2^2 - (h + 2\lambda_{Cl,t_2} \cdot t_2)(B - t_w) \tag{4-50}$$

$$I_{a,r(xx)} = \frac{1}{12}\left[(B - 2\lambda_{Cl,t_2} \cdot t_2)(H - 2\lambda_{Cl,t_2} \cdot t_2)^3 - (h + 2\lambda_{Cl,t_2} \cdot t_2)^3(B - t_w)\right] \tag{4-51}$$

式中：$A_{a,r}$——工字钢锈蚀后剩余横截面面积（cm^2）；

$I_{a,r(xx)}$——工字钢锈蚀后剩余惯性矩（cm^4）。

其中锈蚀速率 λ_{Cl,t_2} 的取值参考，t_2 可以由锈蚀率与时间关系反推得到。

（2）力学参数

型钢钢架锈蚀不仅减小了自身的截面面积和惯性矩，同时也使其力学参数性能下降。由于本研究未开展锈蚀对工字钢力学参数的试验研究，此处参考相关文献中锈蚀后工字钢的屈服强度、极限强度和极限应变取值，见式（4-52）。

$$\begin{cases} f_{ya}^{cor} = \dfrac{1 - 1.049\rho}{1 - \rho} f_{ya,0} \\ f_{ua}^{cor} = \dfrac{1 - 1.19\rho}{1 - \rho} f_{ua,0} \\ \varepsilon_{ua}^{cor} = e^{-3.789\rho} \varepsilon_{ua,0} \end{cases} \tag{4-52}$$

式中：f_{ya}^{cor}——锈蚀后工字钢的屈服强度（MPa）；

f_{ua}^{cor}——锈蚀后工字钢的极限强度（MPa）；

ε_{ua}^{cor}——锈蚀后工字钢的极限应变；

$f_{ya,0}$——未锈蚀工字钢的屈服强度（MPa）；

$f_{ua,0}$——未锈蚀工字钢的极限强度（MPa）；

$\varepsilon_{ua,0}$——未锈蚀工字钢的极限应变。

型钢钢架锈蚀后对型钢钢架与混凝土界面黏结滑移特性产生影响。这部分内容将在下一章讨论。

4.3　锚杆劣化及力学参数变化规律

锚杆支护作为一种便捷高效的支护措施，全长黏结式锚杆在隧道工程中广泛应用。全长黏结式锚杆劣化形式主要为灌浆料劣化和锚杆锈蚀劣化。灌浆料是以水泥作为结合剂的水泥砂浆材料，既是锚杆的传力介质，又是锚杆抵抗外部侵蚀的重要屏障。灌浆料的劣化对锚杆支护的作用承载力产生影响。目前工程中锚杆通常采用普通钢筋或带螺纹的钢筋，锚杆的耐久性问题是锚杆锈蚀劣化。本节分别研究灌浆料材料劣化和锚杆锈蚀劣化两种劣化形式，得到灌浆料与锚杆力学参数变化规律。

4.3.1　灌浆料劣化后的力学参数变化规律

灌浆料与混凝土均为以水泥为结合剂的建筑材料，锚杆灌浆料的劣化形式可分为两类，一类是在高地温环境下导致水泥水化不充分而引起的材料劣化；另一类在地下水的长期作用下，水泥的水化产物水解或与侵蚀性离子的化学反应而导致水泥内部结构的变化诱发的材料劣化，例如溶蚀、硫酸盐侵蚀等。

1）地下水作用下锚杆灌浆料劣化规律

现行《公路工程混凝土结构耐久性设计规范》（JTG/T 3310）对锚杆灌浆料的部分耐久性指标提出了具体的要求，例如提出灌浆料的氯离子扩散系数指标评价要求和普通混凝土的要求一致。因此，锚杆灌浆料的长期劣化规律可参考混凝土。

2）高地温环境下锚杆灌浆料力学特性劣化规律

锚杆灌浆料与混凝土均为以水泥为结合剂的建筑材料。第 4.1.3 节从细观角度详细介绍了高地温环境对水泥水化成型过程的影响，本节主要介绍高地温环境对锚杆灌浆料宏观力学特性（单轴抗压强度与弹性模量）的影响。

（1）高地温环境对灌浆料的单轴抗压强度的影响

试件抗压强度同样受温度和相对湿度的影响较大，并且温度和湿度对灌浆料极限抗压强度及影响机理不同。

图 4-27 为不同温度、相对湿度养护条件下的灌浆料单轴抗压强度分布柱状图。

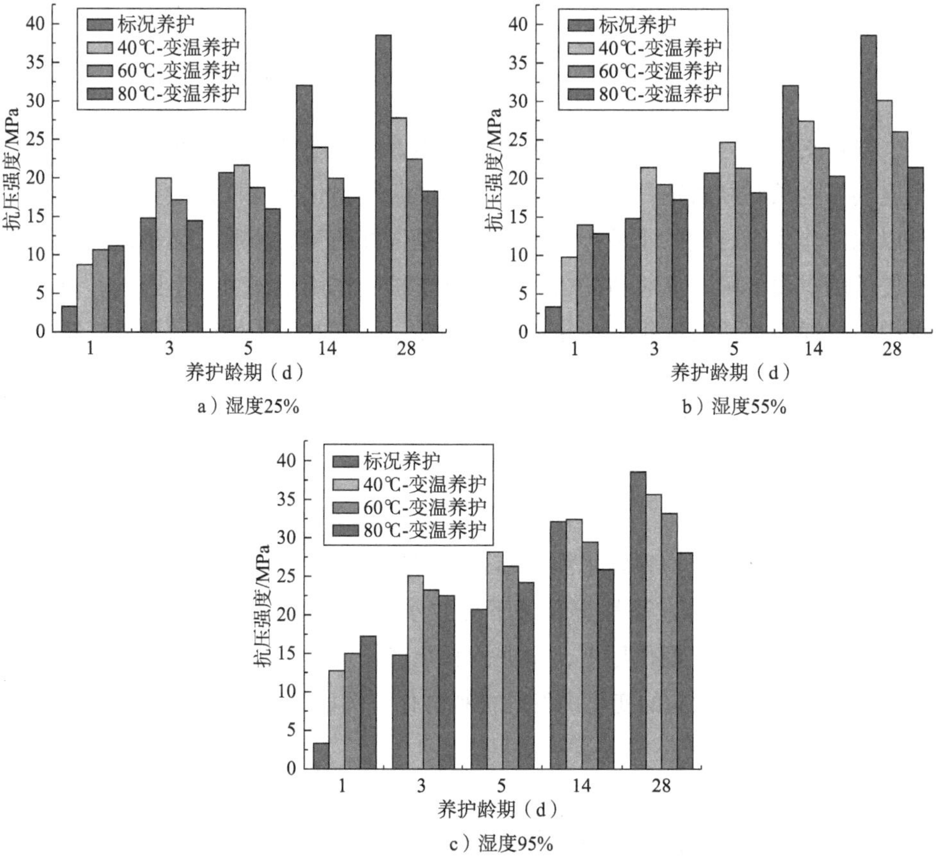

a）湿度25%

b）湿度55%

c）湿度95%

图 4-27　不同温度、相对湿度养护条件下的灌浆料单轴抗压强度

由图 4-27 可得抗压强度与养护温度之间呈负相关关系。在养护龄期相同的情况下，抗压强度都随着养护温度的升高而下降，且养护温度越高，力学强度下降幅度越大。与标况养护试件相比，高温变温养护条件下的水泥砂浆试件在 1d、3d 龄期的抗压强度相对较高，表现出一定的早强效应。当养护龄期超过 5d

时，强度的增长速度减缓，甚至有一定程度的下降。养护 28d 的试件长期强度均低于标准条件下的试件抗压强度。例如初始养护温度为 40℃、60℃和 80℃的试件其 3d 龄期的抗压强度较标况养护试件分别提高了 167%、227%、239%，但 28d 龄期时强度分别下降了 28%、42%、52%。与 40℃养护条件相比，试样在更高温度条件下的 28d 抗压强度降幅在 10% ～ 40% 之间。在所有养护温度条件中，80℃ -3d-25%RH 养护条件（即 80℃、3d、25%RH 养护条件）下试件抗压强度最低，80℃ -28d-25%RH 养护条件下的强度降幅在所有工况中最大。这意味着高地温环境下温度是灌浆料单轴抗压强度的主要影响因素之一，但不是唯一的影响因素。

无论养护时间长短，养护湿度的上升对抗压强度的提高具有较大的增益作用。例如，在 40℃条件下，相对湿度从 25% 增加到 95% 时，5d 内试样的抗压强度增长幅度为 44% ～ 75%。对于灌浆材料试件的长期强度而言，较高的相对湿度可以减少养护温度过高造成的强度损失。与 SC-28d 养护试件相比，40℃ -95%RH 养护试件抗压强度下降 7.8%，40℃ -25%RH 养护试件抗压强度下降 27.7%。随着温度的升高，相对湿度对材料力学性能的增益影响更显著。当养护温度达到 80℃时，与 40℃相比，抗压强度增幅最大达到 52% 以上，且随着温度的升高，其增长速度明显加快。因此，相对湿度的升高有利于抗压强度的发展，在较高的养护温度下，湿度增益效应会进一步增强，并逐渐超越龄期对强度的增益作用。

（2）高地温环境对灌浆料弹性模量的影响

图 4-28 所示为不同温度、相对湿度养护条件下 28d 龄期灌浆料弹性模量分布柱状图。

由图 4-28 可知，温度和相对湿度对养护 28d 的灌浆料弹性模量发展作用相反，并产生了一定的耦合效应。在不同湿度条件下随着养护温度的升高，弹性模量均出现不同程度的下降。在温度为 40℃、60℃、80℃（RH=95%）时，试样弹性模量值比标准养护条件下分别下降了 9.6%、25.9% 和 45.7%，而当湿度为 25% 时，弹性模量随着温度的升高（40 ～ 80℃）降低明显，最大降幅达 72.6%。但是受湿度影响，高温养护并不总是导致弹性模量的极大衰减。试验结果表明弹性模量随湿度的升高而增大，较高的相对湿度对高温引起的弹性模量衰减有一定的抑制作用。当养护温度为 40℃时，湿度提升引起的弹性模量增长为 64.8%；而在 80℃条件下，弹性模量增长为 98.1%。结果表明较高的养护湿度对弹性模量的发展有积极的影响，尤其是在较高的养护温度条件下。

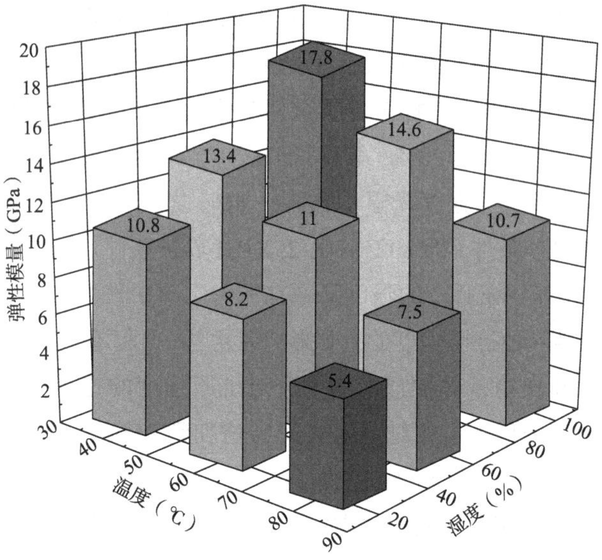

图 4-28　不同温度、相对湿度养护条件下 28d 龄期灌浆料弹性模量

（3）高地温环境下灌浆料的劣化力学模型

为了进一步量化计算不同条件下锚杆灌浆料强度及变形量，本书以标准养护条件下的试样力学特性及试验数据的回归分析结果为基准，提出了高地温环境温湿度耦合作用下的锚杆灌浆料单轴抗压强度及弹性模量计算公式。

定义高温变温养护环境中灌浆料单轴抗压强度修正系数为 $\mu_{\mathrm{hg,T}}^{\mathrm{g}}$，根据均一化后的试验结果，可得式（4-53）。

$$\mu_{\mathrm{hg,T}}^{\mathrm{g}} = 0.0056T - 0.224 \tag{4-53}$$

由式（4-53）可以得出，当温度为 40℃时，$\mu_{\mathrm{hg,T}}^{\mathrm{g}}=0$；当温度为 80℃时，$\mu_{\mathrm{hg,T}}^{\mathrm{g}}=0.224$。$\mu_{\mathrm{hg,T}}^{\mathrm{g}}$ 的曲线走势也表明随着温度的增加，温度劣化系数呈线性增长，故该公式可以较好地反映高温对于充填料强度变化的影响。

同理，定义湿度增加引起的强度提升即湿度修正系数为 $\mu_{\mathrm{hg,RH}}^{\mathrm{g}}$，归一化后可得式（4-54）。

$$\mu_{\mathrm{hg,RH}}^{\mathrm{g}} = 0.2123\mathrm{RH}^2 + 0.1403\mathrm{RH} - 0.0479 \tag{4-54}$$

基于式（4-54）可以得出，当湿度为 25% 时，$\mu_{\mathrm{hg,RH}}^{\mathrm{g}}=0$；当相对湿度为 95% 时，$\mu_{\mathrm{hg,RH}}^{\mathrm{g}}=0.277$。随着相对湿度的增加，$\mu_{\mathrm{hg,RH}}^{\mathrm{g}}$ 与湿度 RH 表现为正向增长的二次函数关系，这与试验结果趋势一致。因此，通过该公式可以反映相对湿度对提高灌浆料强度的作用。

长期处于高地温环境作用下的锚杆充填砂浆力学性能会随着变高温及湿度的耦合影响而出现不同程度的衰减，现有的界面承载力计算模型已无法准确表征高地温环境下锚固支护材料力学性能的退化。因此，基于已有的计算模型以及大量试验成果，引入高地温环境下喷射混凝土的温湿度耦合作用修正系数 $\theta_{\mathrm{DW}}^{\mathrm{g}}$，通过对温度修正系数 $\mu_{\mathrm{hg,T}}^{\mathrm{g}}$ 和湿度修正系数 $\mu_{\mathrm{hg,RH}}^{\mathrm{g}}$ 进行修正，建立考虑高地温环境下的锚固体系灌浆料抗压强度计算公式，见式（4-55）。

$$f_{\mathrm{c}}^{\mathrm{g}}(H,T)=\theta_{\mathrm{DW}}^{\mathrm{g}} f_{\mathrm{c,0}}^{\mathrm{g}} \tag{4-55}$$

其中，通过非线性耦合计算可以得出高地温环境影响系数公式，见式（4-56）。

$$\theta_{\mathrm{DW}}^{\mathrm{g}}=\frac{1.471\mu_{\mathrm{hg,RH}}^{\mathrm{g}}-2.372\mu_{\mathrm{hg,T}}^{\mathrm{g}}+1.276}{0.038\mu_{\mathrm{hg,RH}}^{g}-0.984\mu_{\mathrm{hg,T}}^{g}+1.793} \tag{4-56}$$

将式（4-56）代入式（4-55）则可以得出式（4-57）。

$$f_{\mathrm{c}}^{\mathrm{g}}(H,T)=\frac{1.471\mu_{\mathrm{hg,RH}}^{\mathrm{g}}-2.372\mu_{\mathrm{hg,T}}^{\mathrm{g}}+1.276}{0.038\mu_{\mathrm{hg,RH}}^{g}-0.984\mu_{\mathrm{hg,T}}^{g}+1.793} f_{\mathrm{c,0}}^{g} \tag{4-57}$$

同理可以得到高地温环境下灌浆料弹性模量计算公式，见式（4-58）。

$$E_{\mathrm{c}}^{\mathrm{g}}(H,T)=\frac{0.717\psi_{\mathrm{gh,RH}}^{\mathrm{g}}-0.757\psi_{\mathrm{gh,T}}^{\mathrm{g}}+0.545}{0.443\psi_{\mathrm{gh,T}}^{\mathrm{g}}-0.408\psi_{\mathrm{gh,RH}}^{\mathrm{g}}+1} E_{\mathrm{c,0}}^{g} \tag{4-58}$$

式中：　$E_{\mathrm{c,0}}$——标准养护条件下灌浆料弹性模量（MPa）；

$E_{\mathrm{c}}(H,T)$——考虑温湿度耦合效应下的灌浆料弹性模量（MPa）；

$\psi_{\mathrm{gh,T}}$、$\psi_{\mathrm{gh,RH}}$——分别为高地温环境下灌浆料弹性模量温度修正系数及湿度修正系数，可表示为式（4-59）。

$$\begin{cases}\psi_{\mathrm{gh,T}}^{\mathrm{g}}=0.00006T^{2}+0.0006T-0.12\\ \psi_{\mathrm{gh,RH}}^{\mathrm{g}}=0.4644\mathrm{RH}-0.1161\end{cases} \tag{4-59}$$

4.3.2　锚杆锈蚀后的力学参数变化规律

隧道工程中所使用的锚杆主要采用普通钢筋或带螺纹的钢筋，直径通常为 18 ～ 25cm。已有的工程运营调查表明，氯离子侵蚀引发的锚杆锈蚀问题在实际工程中较为普遍。锚杆锈蚀过程与型钢钢架相似，可直接采用型钢钢架锈蚀演化的预测方法。

锈蚀后的锚杆包括外部锈蚀层与内部未锈蚀的钢筋，外部锈层会导致钢筋横截面面积变化。为了量化锚杆横截面锈蚀的程度，定义了锚杆横断面的面积锈蚀率。结合式（4-45）中锈蚀速率与锈蚀时间可计算出锚杆锈蚀率，见式（4-60）。

$$\rho=\frac{A_{s,0}-A_{s,c}(t_2)}{A_{s,0}}\times 100\% \tag{4-60}$$

式中：$A_{s,0}$——锚杆未锈蚀时的截面面积（cm^2）；

$A_{s,c}(t_2)$——锚杆锈蚀后的截面面积（cm^2），锚杆锈蚀后截面面积计算公式见式（4-61）。

$$A_{sc}(t)=\pi d_1^2-\pi\left[d_1-\lambda_{Cl,t_2}\cdot(t_2)\right]^2 \tag{4-61}$$

式中：λ_{Cl,t_2}——Cl^- 离子环境钢材锈蚀速率（cm/ 年）；

t_2——锚杆锈蚀时间（年）。

钢筋锈蚀后其物理力学参数会发生改变。大量研究表明，锈蚀后钢筋的极限强度、极限应变、伸长率等指标均有所下降，量值与钢筋型号、锈蚀方式有关，见表 4-11。

不同锈蚀率钢筋力学参数预测模型 表 4-11

序号	屈服强度相对值	极限强度相对值	极限延伸率相对值	类别
1	$f_{ys}^{cor}(\rho)=0.99-1.09\rho$	$f_{us}^{cor}(\rho)=0.993-0.784\rho$	$\varepsilon_{ua}^{cor}(\rho)=(0.85-\rho)^2$	Ⅰ
2	$f_{ys}^{cor}(\rho)=1-1.196\rho$	$f_{us}^{cor}(\rho)=1-1.201\rho$	$\varepsilon_{ua}^{cor}(\rho)=\exp(-3.789\rho)$	Ⅲ
3	$f_{ys}^{cor}(\rho)=1-1.23\rho$	$f_{us}^{cor}(\rho)=1-1.245\rho$	$\varepsilon_{ua}^{cor}(\rho)=\exp(-2.039\rho)$	Ⅱ
4	$f_{ys}^{cor}(\rho)=1-1.049\rho$	$f_{us}^{cor}(\rho)=1-1.119\rho$	$\varepsilon_{ua}^{cor}(\rho)=\exp(-2.501\rho)$	Ⅰ
5	$f_{ys}^{cor}(\rho)=1-0.029\rho$	$f_{us}^{cor}(\rho)=1-0.026\rho$	$\varepsilon_{ua}^{cor}(\rho)=1-0.0575\rho$	Ⅳ
6	$f_{ys}^{cor}(\rho)=1-0.02\rho$	$f_{us}^{cor}(\rho)=1.018-0.019\rho$	$\varepsilon_{ua}^{cor}(\rho)=1-0.021\rho$	Ⅲ
7	$f_{ys}^{cor}(\rho)=(1-1.48\rho)/(1-\rho)$	$f_{us}^{cor}(\rho)=(1-1.51\rho)/(1-\rho)$	—	Ⅰ，Ⅲ
8	$f_{ys}^{cor}(\rho)=1-1.18\rho$	$f_{us}^{cor}(\rho)=1-1.1614\rho$	$\varepsilon_{ua}^{cor}(\rho)=1-0.2345\rho$	Ⅲ
9	$f_{ys}^{cor}(\rho)=1-1.009\rho$	$f_{us}^{cor}(\rho)=1-1.158\rho$	$\varepsilon_{ua}^{cor}(\rho)=\exp(-2.707\rho)$	Ⅲ，Ⅳ
10	$f_{ys}^{cor}(\rho)=1-0.0195\rho$	$f_{us}^{cor}(\rho)=1-0.0231\rho$	—	Ⅱ，Ⅲ
11	$f_{ys}^{cor}(\rho)=1-0.0123\rho$	$f_{us}^{cor}(\rho)=1-0.0115\rho$	$\varepsilon_{ua}^{cor}(\rho)=1-0.0125\rho$	Ⅱ
12	$f_{ys}^{cor}(\rho)=1-0.0127\rho$	$f_{us}^{cor}(\rho)=1-0.0175\rho$	$\varepsilon_{ua}^{cor}(\rho)=1-0.0281\rho$	Ⅰ
13	$f_{ys}^{cor}(\rho)=1-0.0143\rho$	$f_{us}^{cor}(\rho)=1-0.0125\rho$	$\varepsilon_{ua}^{cor}(\rho)=\exp(-0.0205\rho)$	Ⅲ

注：ρ- 截面锈蚀率；Ⅰ- 实际工程老构件中取出的锈蚀钢筋；Ⅱ- 裸露在自然环境中锈蚀的钢筋；Ⅲ- 通过电化学加速锈蚀获得的钢筋试件；Ⅳ- 人工环境模拟加速锈蚀钢筋。

当隧道穿越高地温环境时，需要明确开挖围岩的初始温度与湿度，将温湿度代入单轴抗压强度和弹性模量的修正系数预测公式，即可获得高地温环境下灌浆料劣化后的力学参数。而当隧道处于近海或海洋氯化物环境时，与型钢钢架类似，需要确定锈蚀诱导期的发生时间，再预测一定时间内锚杆锈蚀率 ρ，最后可获得锈蚀劣化后锚杆力学参数，以此为基础进行隧道长期安全性的评价。

4.4　二次衬砌劣化及力学参数变化规律

隧道二次衬砌通常采用模筑混凝土结构，其劣化特征主要表现为混凝土碳化诱发的钢筋锈蚀。隧道内污染空气会加速混凝土碳化，间接破坏的筋钝化膜，促使钢筋锈蚀劣化。

4.4.1　混凝土碳化规律

1）混凝土碳化机理

（1）混凝土碳化反应

环境中的 CO_2 气体通过混凝土孔隙向混凝土内部扩散并在孔隙水中溶解，固态 $Ca(OH)_2$ 在孔隙水中溶解并向其浓度低的区域（已碳化区域）扩散。溶解在孔隙水中的 CO_2 与 $Ca(OH)_2$ 发生化学反应生成 $CaCO_3$；同时，C-S-H 也在固液界面上发生碳化反应，见式（4-62）。

$$
\begin{cases}
Ca(OH)_2 + CO_2 \rightarrow CaCO_3 + H_2O \\
3CaO \cdot 2SiO_2 \cdot 3H_2O + 3CO_2 \rightarrow 3CaCO_3 + 2SiO_2 \cdot 3H_2O
\end{cases}
\tag{4-62}
$$

（2）混凝土碳化过程

混凝土碳化导致混凝土中性化，在宏观上的表现为沿 CO_2 扩散方向形成 pH 值变化的分布曲线。pH 值变化与混凝土内部 $Ca(OH)_2$ 消耗量有关，可将 CO_2 扩散区混凝土分为完全碳化区（pH 值为 8.5）、部分碳化区（pH 值为 8.5 ～ 12.5）和未碳化区（pH 值约为 13）。未碳化区混凝土的 pH 值约为 13，完全碳化区混凝土的 pH 值为 8.5。

碳化混凝土中的 pH 对钢筋锈蚀产生影响，工程经验给出的钢筋开始锈蚀的临界 pH 为 11.5。当 pH ＞ 11.5 时钢筋处于钝化状态，不发生锈蚀，因此将 pH=8.5 ～ 11.5 区间长度定义为碳化残量，如图 4-29 所示。

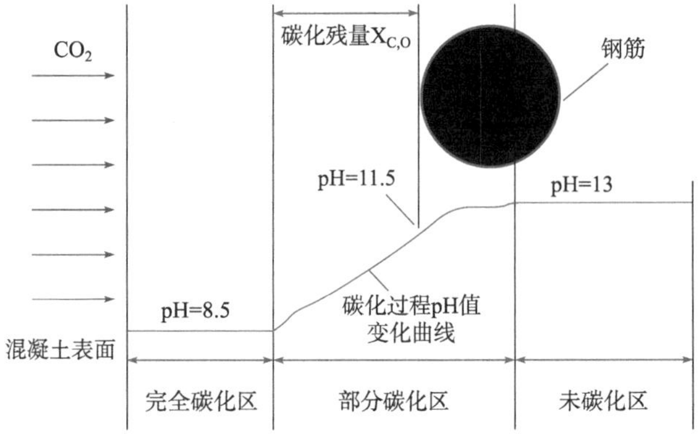

图 4-29　混凝土碳化前沿的 pH 值分布与碳化残余概念示意图

2）混凝土碳化速率预测模型

大量研究表明，混凝土碳化深度与碳化时间 $\sqrt{t_{C,cr}}$ 之间符合菲克（Fick）第二定律，见式（4-63）。

$$X_{C,cr}=K_{C,cr}\sqrt{t_{C,cr}} \tag{4-63}$$

式中：$X_{C,cr}$——混凝土碳化深度（mm）；

$k_{C,cr}$——混凝土碳化系数（mm/$\sqrt{年}$）；

$t_{C,cr}$——碳化时间（年）。

表征混凝土碳化速率的混凝土碳化系数 $K_{C,cr}$ 受混凝土材料与外界环境等因素影响，现行《既有混凝土结构耐久性评定标准》（GB/T 51355）给出了混凝土碳化系数的计算模型，见式（4-64）。

$$K_{C,cr}=3K_{C,CO_2}\cdot K_{C,k1}\cdot K_{C,kt}\cdot K_{C,ks}\cdot K_{C,F}\cdot T^{0.25}RH^{1.5}(1-RH)\left(\frac{58}{f_{cu,e}}-0.76\right) \tag{4-64}$$

式中：$K_{C,cr}$——混凝土碳化系数（mm/$\sqrt{年}$）；

K_{C,CO_2}——二氧化碳浓度影响系数（%）；

$K_{C,k1}$——位置影响系数，构建角区取 1.4，非角区取 1.0；

$K_{C,kt}$——浇筑面影响系数，浇筑面取 1.2；

$K_{C,ks}$——工作应力影响系数，受压时取 1.0，受拉时取 1.1；

T——环境温度（℃）；

RH——环境相对湿度（%）；

$f_{cu,e}$——采用回弹法测试的混凝土抗压强度推定值（MPa），不应大于 50MPa；

$K_{C,F}$——粉煤灰取代系数，见表 4-12。

粉煤灰取代系数 $K_{C,F}$　　表 4-12

粉煤灰掺量	10%	20%	30%	40%	50%
粉煤灰取代系数	1.01	1.07	1.25	1.65	2.35

加入部分活性矿物的矿物掺合料在一定程度上能改善混凝土内部孔隙结构，提高混凝土性能。但混凝土中活性矿物的矿物掺合料多采用粉煤灰，粉煤灰中活性成分与 CH 发生二次水化反应，降低 CH 的含量，影响混凝土碳化性能。相关研究给出了粉煤灰掺量与混凝土碳化关系，见表 4-14。当粉煤灰掺量≤ 20% 时，混凝土碳化速率增加量≤ 7%，可见其影响相对较小。但当粉煤灰掺量≥ 30% 时，混凝土碳化速率明显加快。

对混凝土碳化有影响的环境因素主要有环境的相对湿度、温度、CO_2 浓度等。CO_2 浓度与温度对混凝土碳化起到促进作用，其数值越大，碳化速率增量越大。相对湿度对碳化的影响具有交叉性，当相对湿度过大时，微空隙被水分填充，影响 CO_2 扩散速率，但在干燥条件下，碳化反应缺乏基本的化学反应条件，碳化速率降低。对式（4-64）的相对湿度进行一阶求导可得相对湿度的临界值是 60%，即当环境相对湿度达到 60% 时混凝土碳化的速率最快。

3）碳化残量预测模型

碳化系数、混凝土保护层厚度以及局部环境系数等因素对碳化残量有一定的影响，而碳化残留直接影响钢筋锈蚀的时间预测，现行《既有混凝土结构耐久性评定标准》（GB/T 51355）给出碳化残量的计算模型，见式（4-65）。

$$x_{C,0} = (1.2 - 0.35k_{C,cr}^{0.5}) \cdot \xi_{C,c_0} - \frac{6.0}{m_{C,0} + 1.6}(1.5 + 0.84k_{C,cr}) \tag{4-65}$$

式中：$x_{C,0}$——碳化残量（mm）；

$m_{C,0}$——局部环境系数；

ξ_{C,c_0}——为混凝土保护层厚度与碳化系数相关的参数，取值按《既有混凝土结构耐久性评定标准》（GB/T 51355—2019）附录第 C.02 条计算。

4.4.2　二次衬砌钢筋锈蚀演化规律

由混凝土碳化导致的筋锈蚀大致经历三个阶段：第一阶段是钢筋锈蚀的起

点，表现为混凝土碳化导致钢筋钝化膜破损；第二阶段是钢筋锈胀直至保护层开裂（裂缝宽度 0.1mm）；第三阶段是表面破损后钢筋加速锈蚀。上述三阶段的锈蚀预测模型相关的研究成果较为成熟，现行《既有混凝土结构耐久性评定标准》（GB/T 51355）给出了相应的预测模型，具体如下：

（1）钢筋开始锈蚀的耐久性评定模型

钢筋开始锈蚀的耐久性评定模型主要针对混凝土碳化导致钢筋钝化膜破损阶段，该阶段为钢筋锈蚀的诱导期。该阶段耐久年限计算应考虑碳化系数、保护层厚度和局部环境影响。具体计算公式见式（4-66）。

$$t_{C,i}=\left(\frac{c_0-x_{C,0}}{k_{C,cr}}\right)^2 \tag{4-66}$$

式中：$t_{C,i}$——一般大气环境下，钢筋开始锈蚀耐久年限（年）；

$k_{C,cr}$——碳化系数，见式（4-64）；

c_0——混凝土保护层厚度（mm）；

$x_{C,0}$——碳化残量（mm），见式（4-65）。

（2）钢筋保护层锈胀开裂的耐久性评定模型

钢筋保护层锈胀开裂的耐久性评定模型主要针对钢筋钝化膜破损阶段到钢筋保护层锈胀开裂阶段。钢筋锈蚀在保护层开裂前属于微电池腐蚀，钢筋锈蚀相对均匀。钢筋锈蚀产物是钢材原体积的 3 ～ 8 倍，从而在混凝土保护层内产生膨胀压力，导致混凝土保护层出现锈胀裂缝。

钢筋保护层锈胀开裂的年限评价，需要考虑混凝土保护层锈胀开裂时的临界钢筋锈蚀深度和混凝土保护层锈胀开裂前的年平均钢筋锈蚀速率，见式（4-67）。

$$t_{C,cr}=t_{C,i}+\frac{\delta_{C,cr}}{\lambda_{C,0}} \tag{4-67}$$

式中：$t_{C,cr}$——钢筋保护层锈胀开裂的年限（年）；

$\delta_{C,cr}$——混凝土保护层锈胀开裂的钢筋锈蚀深度（mm）；

$\lambda_{C,0}$——混凝土保护层锈胀开裂前平均钢筋锈蚀速率（mm/ 年）。

混凝土保护层锈胀开裂的钢筋锈蚀深度 δ_{cr} 见式（4-68）。

$$\delta_{C,cr}=\begin{cases}0.012\dfrac{c_0}{d_1}+0.00084f_{cu,e}+0.018 & 角部钢筋\\ 0.015\dfrac{c_0}{d_1}+0.0014f_{cu,e}+0.016 & 非角部钢筋\end{cases} \tag{4-68}$$

式中：c_0——钢筋保护层厚度（mm）；

d_1——钢筋直径（mm）；

$f_{cu,e}$——采用回弹法测试的混凝土抗压强度推定值（MPa）。

混凝土保护层锈胀开裂前钢筋锈蚀平均速率 $\lambda_{C,0}$ 见式（4-69）。

$$\lambda_{C,0}=7.53K_{s,cl}\cdot m_{C,0}\cdot(0.75+0.0125T)(\mathrm{RH}-0.45)^{\frac{2}{3}}\cdot c_0^{-0.675}\cdot f_{cu,e}^{-1.8} \tag{4-69}$$

式中：$K_{s,cl}$——钢筋位置影响系数，钢筋位于角部时取 1.6，钢筋位于非角部时取 1.0；

T——环境温度（℃）；

$m_{C,0}$——局部环境系数；

RH——环境相对湿度（%）；

c_0——钢筋保护层厚度（mm）。

（3）混凝土保护层锈胀裂缝宽度达到限值的耐久性评价模型

混凝土保护层锈胀裂缝宽度达到限值的耐久性评价模型是针对钢筋保护层开裂至裂缝宽度达到 2 ～ 3mm 的限值阶段。该阶段裂缝处钢筋成为阳极，以宏电池腐蚀为主，与保护层开裂前的微电池腐蚀相比，钢筋锈蚀速率加快。

钢筋保护层锈胀开裂达到限值的耐久性评价需要考虑混凝土保护层锈胀裂缝宽度达到限值，钢筋锈蚀深度和混凝土保护层锈胀开裂后的年钢筋锈蚀平均速率，见式（4-70）。

$$t_{C,d}=t_{C,cr}+\frac{\delta_{C,d}-\delta_{C,cr}}{\lambda_{C,1}} \tag{4-70}$$

式中：$t_{C,d}$——钢筋保护层锈胀开裂达到限值的年限（年）；

$\delta_{C,d}$——钢筋保护层锈胀开裂达到限值的钢筋锈蚀深度（mm）；

$\delta_{C,cr}$——混凝土保护层锈胀开裂的钢筋锈蚀深度（mm）；

$\lambda_{C,1}$——混凝土保护层锈胀开裂后钢筋锈蚀平均速率（mm/ 年）。

考虑混凝土保护层锈胀裂缝宽度达到限值对应的钢筋锈蚀深度 δ_d，见式（4-71）。

$$\delta_{\rm d}=\begin{cases}0.012\dfrac{c_0}{d_0}+0.00084f_{\rm cu,e}+0.255 & \text{光圆钢筋}\\ 0.008\dfrac{c_0}{d_0}+0.00055f_{\rm cu,e}+0.273 & \text{变形钢筋}\end{cases} \tag{4-71}$$

式中：c_0——钢筋保护层厚度（mm）；

d_0——钢筋直径（mm）。

混凝土保护层开裂后钢筋的锈蚀速率 $\lambda_{\rm C,1}$，见式（4-72）。

$$\lambda_{\rm C,1}=\left\{4.5\lambda_{\rm C,0}-340(\lambda_{\rm C,0})^2,\ 1.8\lambda_{\rm C,0}\right\}_{\max} \tag{4-72}$$

（4）锈蚀钢筋力学参数预测模型

考虑不同锈蚀阶段的钢筋锈蚀速率，可得出不同锈蚀阶段的钢筋锈蚀率计算公式，见式（4-73）。

$$\rho=\frac{A_{\rm s,0}-A_{\rm s,c}(t)}{A_{\rm s,0}}=\begin{cases}\dfrac{A_{\rm s,0}-\left\{\pi d_1^2-\pi[d_1-\lambda_{\rm C,0}(t-t_{\rm C,i})]^2\right\}}{A_{\rm s,0}} & t_i\leqslant t\leqslant t_{\rm cr}\\ \dfrac{A_{\rm s,0}-\left\{\pi d_1^2-\pi[d_1-\lambda_{\rm C,0}(t_{\rm C,cr}-t_{\rm C,i})-\lambda_{\rm C,1}(t-t_{\rm C,cr})]^2\right\}}{A_{\rm s,0}} & t_{\rm cr}\leqslant t\end{cases} \tag{4-73}$$

式中：$A_{\rm s,0}$——钢筋未锈蚀时的截面面积（$\rm cm^2$）；

$A_{\rm s,c}(t)$——钢筋锈蚀后的截面面积（$\rm cm^2$）。

在一般环境下，二次衬砌结构的钢筋锈蚀劣化需要确定所处环境的碳化系数，基于此可计算出钢筋锈蚀诱导期。之后可根据混凝土保护层开裂的情况，计算钢筋锈蚀的速率，并确定一定锈蚀时间内钢筋的锈蚀率。当锈蚀率确定之后，可根据表 4-13 计算锈蚀钢筋的力学参数。

第5章

隧道支护体系劣化后构件界面黏结滑移特性及本构模型

隧道支护体系劣化过程中，结构自身的几何参数和力学性能均会发生改变，同时支护体系构件界面间黏结强度也会减弱，从而使得支护体系构件界面间出现滑移而不能联合作用，极大地降低了支护体系的承载能力，影响隧道结构的长期安全性。本章围绕海底隧道锈蚀型钢钢架与混凝土黏结滑移、高地温隧道围岩 - 注浆体 - 锚杆黏结滑移、锈蚀钢筋与混凝土黏结滑移三个方面，揭示支护体系构件界面黏结退化机制、力学特性，构建黏结滑移退化本构模型。

5.1　隧道支护体系劣化后构件界面力学问题

隧道支护体系包括围岩、初期支护和二次衬砌结构，支护体系中的界面主要包括围岩 - 喷射混凝土界面、围岩 - 灌浆料 - 锚杆界面、型钢钢架 - 喷射混凝土界面、钢筋 - 二次衬砌混凝土界面等，如图 5-1 所示。

喷射混凝土因其施工机械化程度高、支护效果较好而在我国各类隧道及地下工程中广泛使用。就喷射混凝土 - 围岩支护体系而言，喷射混凝土结构作为初期支护的重要环节，既兼顾了一定的刚性承载力又具备一定的柔性变形能力。在复杂围岩条件下，喷射混凝土往往还需要配合锚杆、型钢等形成高强度、多维度的复合支护体系以抑制开挖后围岩松弛区的扩大。但以往的大量工程实践表明，无论是哪种复合支护体系，喷射混凝土多以剪切和附着破坏为主，压溃破坏较少出现，而与围岩紧密贴合的喷射混凝土可显著提高混凝土结构的支护安全性。因此，喷射混凝土实现上述力学作用的基础是通过提高围岩表面抗力，缓解围岩应力集中，减轻浅部围岩松动变形，确保喷射混凝土与围岩黏附性及界面力学特性的有效发挥。

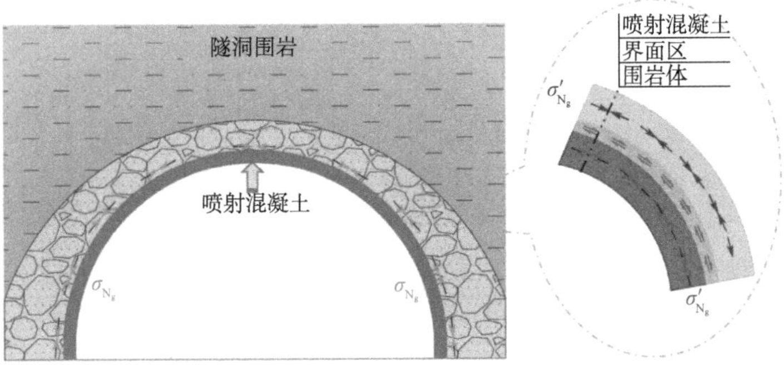

a）围岩 - 喷射混凝土界面

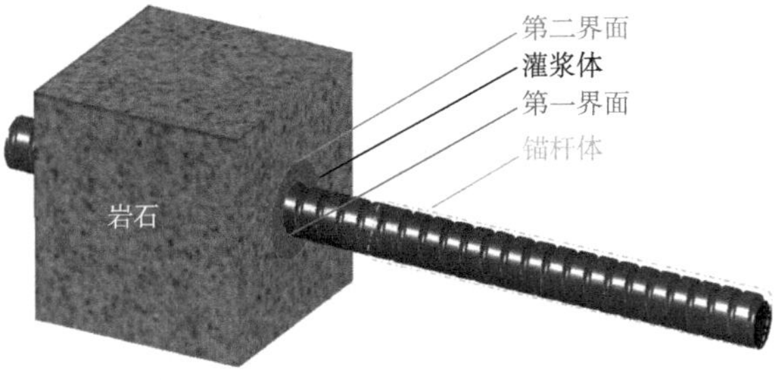

b）围岩 - 灌浆体 - 锚杆界面

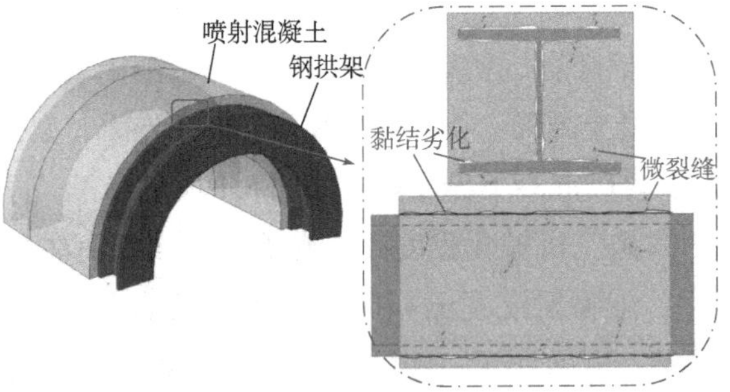

c）型钢钢架 - 喷射混凝土界面

图 5-1　支护体系结构中部分界面

锚杆支护作为一种便捷高效的主动型支护措施已广泛应用于边坡、地下矿井、城市地铁、交通隧道、地下厂房及隧洞、水电大坝等土木建筑领域。锚杆按照锚固方式可分为黏结式、机械式、摩擦胀固式等。锚固效果因受力机制的不同而受众多因素的制约。其中对于工程中普遍使用的全长黏结式锚杆，其锚固效果往往受到围岩特性、地质条件、灌浆料性质、锚固长度、杆体材料等因素的显著影响。外部荷载从松动岩体内部传来，经由灌浆料（剪应力）传递至杆体及稳定岩土体。其中灌浆料作为主要的力的传递介质，其力学特性及界面黏结的发展对于锚固效果的发挥起着决定性作用。

型钢 - 混凝土作为一种刚度大，承载能力更强的组合支护结构而被应用于对围岩变形控制要求较高的隧道工程中，特别是当隧道断面较大或对支护要求更高时会采用高强度的工字型钢。型钢与喷射混凝土不仅具有轴向压缩、剪切、弯曲等能够抵抗外力的阻力，而且具有在钢架施作后单体抵抗外部荷载的能力。特别是当喷射混凝土充分硬化成型后，组合支护结构将作用在支护上的荷载通过底板传递到脚部围岩以提供支护抗力，且沿隧道轴向形成的连续拱壳构造可促使隧道及其周边围岩逐渐稳定。然而，钢架与混凝土的充分黏结是型钢 - 混凝土结构支护作用发挥的关键之一。型钢混凝土的有效黏结既是确保两种材料能共同工作的基础，也是型钢 - 混凝土复合结构表现出优良受力性能的保证。特别是对于隧道中的无配筋型的型钢 - 喷射混凝土复合结构，型钢与混凝土之间接触界面的黏结性能直接决定了组合支护效果的强弱，也是决定其承载能力的重要指标。

受环境长期侵蚀、运营扰动等作用，围岩、喷射混凝土、型钢钢架、钢筋等材料不可避免地发生劣化，导致支护体系构件界面产生黏结滑移退化，黏结滑移后其界面力学特性和本构模型是评价支护体系构件联合作用、协同承载的基础。

5.2　锈蚀型钢钢架与混凝土黏结滑移本构模型

海底隧道所处的海水环境中富含 Cl^-、SO_4^{2-} 等，加之高水压对离子扩散的促进作用，支护结构体系中钢材容易受离子侵蚀作用脱钝而锈蚀，引起隧道支护结构力学参数弱化及黏结强度退化等，最终影响隧道支护结构体系的承载力和安全性。海底隧道中围岩条件较差的区段，初期支护承受较大荷载，常设置型钢钢架支护。由于型钢钢架的锈蚀，不仅会产生锈胀力，而且会破坏型钢钢架与混凝土之间的黏结作用，使型钢钢架与喷射混凝土之间出现滑移。型钢钢架与混凝土不能联合作用，从而极大地降低了初期支护的承载能力，使初期支护承受的荷载部分转移到二次衬砌上。为此，依托国家自然科学基金项目——海底隧道锈蚀型钢钢架与喷射混凝土黏结滑移退化本构关系研究（51878567），开展了海底隧道锈蚀型钢钢架混凝土电加速锈蚀试验、推出试验，最终构建了锈蚀型钢钢架与混凝土黏结滑移退化本构模型。

1）试件的设计

为探明锈蚀率及混凝土保护层厚度对型钢钢架与混凝土界面的力学特性及获得黏结滑移退化本构模型，本次试验设计了18种工况，见表5-1。

型钢钢架推出试验工况 表5-1

编号	目标锈蚀率（%）	保护层厚度（mm）	工字钢原始质量（kg）	试件数量（块）
SRC-1	0	50	15.00	18
SRC-2		70	14.95	
SRC-3		90	14.96	
SRC-4	1.5	50	14.85	
SRC-5		70	14.95	
SRC-6		90	14.80	
SRC-7	3	50	15.10	
SRC-8		70	15.00	
SRC-9		90	15.05	
SRC-10	6	50	14.85	
SRC-11		70	14.90	
SRC-12		90	15.00	
SRC-13	12	50	14.90	
SRC-14		70	15.00	
SRC-15		90	14.90	
SRC-16	18	50	14.85	
SRC-17		70	14.85	
SRC-18		90	14.90	

各工况的试件尺寸如图 5-2 所示。

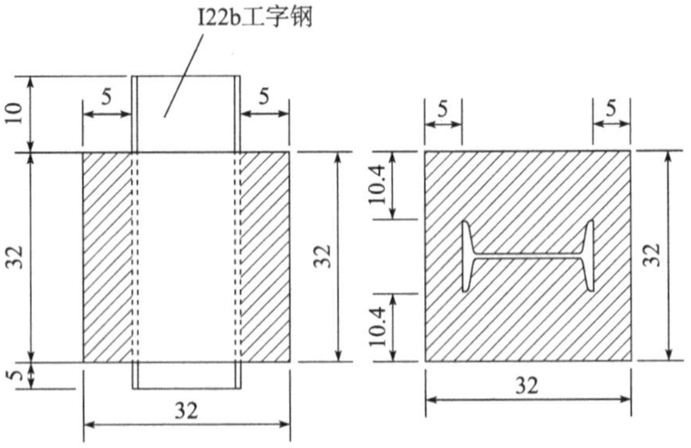

a）保护层厚度c_0=5cm的构件尺寸

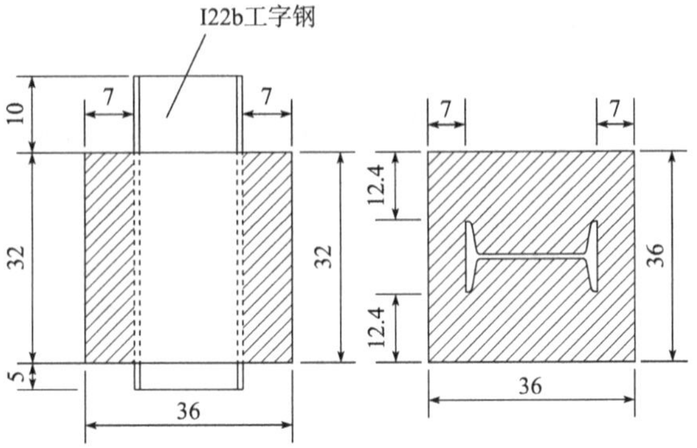

b）保护层厚度c_0=7cm的构件尺寸

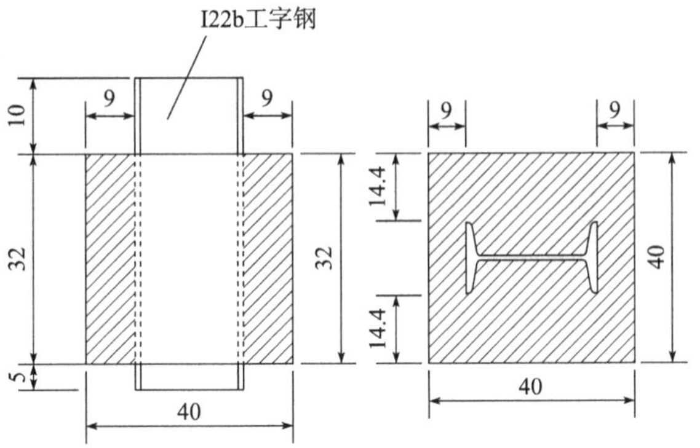

c）保护层厚度c_0=9cm的构件尺寸

图 5-2　构件尺寸（尺寸单位：cm）

2）试件制作

型钢推出试验构件制作流程主要包括型钢截断、应变片粘贴和防水处理、型钢入模、混凝土浇筑、构件脱模、养护、成型等，如图 5-3 所示。

a）型钢截断

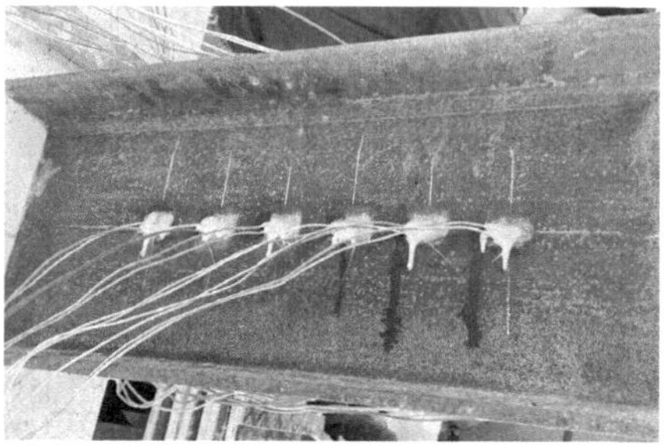

b）应变片粘贴

c）模具制作

d）型钢入模

e）混凝土浇筑、振捣

f）混凝土养护成型

图 5-3　型钢混凝土构件制作流程

3）试验材料性能

（1）原材料

水泥采用复合硅酸盐水泥 P.C 42.5R，其化学成分见表 5-2；粗骨料砾石直径在 5 ～ 10mm 之间；细骨料天然河砂细度模数为 2.60，其粒径尺寸分布见表 5-3。添加剂采用 HT-HPC 聚羧酸高性能减水剂。试验选用 I22b 工字钢（Q235），工字钢参数见表 5-4，试件中不添加纵向钢筋和箍筋。

水泥的化学成分　　表 5-2

类别	化学成分含量（%）							
	SiO_2	Al_2O_3	K_2O	Na_2O	Fe_2O_3	MgO	CaO	烧失量
P.C 42.5R	18.6	6.2	1.0	0.2	4.76	1.71	66	1.53

天然河沙粒径分布　　表 5-3

粒径尺寸	＜ 0.15mm	＜ 0.3mm	＜ 0.6mm	＜ 1.18mm	＜ 2.36mm	＜ 4.75mm	＜ 9.5mm
含量（%）	4.28	25.88	42.4	67.98	79.56	91.38	100

工 字 钢 参 数　　表 5-4

类别	型号	密度（kg/m^3）	弹性模量（GPa）	泊松比	屈服强度（MPa）
工字钢	I22b	7850	210	0.25	235

（2）混凝土配合比

参考某海底隧道现场施工设计参数，按现场的喷射混凝土配合比进行室内试样配置，C25 混凝土配合比见表 5-5。

C25 混凝土配合比　　表 5-5

材料	P.C 42.5R 水泥	天然河沙	砾石	水	减水剂
配合比	1	1.50	1.94	0.55	0.03

为了验证 C25 混凝土配合比的准确性，在型钢混凝土浇筑之前制作了三个尺寸为 100mm × 100mm × 100mm 的混凝土立方体试件，进行 28d 标准条件养护后［温度（20 ± 2）℃，相对湿度 95% 以上的潮湿环境］，采用 2000kN 微机控制电液伺服压力试验机测混凝土立方体抗压强度 f_{cu}，如图 5-4 所示。经过数据处理及分析，得到此配合比下混凝土立方体抗压强度为 f_{cu}=26.2MPa，与理论值 25MPa 误差为 4.80%，配合比设计满足要求。

a）压力试验机

b）加载破坏后的混凝土构件

图 5-4　混凝土立方体抗压强度测试

4）型钢钢架混凝土电加速锈蚀试验及推出试验

将制备好的构件通过电加速锈蚀试验控制通电时间得到不同目标锈蚀率构件，然后采用推出试验得到推出荷载 P- 滑移 s 曲线。

基于法拉第第一定律，本次电加速锈蚀试验目标通电时间参考表 5-6。

系列构件达到目标锈蚀率的通电时间　　表 5-6

编号	锈蚀区域型钢原始质量（g）	目标锈蚀率（%）	目标锈蚀质量（g）	目标通电时间（h）
SRC-1	10212.77	0	0	0
SRC-2	10178.72		0	0
SRC-3	10185.53		0	0
SRC-4	10110.64	1.5	151.66	145.19
SRC-5	10178.72		152.68	146.17
SRC-6	10076.60		151.15	144.70
SRC-7	10280.85	3	308.43	295.27
SRC-8	10212.77		306.38	293.31
SRC-9	10246.81		307.40	294.29
SRC-10	10110.64	6	606.64	580.76
SRC-11	10144.68		608.68	582.72
SRC-12	10212.77		612.77	586.63
SRC-13	10144.68	12	1217.36	1165.43
SRC-14	10212.77		1225.53	1173.25
SRC-15	10144.68		1217.36	1165.43

续上表

编号	锈蚀区域型钢原始质量（g）	目标锈蚀率（%）	目标锈蚀质量（g）	目标通电时间（h）
SRC-16	10110.64	18	1819.91	1742.28
SRC-17	10110.64		1819.91	1742.28
SRC-18	10144.68		1826.04	1748.15

工字钢实际锈蚀率测定步骤：①工字钢推出试验后，将混凝土试件凿开，取出锈蚀工字钢；②切割未包裹在混凝土中的锈蚀工字钢；③用 12% 的盐酸溶液去除包裹混凝土中锈蚀工字钢的锈蚀产物，然后用 3% 碳酸钠溶液中和，最后用水洗涤，放入烘箱烘干；④将除锈后的工字钢称重，得到锈蚀后工字钢质量，进一步得到实际的锈蚀损失质量 Δm_{act}。

实际锈蚀率可通过式（5-1）得到：

$$\rho_{act} = \frac{\Delta m_{act}}{m} \times 100\% \quad (5\text{-}1)$$

式中：ρ_{act}——实际锈蚀率（%）；

Δm_{act}——实际锈蚀损失质量（g）；

m——工字钢未锈蚀前质量（g）。

目标锈蚀率与实际锈蚀率对比见表 5-7。

目标锈蚀率与实际锈蚀率对比　　表 5-7

编号	目标锈蚀率 ρ（%）	实际锈蚀率 ρ_{act}（%）	相对误差（%）	编号	目标锈蚀率 ρ（%）	实际锈蚀率 ρ_{act}（%）	相对误差（%）
SRC-1	0	0	0	SRC-10	6	5.79	-3.50
SRC-2		0	0	SRC-11		6.13	2.17
SRC-3		0	0	SRC-12		6.45	7.50
SRC-4	1.5	1.42	-5.33	SRC-13	12	12.32	2.67
SRC-5		1.38	-8.00	SRC-14		12.24	2.00
SRC-6		1.43	-4.67	SRC-15		12.56	4.67
SRC-7	3	3.24	8.00	SRC-16	18	18.65	3.61
SRC-8		3.18	6.00	SRC-17		18.42	2.33
SRC-9		3.12	4.00	SRC-18		18.46	2.56

5.2.1 锈蚀型钢钢架混凝土破坏模式及荷载 *P*- 滑移 *s* 曲线

1）锈蚀型钢钢架混凝土破坏模式

试件的破坏模式基本可归纳为黏结劈裂破坏、黏结锚固破坏两种。

（1）黏结劈裂破坏

黏结劈裂破坏主要发生在锈蚀率较高（目标锈蚀率 $\rho \geqslant 6\%$）的试件中。其特征为：试件从初始开裂到破坏的持续时间短，破坏时的裂纹沿型钢纵向贯穿整个试件。加载初期，由于构件受锈胀力导致的内部裂缝和缺陷作用，当荷载达到极限荷载 P_u 的 40% 时，裂缝首先在翼缘侧已有微裂缝上加宽，此时相对滑移发展较为稳定；当荷载达到极限荷载的 60% ～ 80% 时，翼缘侧中部裂缝继续加宽，最大宽度可达 3 ～ 4mm，加载端型钢翼缘侧四角出现裂缝，以大约 45° 方向向外扩展；当荷载达到极限荷载时，裂缝急剧加宽，裂缝宽度为 4 ～ 5mm，裂缝最终均贯通试件上下部并延至全长，甚至出现混凝土与型钢剥落现象。黏结劈裂破坏的最终形态及裂缝特征如图 5-5a）所示。

（2）黏结锚固破坏

黏结锚固破坏主要发生在锈蚀率较低（锈蚀率 $\rho < 6\%$）的试件中。其特征为：加载初期，构件表面无裂缝产生，相对滑移发展较为稳定；当荷载达到极限荷载的 70% ～ 80% 时，试件加载端出现微裂缝，其垂直于翼缘及沿着翼缘四角大约 45° 分布；加载至型钢推出，型钢翼缘侧的剪切裂缝在小范围内扩展，混凝土表面产生的裂缝较窄，为 1 ～ 2mm。试验后发现，推出型钢的表面附有一层被压碎的混凝土粉末。黏结锚固破坏的最终形态及裂缝特征如图 5-5b）所示。

2）锈蚀型钢钢架混凝土 *P-s* 曲线及其特征

试验中发现加载端和自由端的滑移随着荷载变化趋势和数值几乎相同，原因可能是：①本试验工字钢锚固长度较短（32cm）；②锈蚀导致界面初期损伤，破坏了工字钢与混凝土界面的化学胶结力，导致无滑移段消失。因此，本试验选取加载端的荷载 *P*- 滑移 *s* 曲线进行研究，如图 5-6 所示。

a）黏结劈裂破坏

b）黏结锚固破坏

图 5-5　破坏模式图

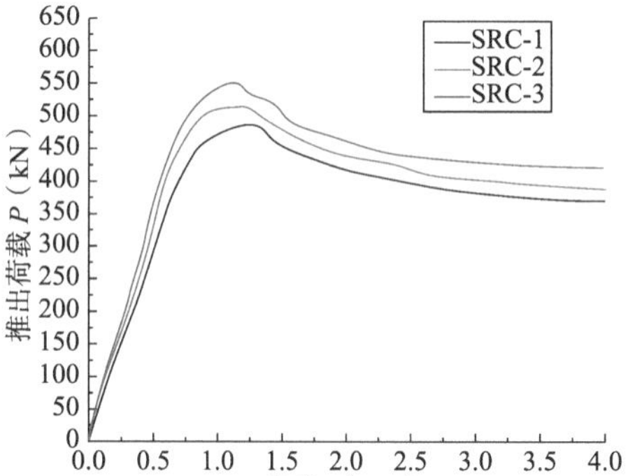

a）SRC-1 ～ SRC-3

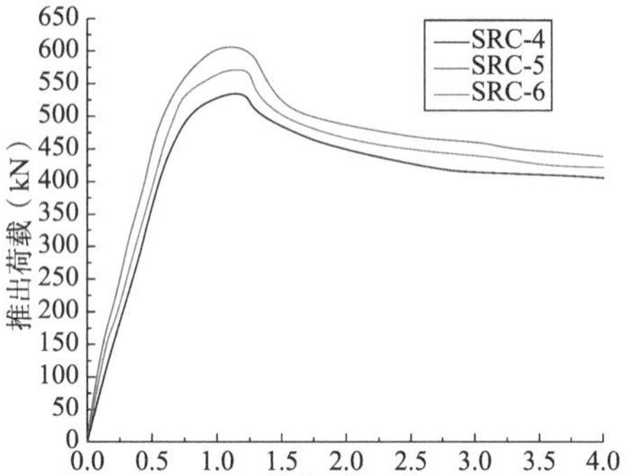

b）SRC-4 ～ SRC-6

图　5-6

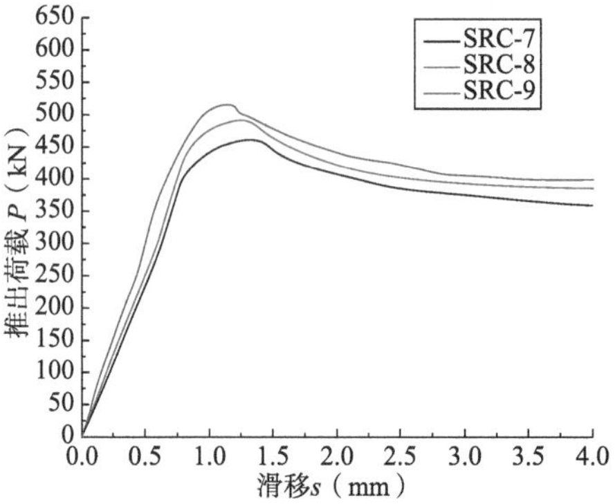

c）SRC-7 ～ SRC-9

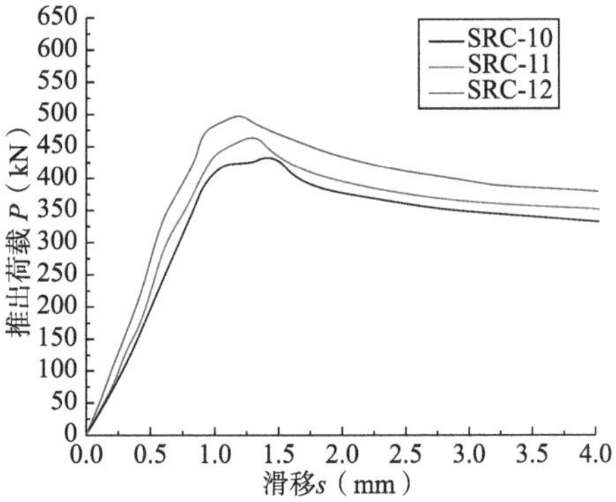

d）SRC-10 ～ SRC-12

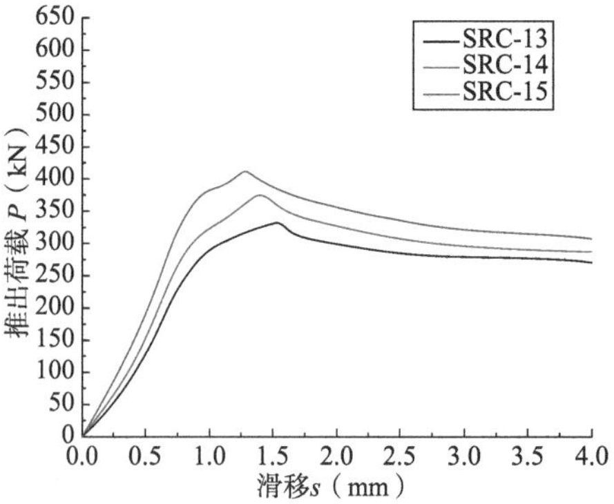

e）SRC-13 ～ SRC-15

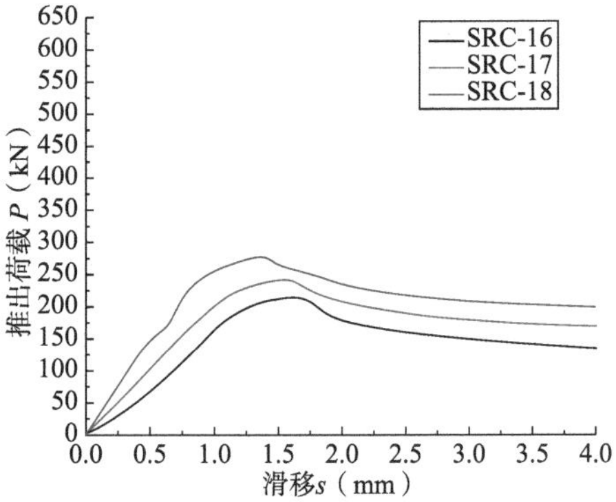

f）SRC-16 ～ SRC-18

图 5-6　荷载 *P*- 滑移 *s* 曲线

根据荷载 *P*- 滑移 *s* 曲线，可将此曲线大致分为四个阶段，如图 5-7 所示。

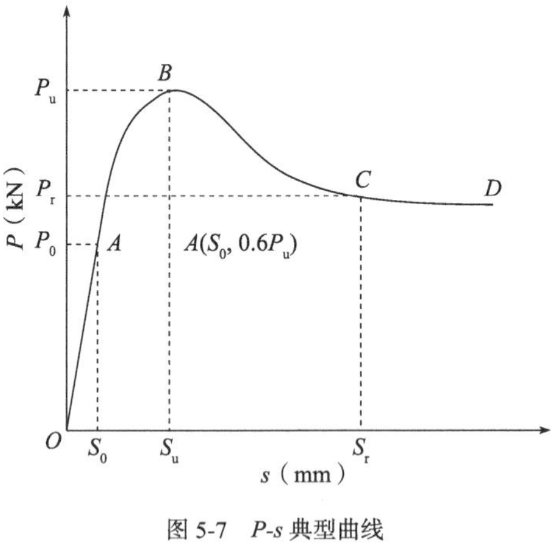

图 5-7　*P-s* 典型曲线

（1）直线上升段（*OA*）。一旦开始加载，加载端开始滑移并稳定发展，且推出荷载与滑移几乎呈线性关系。分析原因，可能是工字钢与混凝土界面上的胶体受锈蚀影响被剪断后，工字钢由于锈蚀膨胀而体积增大，在界面处产生正应力（锈胀力），进而在工字钢与混凝土界面产生摩擦阻力和机械咬合力，施加的外部荷载由摩擦阻力和机械咬合力共同承担。随着滑移增加，总的摩擦阻力和机械咬合力增加，从而能够承受进一步的推力，且黏结强度与滑移近似为线性关系。

（2）曲线上升段（*AB*）。当荷载接近极限荷载的 50% ～ 65% 时，加载端滑动发展加速。当施加荷载接近极限荷载时，加载端会突然出现纵向裂纹，或原有锈蚀引起的裂纹迅速发展扩大。原因：随着滑移进一步增加，沿锚固方向总摩擦力与机械咬合力相应增加，但由于混凝土与工字钢接触界面逐渐开裂与压碎，总摩擦力和机械咬合力增长速率将相应减小，因此滑移较荷载增长速率相应增快，导致 *P-s* 曲线呈现“上凸”趋势。

（3）下降阶段（*BC*）。当荷载达到极限荷载时，加载端滑动明显增加，裂纹全面发展。原因：随着推出荷载继续增加，界面周围裂纹持续扩张，界面摩擦力与机械咬合力持续减小。

（4）荷载残余阶段（*CD*）。当滑动达到一定阶段时，荷载不再下降，稳定在一定荷载水平，为极限荷载的 60% ～ 80%。原因：滑移达到一定程度时（裂纹竖向贯通时），机械咬合力不存在，只存在摩擦力抵抗推出荷载。

5.2.2　锈蚀型钢钢架与混凝土界面力学特性

1）界面黏结强度影响因素分析

已知试验中荷载 *P*- 滑移 *s* 曲线后，采用式（5-2）可得到平均黏结强度 τ 与滑移 *s* 的关系，如图 5-8 所示。

$$\tau = \frac{P}{1000A_{\text{sur}}} \tag{5-2}$$

式中：τ——平均黏结强度（MPa）；

P——试验推出力（kN）；

A_{sur}——包裹在混凝土中钢材的表面积（m^2）。

根据 *P-s* 曲线和式（5-2）可得到不同构件不同阶段的黏结强度特征值，见表 5-8。

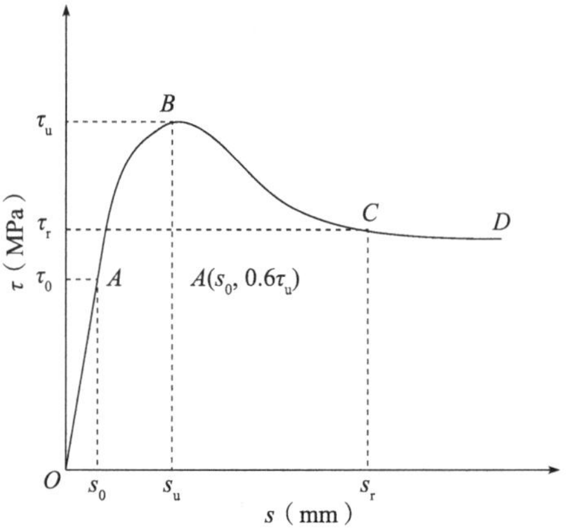

图 5-8　τ-s 典型曲线

黏结强度典型特征值　　表 5-8

编号	实际锈蚀率 ρ_{act}（%）	保护层厚度 c_0（cm）	τ_0（MPa）	τ_u（MPa）	τ_r（MPa）
SRC-1	0	5	1.355	1.755	1.407
SRC-2		7	1.472	1.851	1.487
SRC-3		9	1.561	1.992	1.598
SRC-4	1.26	5	1.490	1.930	1.548
SRC-5	1.38	7	1.670	2.055	1.602
SRC-6	1.43	9	1.868	2.179	1.695
SRC-7	3.24	5	1.279	1.651	1.357
SRC-8	3.45	7	1.283	1.759	1.434
SRC-9	3.12	9	1.287	1.837	1.543
SRC-10	5.79	5	1.106	1.546	1.349
SRC-11	6.13	7	1.143	1.672	1.400
SRC-12	6.45	9	1.178	1.780	1.481
SRC-13	12.32	5	0.862	1.218	1.024
SRC-14	12.24	7	0.890	1.372	1.127
SRC-15	12.56	9	0.914	1.497	1.196
SRC-16	18.65	5	0.479	0.778	0.528
SRC-17	18.42	7	0.620	0.883	0.647
SRC-18	18.46	9	0.724	1.007	0.750

图 5-9 分别给出了极限黏结强度 τ_u 与型钢锈蚀率、型钢保护层厚度的关系。

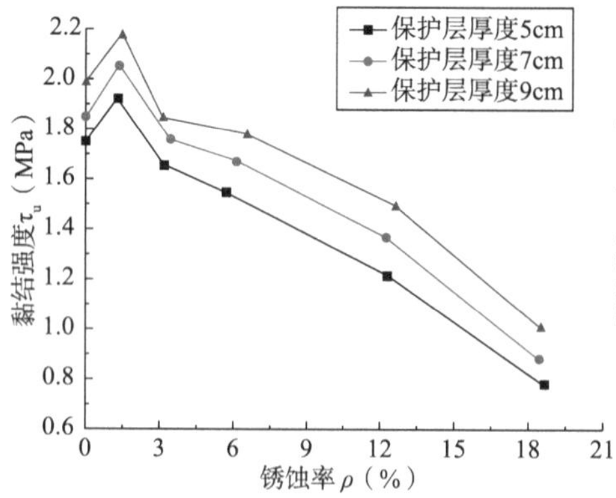

a）黏结强度 τ_u 与工字钢锈蚀率 ρ

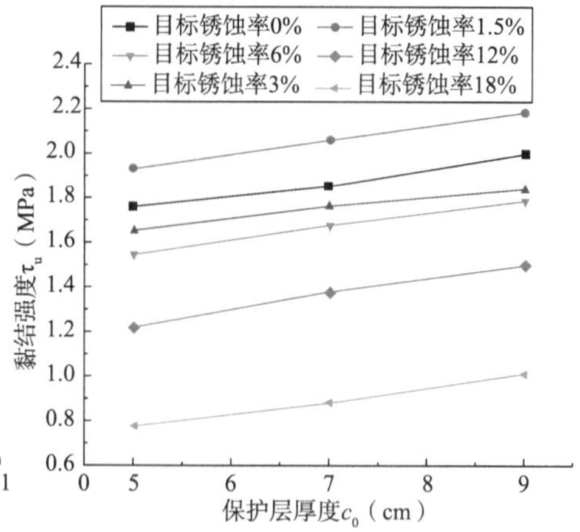

b）黏结强度 τ_u 与保护层厚度 c_0

图 5-9　峰值平均黏结强度与锈蚀率、保护层关系图

由图 5-9a）可知：①当锈蚀率 $\rho \leqslant 1.5\%$ 时，随着锈蚀率的增加，型钢与混凝土界面黏结强度增加，其原因是锈蚀率较小时，其产生的锈蚀产物填满了混凝土与型钢界面间的孔隙，使得型钢与混凝土之间的摩擦力有所增加；②当锈蚀率 $\rho > 1.5\%$ 时，随着锈蚀率的增加，工字钢与混凝土界面黏结强度逐渐减小，原因是混凝土中工字钢锈蚀将在表面产生氧化物，其结构疏松，导致工字钢和混凝土之间形成疏松隔离层，显著改变工字钢与混凝土之间接触表面的性能，从而降低工字钢与混凝土之间的黏结性能；随着工字钢锈蚀率的增加，工字钢体积因锈蚀而变大，其产生的径向膨胀力会导致混凝土保护层内部产生微裂缝甚至开裂剥落，降低工字钢的有效约束，最终削弱混凝土与被锈蚀工字钢之间的黏结。

由图 5-9b）可知：锈蚀率一定时，随着保护层厚度的增加，型钢与混凝土界面黏结强度增加，原因是保护层厚度增加了型钢混凝土界面的侧向约束，从而提高了其黏结强度。

由图 5-9a）可知，锈蚀率小于 3% 时，黏结强度 τ_u 与锈蚀率呈一元二次关系；锈蚀率大于或等于 3% 时，黏结强度 τ_u 与锈蚀率呈指数函数关系，具体拟合公式见式（5-3）。

$$\begin{cases} \tau_u = -0.086(\rho - 1.5)^2 - 0.011\rho + 1.949 & c_0 = 5\text{cm} \\ \tau_u = -0.084(\rho - 1.5)^2 + 0.011\rho + 2.041 & c_0 = 7\text{cm} \quad \rho < 3\% \\ \tau_u = -0.107(\rho - 1.5)^2 - 0.037\rho + 2.232 & c_0 = 9\text{cm} \end{cases} \tag{5-3a}$$

$$\begin{cases} \tau_u = -0.653e^{0.049\rho} + 2.416 & c_0 = 5\text{cm} \\ \tau_u = -0.289e^{0.080\rho} + 2.141 & c_0 = 7\text{cm} \quad \rho \geqslant 3\% \\ \tau_u = -0.124e^{0.114\rho} + 2.025 & c_0 = 9\text{cm} \end{cases} \tag{5-3b}$$

由图 5-9b）可知，黏结强度 τ_u 与保护层厚度 c_0 呈线性关系，具体拟合公式见式（5-4）。

$$\begin{cases} \tau_u = 0.059c_0 + 1.451 & \rho = 0\% \\ \tau_u = 0.062c_0 + 1.619 & \rho = 1.5\% \\ \tau_u = 0.047c_0 + 1.424 & \rho = 3\% \\ \tau_u = 0.059c_0 + 1.257 & \rho = 6\% \\ \tau_u = 0.070c_0 + 0.874 & \rho = 12\% \\ \tau_u = 0.057c_0 + 0.489 & \rho = 18\% \end{cases} \tag{5-4}$$

综合式（5-3）与式（5-4）可得到黏结强度 τ_u 与锈蚀率 ρ、保护层厚度 c_0 的关系式：

$$\begin{cases} \tau_u = -0.012c_0(\rho - 1.5)^2 - 0.004\rho c_0 + 0.016\rho + 0.080c_0 + 1.500 & \rho < 3\% \\ \tau_u = 0.142(c_0 + 9.799) \times e^{-0.032\rho} - 0.049c_0 & \rho \geqslant 3\% \end{cases} \tag{5-5}$$

采用同种方法，可得到黏结强度 τ_0、τ_r 与锈蚀率 ρ、保护层厚度 c_0 的关系式：

$$\begin{cases} \tau_0 = -0.016c_0(\rho - 1.5)^2 - 0.018\rho c_0 + 0.104\rho + 0.101c_0 + 1.000 & \rho < 3\% \\ \tau_0 = -0.035(c_0 - 43.054) \times e^{-0.067\rho} + 0.041c_0 & \rho \geqslant 3\% \end{cases} \tag{5-6}$$

$$\begin{cases} \tau_r = -0.007c_0(\rho - 1.5)^2 - 0.002\rho c_0 + 0.009\rho + 0.059c_0 + 1.200 & \rho < 3\% \\ \tau_r = 0.193(c_0 + 5.786) \times e^{-0.027\rho} - 0.106c_0 & \rho \geqslant 3\% \end{cases} \tag{5-7}$$

2）界面黏结滑移特征值影响因素分析

型钢混凝土构件达到界面极限黏结强度 τ_u 时所对应的位移量定义为峰值黏结滑移 s_u，水平残余强度起始处 τ_r 对应的黏结滑移为 s_r。表 5-9 为不同锈蚀率、不同保护层厚度构件对应的 s_u、s_r。

试验构件典型滑移特征值　　表 5-9

编号	实际锈蚀率 ρ_{act}（%）	保护层厚度 c_0（cm）	s_u（mm）	s_r（mm）
SRC-1	0	5	1.3	2.23
SRC-2	0	7	1.23	2.11
SRC-3	0	9	1.15	1.97
SRC-4	1.26	5	1.21	2.08
SRC-5	1.38	7	1.14	1.96
SRC-6	1.43	9	1.10	1.89
SRC-7	3.24	5	1.38	2.37
SRC-8	3.45	7	1.32	2.26
SRC-9	3.12	9	1.20	2.06
SRC-10	5.79	5	1.45	2.49
SRC-11	6.13	7	1.32	2.26
SRC-12	6.45	9	1.20	2.06
SRC-13	12.32	5	1.55	2.66
SRC-14	12.24	7	1.42	2.44
SRC-15	12.56	9	1.29	2.21
SRC-16	18.65	5	1.72	2.95
SRC-17	18.42	7	1.56	2.68
SRC-18	18.46	9	1.38	2.37

根据表 5-9 绘制 s_u、s_r 与锈蚀率 ρ、保护层厚度 c_0 的关系曲线，如图 5-10 所示。

从图 5-10 可知：①当保护层厚度一定时，锈蚀率 $\rho \leqslant 1.5\%$ 时，随着锈蚀率的增加，型钢与混凝土界面滑移特征值 s_u、s_r 均减小；锈蚀率 $\rho > 1.5\%$ 时，随着锈蚀率的增加，型钢与混凝土界面滑移特征值 s_u、s_r 均增大。其原因是锈蚀率 $\rho \leqslant 1.5\%$，锈蚀产物填充了混凝土孔隙，使型钢与混凝土接触密实，其抵抗变形能力增加；锈蚀率 $\rho > 1.5\%$ 时，混凝土界面受锈胀力作用，导致产生内部裂缝，二者抵抗变形能力减弱。②锈蚀率一定时，随着保护层厚度增加，型钢与混凝土界面滑移特征值 s_u、s_r 均减小，原因是保护层增加型钢混凝土界面的侧向约束，从而提高了其黏结强度，抵抗变形能力越强。

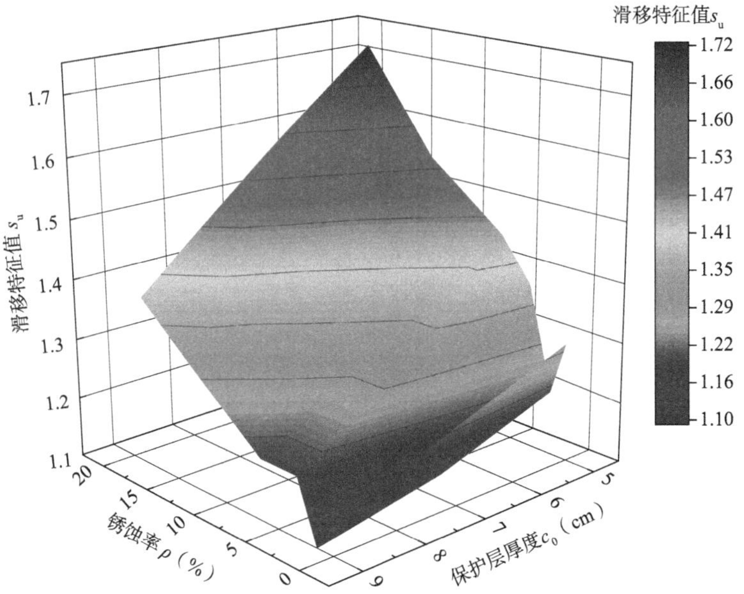

a）滑移特征值 s_u 与锈蚀率 ρ、保护层厚度 c_0 的关系

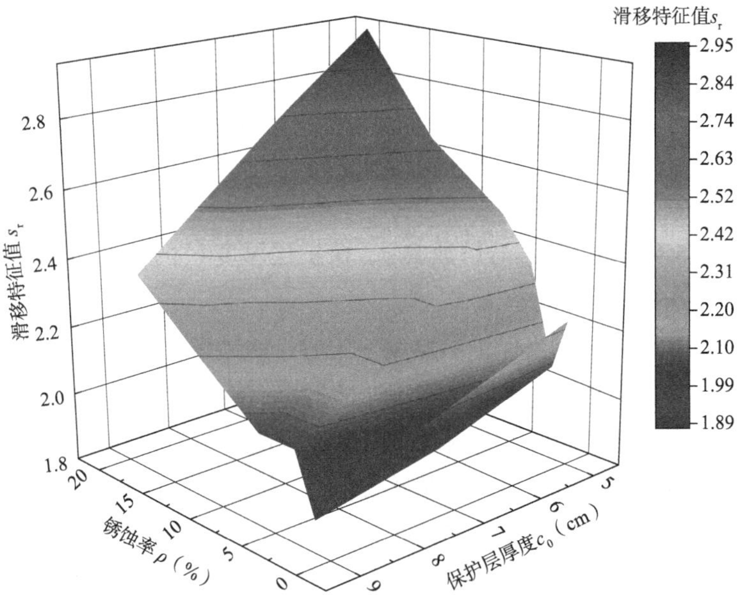

b）滑移特征值 s_r 与锈蚀率 ρ、保护层厚度 c_0 的关系

图 5-10　滑移特征值 s_u、s_r 与锈蚀率 ρ、保护层厚度 c_0 的关系

最终得到界面滑移特征值 s_u、s_r 与锈蚀率 ρ、保护层厚度 c_0 的关系式，即：

$$s_u = 1.576 + 0.019\rho - 0.054c_0 \tag{5-8}$$

$$s_r = 2.707 + 0.033\rho - 0.094c_0 \tag{5-9}$$

3）界面剪切刚度影响因素分析

界面剪切刚度表达式见式（5-10），具体数值见表 5-10。

$$K_0 = \frac{\tau_0}{s_0} \tag{5-10}$$

式中：K_0——初始剪切刚度（MPa/mm）；

τ_0——线性增长阶段最大黏结强度值（MPa）；

s_0——线性增长阶段最大黏结滑移值（mm）。

界面初始剪切刚度值　　表 5-10

编号	实际锈蚀率 ρ_{act}（%）	保护层厚度 c_0（cm）	初始剪切刚度 K_0	编号	实际锈蚀率 ρ_{act}（%）	保护层厚度 c_0（cm）	初始剪切刚度 K_0
SRC-1	0	5	2.151	SRC-10	5.79	5	1.495
SRC-2	0	7	2.396	SRC-11	6.13	7	1.706
SRC-3	0	9	2.602	SRC-12	6.45	9	2.031
SRC-4	1.26	5	2.614	SRC-13	12.32	5	1.105
SRC-5	1.38	7	2.831	SRC-14	12.24	7	1.290
SRC-6	1.43	9	3.013	SRC-15	12.56	9	1.474
SRC-7	3.24	5	1.776	SRC-16	18.65	5	0.557
SRC-8	3.45	7	1.887	SRC-17	18.42	7	0.747
SRC-9	3.12	9	2.258	SRC-18	18.46	9	1.034

根据表 5-10 绘制 K_0 与锈蚀率 ρ、保护层厚度 c_0 的关系曲线，如图 5-11 所示。

根据图 5-11 可知：①当保护层厚度一定，锈蚀率 $\rho \leqslant 1.5\%$ 时，随着锈蚀率的增加，型钢与混凝土界面剪切刚度 K_0 增加；锈蚀率 $\rho > 1.5\%$ 时，随着锈蚀率的增加，型钢与混凝土界面剪切刚度 K_0 减小，例如在锈蚀率为 18.65% 时，剪切刚度最大降幅为 74.1%；②锈蚀率一定时，随着保护层厚度的增加，型钢与混凝土界面剪切刚度 K_0 增加，例如保护层厚度为 9cm 时增幅大约为 21.6%。在所有试验工况下，锈蚀率为 18.65%、保护层厚度为 5cm 条件下试件的界面剪切刚度最小。

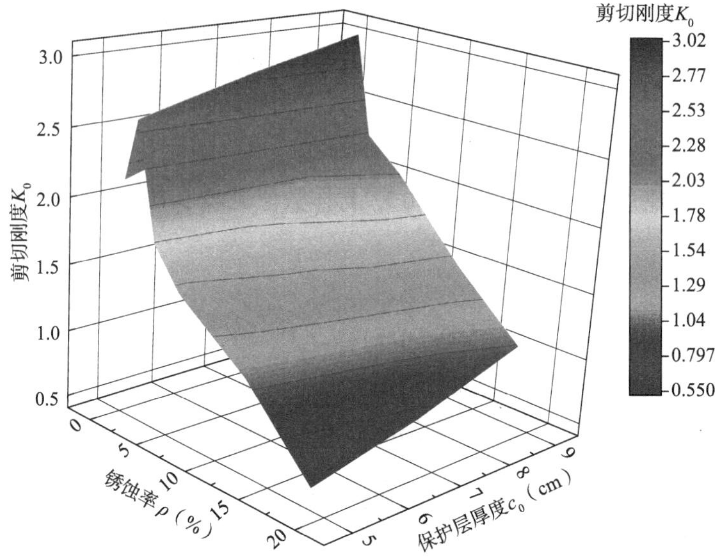

图 5-11　初始剪切刚度 K_0 与锈蚀率 ρ、保护层厚度 c_0 关系

最终得到初始剪切刚度 K_0 与锈蚀率 ρ、保护层厚度 c_0 的关系式，即：

$$K_0 = 1.691 - 0.097\rho + 0.116c_0 \tag{5-11}$$

式中：K_0——初始剪切刚度（MPa/mm）；

ρ——型钢钢架锈蚀率；

c_0——保护层厚度（cm）。

5.2.3　基于损伤理论的黏结滑移退化本构

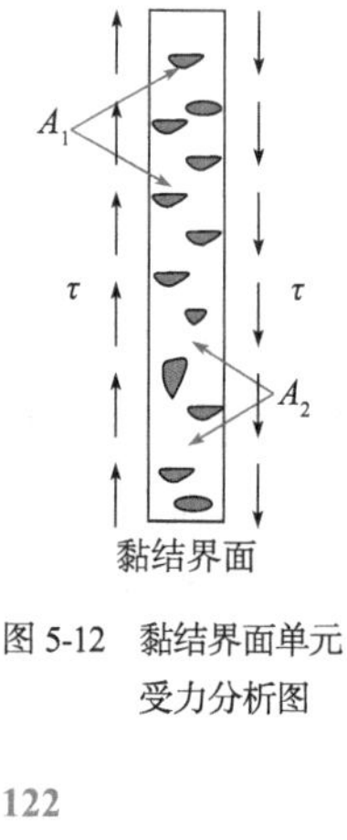

图 5-12　黏结界面单元受力分析图

1）损伤基础理论

以往黏结滑移本构多采用多段式函数，本书从统计损伤角度出发，建立了锈蚀作用下工字钢与混凝土黏结滑移损伤本构。

在锈蚀的影响下，混凝土与工字钢之间的黏结界面会产生微元损伤。随着微观缺陷部位的逐渐发展，开始在宏观上影响材料的性能响应，导致宏观力学性能的劣化损伤。这里采用损伤力学理论中损伤变量来描述锈蚀引起的界面损伤。

取微元体，如图 5-12 所示，假定 A 为微元黏结界面总面积，A_1 为锈蚀导致损伤部分的面积，A_2 为未损伤区域面积，则得到式（5-12）。

$$A = A_1 + A_2 \tag{5-12}$$

由损伤力学可得到常用损伤变量表达式：

$$D = \frac{A_1}{A} \tag{5-13}$$

作用在未损伤区域有效剪应力为

$$\tau' = \frac{P}{A_2} \tag{5-14}$$

式中：τ'——有效剪应力（MPa）；

P——为推出试验中推力值（kN）。

由静力平衡关系可得到：

$$P = \tau A = \tau' A_2 \tag{5-15}$$

式中：τ——名义剪应力（MPa）。

根据式（5-12）～式（5-15）可得：

$$\tau = \tau'(1 - D) \tag{5-16}$$

由式（5-16）可知，当黏结界面达到完全损伤（即 D=1）以后，界面所受名义应力 τ=0，显然与实际具有残余黏结强度 τ_r 不符。因此提出了新型损伤模型，对名义应力进行修正，得到损伤模型为：

$$\tau = \tau_1'(1 - D) + \tau_1'' D \tag{5-17}$$

式中：τ'_1——无损伤部分有效剪应力（MPa）；

τ''_1——有损部分所承受的剪切应力（MPa）。

有损部分所承受的剪切应力 τ''_1 等于残余强度 τ_r（τ''_1=τ_r），该模型如图 5-13 所示，空白部分表示未损伤，阴影部分表示有损伤。

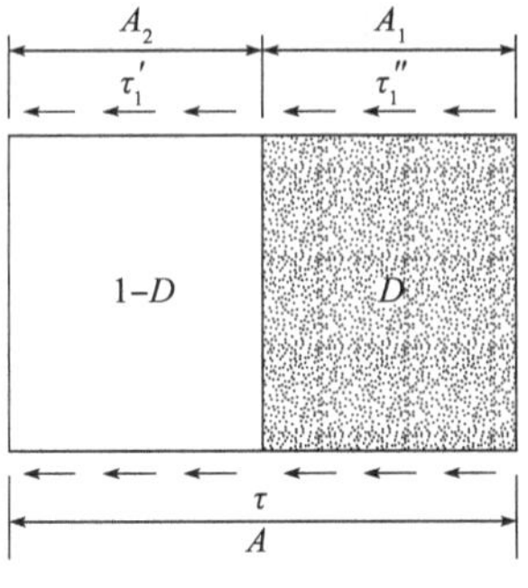

图 5-13　黏结界面微单元受力分析图

根据滑移等效假说$\frac{\tau}{K_1}=\frac{\tau_1'}{K_0}=s$，切向有效应力 $\tau'_1=K_0s$，K_0 为剪切刚度$K_0=\frac{\tau_0}{s_0}$，则可得到在推出试验条件下型钢与混凝土界面黏结强度 τ- 滑移 s 关系式表达：

$$\tau=K_0s(1-D)+\tau_rD \tag{5-18}$$

由此损伤变量 D 表示为：

$$D=\frac{\tau-K_0s}{\tau_r-K_0s} \tag{5-19}$$

2）损伤演化模型及方程

假设黏结界面是由无损和有损两种微元组成的无数微元，如图 5-14 所示，其总数设为$\mathring{k}$（$\mathring{k}\to+\infty$）。

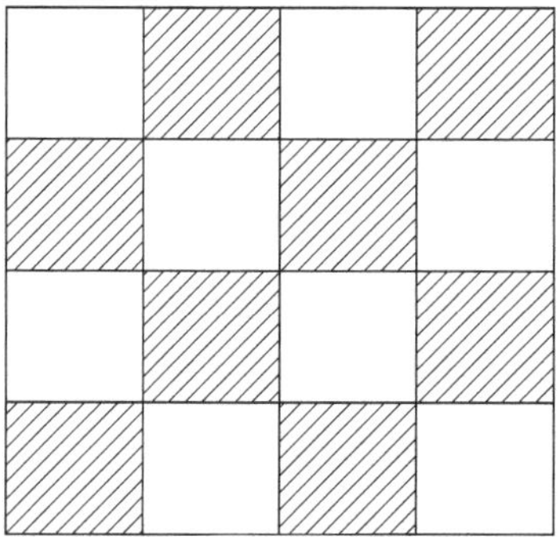

图 5-14　微单元结构图

有损微元采用阴影部分表示，记其数量为 n，无损微元采用白色部分表示，记其数量为 m，则有$\mathring{k}=m+n$。并进一步假设：①每个微元面积都相等，记为 A_0；②无损微元可以转化为有损微元，但有损微元不能转化为无损微元，且该转化过程瞬时完成；③微元受载变形破坏过程满足滑移等效性假设。

根据式（5-13）损伤变量的定义，可将损伤变量进一步表达为：

$$D=\frac{A_1}{A}=\frac{nA_0}{\mathring{k}A_0}=\frac{n}{\mathring{k}} \tag{5-20}$$

式中，$0\leqslant n\leqslant\mathring{k}$，所以损伤变量 $D\in[0,\ 1]$。

黏结滑移破坏是一个从局部开始、渐进演化的过程，缺陷首先在最薄弱的地方产生，然后不断衍生出新的缺陷，最终导致失效。因此，界面黏结破坏的损伤演化过程可以看作是无损微元不断向有损微元转化的过程，则一个小的滑

移 s 过程中，新的有损微元的数量 $n(s+\Delta s)$ 是原有数量 $n(s)$ 加上在 Δs 内由无损微元转化为有损微元的数量，即：

$$n(s+\Delta s)=n(s)+p\cdot n(s)\Delta s=n(s)+p\cdot[\mathring{k}-n(s)]\cdot\Delta s \tag{5-21}$$

$$\frac{\Delta n}{\Delta s}=\frac{n(s+\Delta s)-n(s)}{\Delta s}=p[\mathring{k}-n(s)] \tag{5-22}$$

式中：p——无损微元转化为有损微元的生成率。

界面之间缺陷的增长与现存的缺陷密切相关，现存的缺陷越多，就越容易产生新的缺陷。因此，p 不再是常数，而是有损微元数量 $n(s)$ 的增函数，设为：

$$p=\gamma_{\mathrm{xs}}\frac{n(s)}{\mathring{k}} \tag{5-23}$$

式中：γ_{xs}——有损微元的自然生成率，反映了损伤增长的快慢。

将式（5-23）代入式（5-22），得到有损微元的增长方程为：

$$\frac{\Delta n}{\Delta s}=\gamma_{\mathrm{xs}}\frac{n(s)}{\mathring{k}}[\mathring{k}-n(s)] \tag{5-24}$$

将式（5-24）改写为微分形式，即：

$$\frac{\mathrm{d}n}{\mathrm{d}s}=\gamma_{\mathrm{xs}}\frac{n(s)}{\mathring{k}}[\mathring{k}-n(s)] \tag{5-25}$$

将损伤变量表达式（5-20）代入式（5-25），可得到损伤变量 D 的微分表达式为：

$$\frac{\mathrm{d}D}{\mathrm{d}s}=\frac{1}{\mathring{k}}\frac{\mathrm{d}n}{\mathrm{d}s}=\gamma_{\mathrm{xs}}\frac{n}{\mathring{k}}\left(1-\frac{n}{\mathring{k}}\right)=\gamma_{\mathrm{xs}}D(1-D) \tag{5-26}$$

对式（5-26）进行积分，得到损伤演化方程的表达式为：

$$D=\frac{1}{1+\mathrm{e}^{a-\gamma_{\mathrm{xs}}\cdot s}} \tag{5-27}$$

式中：a——初始损伤程度，$a=\ln\left(\mathring{k}/n_0-1\right)$。

进一步将式（5-27）变换为：

$$\ln(\frac{1}{D}-1)=\alpha-\gamma_{\mathrm{xs}}\cdot s \tag{5-28}$$

将按式（5-19）计算得到的损伤变量代入式（5-28），可获得参数 α 和 γ_{xs} 的值，即可得出损伤演化方程。

将损伤演化方程式（5-27）代入式（5-18），可得到型钢与混凝土界面黏结滑移的本构方程表达式：

$$\tau = K_0 s\left(1 - \frac{1}{1 + e^{a - \gamma_{xs} \cdot s}}\right) + \frac{\tau_r}{1 + e^{a - \gamma_{xs} \cdot s}} \tag{5-29}$$

3）黏结滑移本构模型的建立

（1）损伤变量 D

按照式（5-19），可得到不同构件损伤变量随着界面滑移的趋势，如图 5-15 所示。

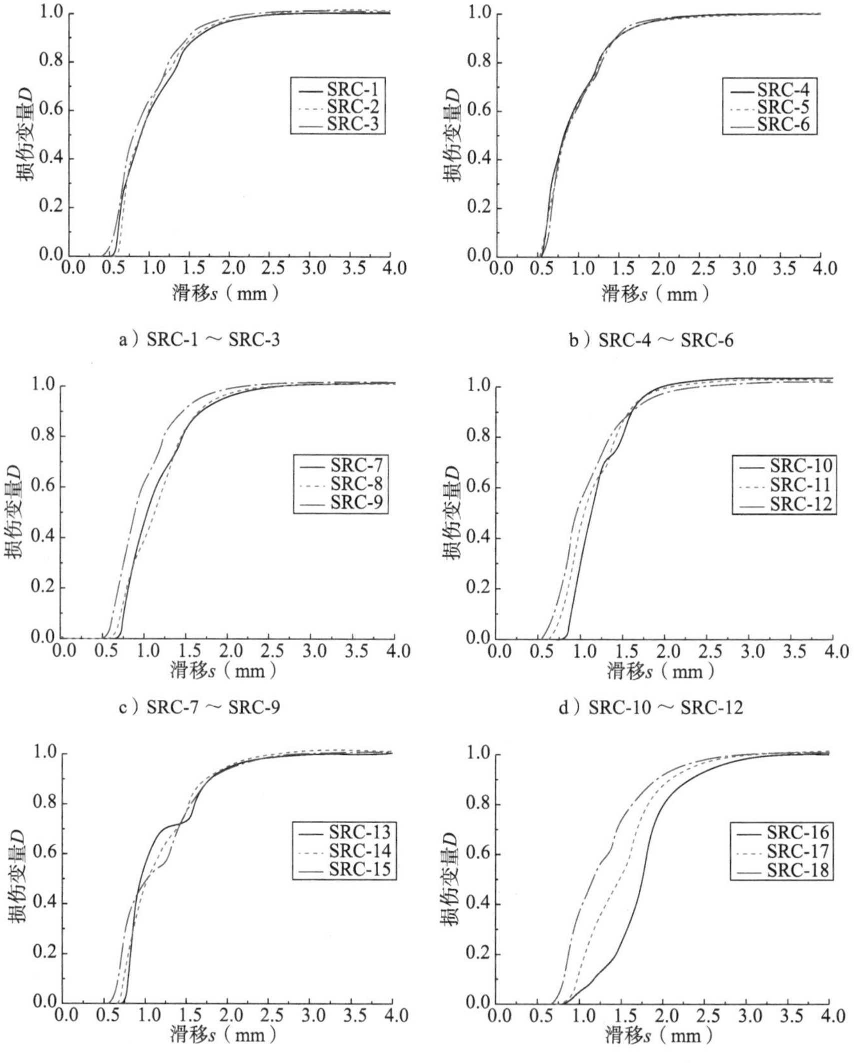

a）SRC-1 ～ SRC-3　　b）SRC-4 ～ SRC-6

c）SRC-7 ～ SRC-9　　d）SRC-10 ～ SRC-12

e）SRC-13 ～ SRC-15　　f）SRC-16 ～ SRC-18

图 5-15　损伤变量变化图

综合所有的损伤变量 D-s 滑移曲线，型钢混凝土界面破坏过程经历了初始损伤、损伤加速发展、损伤缓慢累积三个阶段。①初始损伤阶段：损伤变量 D=0，此时认为型钢混凝土界面无损伤，滑移值缓慢增加到滑移特征值 s_0；②损伤加速发展阶段：损伤变量 D 在此阶段加速增长，滑移值增长速度较快，混凝土表面从出现裂缝到裂缝全面发展，界面黏结加速劣化，直到黏结强度达到 τ_u；③损伤缓慢累积阶段：损伤变量 D 在此阶段缓慢增长，随着滑移值增加，黏结应力逐渐减小，界面黏结性能继续劣化。黏结应力等于残余黏结强度 τ_r 时，损伤变量 D=1。

（2）损伤演化参数

根据损伤变量 D-s 滑移曲线，通过式（5-28），采用 Logistic 拟合得出损伤演化参数，具体见表 5-11。

损伤演化参数　　表 5-11

编号	实际锈蚀率 ρ_{act}（%）	保护层厚度 c_0（cm）	α	γ_{xs}	编号	实际锈蚀率 ρ_{act}（%）	保护层厚度 c_0（cm）	α	γ_{xs}
SRC-1	0	5	4.608	4.283	SRC-10	5.79	5	6.046	5.134
SRC-2	0	7	4.418	4.053	SRC-11	6.13	7	5.865	4.900
SRC-3	0	9	4.155	3.894	SRC-12	6.45	9	5.332	4.680
SRC-4	1.26	5	5.021	4.413	SRC-13	12.32	5	6.596	5.454
SRC-5	1.38	7	4.868	4.272	SRC-14	12.24	7	6.189	5.126
SRC-6	1.43	9	4.421	3.951	SRC-15	12.56	9	5.715	4.926
SRC-7	3.24	5	5.799	4.807	SRC-16	18.65	5	7.040	5.835
SRC-8	3.45	7	5.423	4.678	SRC-17	18.42	7	6.648	5.593
SRC-9	3.12	9	5.077	4.379	SRC-18	18.46	9	6.258	5.231

根据表 5-11 绘制 α、γ_{xs} 与锈蚀率 ρ、保护层厚度 c_0 的关系曲线，如图 5-16 所示。

根据图 5-16 可知：保护层厚度 c_0 一定时，随着锈蚀率 ρ 的增加，损伤演化参数 α、γ_{xs} 均增加；锈蚀率 ρ 一定时，随着保护层厚度 c_0 的增加，损伤演化参数 α、γ_{xs} 均减小。通过数据拟合分析，可分别得到损伤演化参数 α、γ_{xs} 与锈蚀率 ρ、保护层厚度 c_0 的关系式。

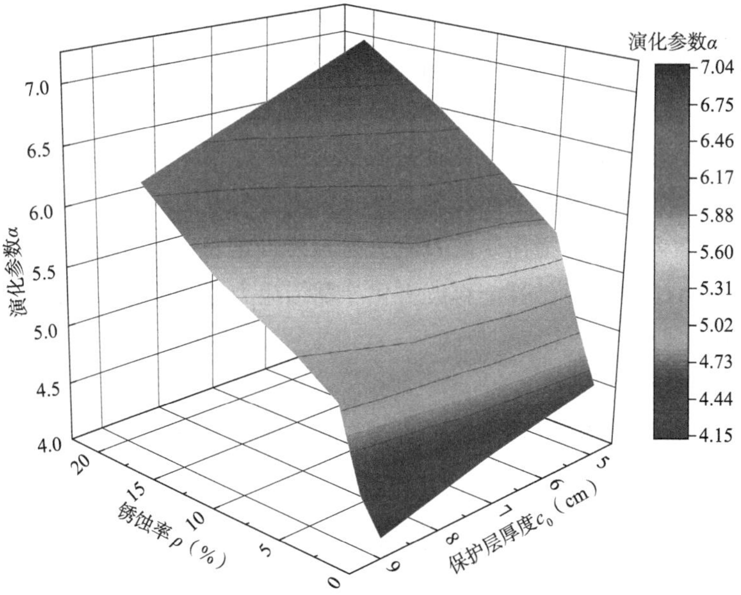

a）演化参数 α 与锈蚀率 ρ、保护层厚度 c_0 的关系图

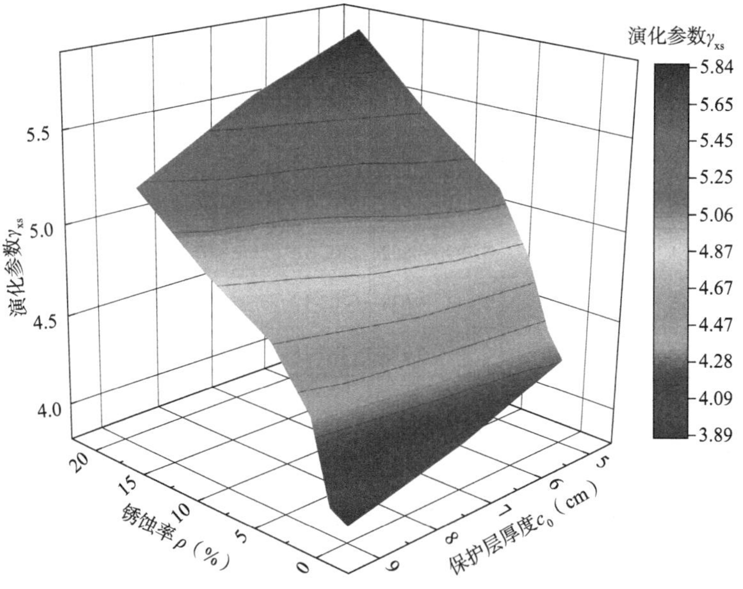

b）演化参数 γ_{xs} 与锈蚀率 ρ、保护层厚度 c_0 的关系图

图 5-16　演化参数 α、γ_{xs} 与锈蚀率 ρ、保护层厚度 c_0 的关系图

$$\alpha = 5.585 + 0.534\rho^{0.5} - 0.177c_0 \quad R^2 = 0.98 \tag{5-30}$$

$$\gamma_{xs} = 4.824 + 0.356\rho^{0.5} - 0.122c_0 \quad R^2 = 0.98 \tag{5-31}$$

（3）黏结滑移退化本构模型

根据式（5-7）、式（5-11）、式（5-30）及式（5-31）分别得到 τ_r、K_0、α、γ_{xs}，将其代入式（5-29），则得到基于损伤理论的黏结滑移本构：

$$\tau = K_0(c_0,\rho) \cdot s \cdot \left(1 - \frac{1}{1 + e^{\alpha(c_0,\rho) - \gamma_{xs}(c_0,\rho)s}}\right) + \frac{\tau_r(c_0,\rho)}{1 + e^{\alpha(c_0,\rho) - \gamma_{xs}(c_0,\rho)s}} \tag{5-32}$$

根据式（5-32）可得到不同构件界面黏结滑移退化本构，将其曲线与试验实测值进行对比，如图 5-17 所示，可发现基于损伤理论得到的黏结滑移本构与试验得到的损伤本构具有良好的一致性。

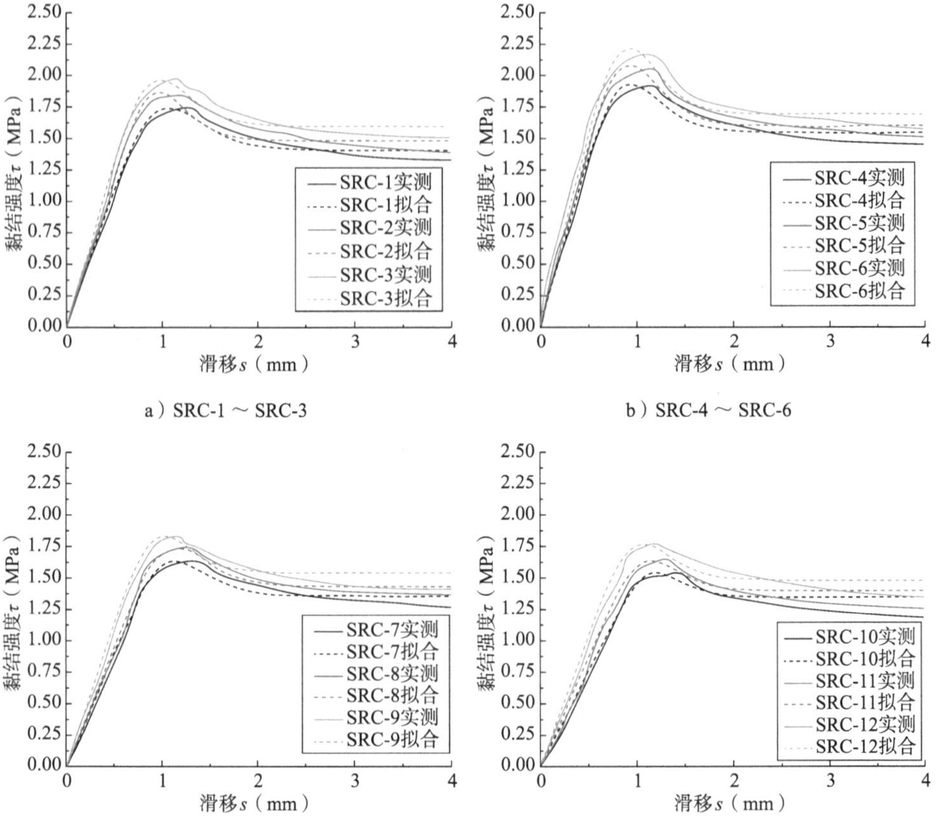

a）SRC-1 ～ SRC-3　　b）SRC-4 ～ SRC-6

c）SRC-7 ～ SRC-9　　d）SRC-10 ～ SRC-12

图　5-17

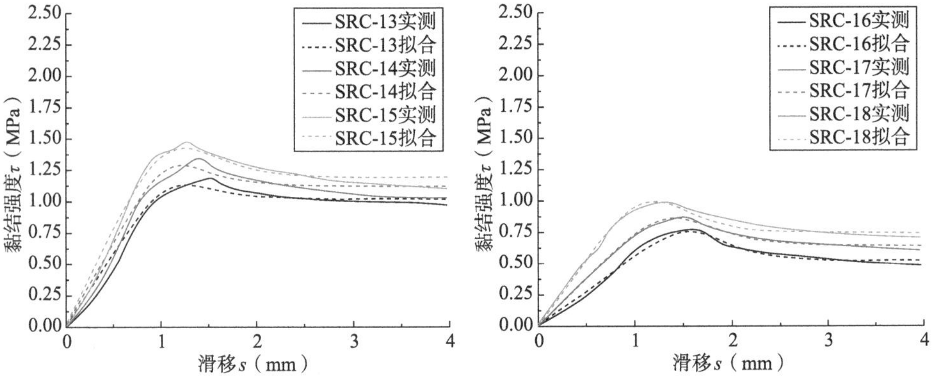

e）SRC-13 ～ SRC-15　　f）SRC-16 ～ SRC-18

图 5-17　黏结滑移退化本构对比

5.3 高地温隧道围岩 - 砂浆 - 锚杆界面黏结滑移本构模型

在高地温隧道中的高温变温及温湿度耦合作用下，灌浆材料将会发生一系列与常规隧道中不同的物理化学反应，导致锚固体的力学性能及黏结性能发生较大变化。对于全长黏结锚杆来说，灌浆体等界面层作为主要的剪力传递介质，其与围岩、锚杆基体间的界面力学特性是锚固系统承载力的主要制约因素。因此基于高地温隧道的环境特征，根据不同温湿度及养护龄期下的锚杆拉拔试验结果，采用 CT 扫描等手段观察不同条件下锚固系统界面处裂缝衍生及发展情况，得到了高地温环境下锚固系统的主要失效模式并推导了高地温环境下界面剪切滑移本构方程。

1）试件材料及制作

（1）锚杆体

如图 5-18 所示，选用直径为 22mm 的 HRB400 型热轧带肋钢筋进行锚杆拉拔试验。钢筋总长度为 320mm，锚固长度为 100mm。根据常规的钢筋拉拔试验，锚杆体的屈服强度和极限抗拉强度分别为 451.2MPa 和 585.7MPa，见表 5-12。

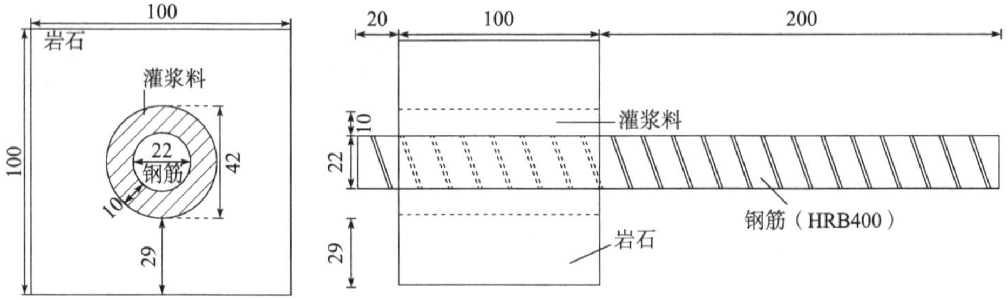

图 5-18　锚杆体试样尺寸图（尺寸单位：mm）

钢筋杆体力学性能　表 5-12

直径（mm）	钢筋型号	屈服强度（MPa）	极限抗拉强度（MPa）	断后伸长率（%）
22	HRB400	451.2	585.7	18.91

（2）岩石试样

用于力学测试的岩石为花岗岩，外观为灰白色，主要成分为石英、长石、黑云母和闪石。首先，将岩石切割打磨成直径为 50mm、高度为 100mm 的圆柱体试样，对岩样力学参数进行单轴和三轴压缩试验。试验花岗岩的力学特征参数见图 5-19 和表 5-13。此外，选择同批次样本用于锚杆拉拔试验。将试样制作成 100mm × 100mm × 100mm 的立方体，试样中部进行钻孔，成孔直径为 42mm。

图 5-19　用于锚杆拉拔的花岗岩试样

花岗岩基本力学特征参数　表 5-13

密度（g/cm^3）	单轴抗压强度 $f_{c,r}$（MPa）	泊松比	弹性模量 E（GPa）	黏聚力（MPa）	摩擦角 ϕ（°）
2.3	85.21	0.288	28.532	3.49	20.3

（3）灌浆料

配置 M35 等级的水泥砂浆灌浆料，在充分搅拌至流动性较好的基础上，将制备好的灌浆材料缓缓倒入直径为 42mm 的孔中。然后将锚杆插入钻孔中心，并整平浆体表面。待水泥砂浆初凝后，将样品保存在养护室中，如图 5-20 所示。

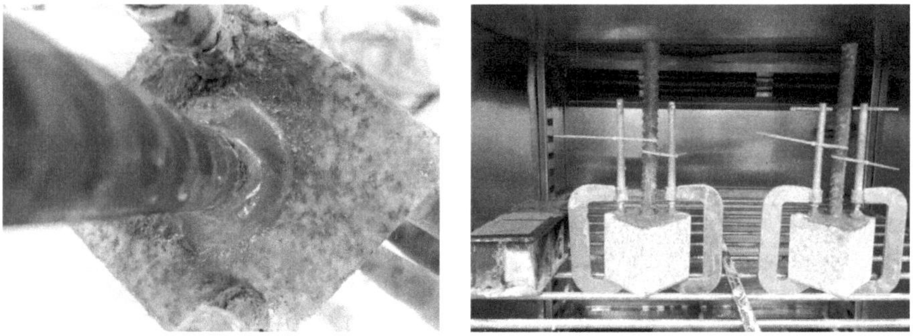

图 5-20　锚杆试样制作

2）试验工况

根据既有的现场试验及测试成果，隧道内典型的高地热显著影响温度范围一般在 40～50℃以上。由于岩层赋水条件的不同，相对湿度的分布也有很大差异，且锚杆的施作往往会深入岩层深部，故受到温湿度的影响更为显著。因此，为了更全面地研究高地热隧道锚固系统的力学性能，考虑了 3 种不同温度（40℃，60℃，80℃）、3 种相对湿度（25%，55%，95%）、5 种养护时间（1d，3d，5d，14d,28d）的组合工况。采用高温变温养护方法，试件的变温曲线如图 5-21 所示。此外，还进行了标准养护条件下（20℃，95%）的锚杆拉拔测试，用于进行对比分析。每种工况条件下选取 2 个试样作为一组进行拉拔试验，分别得出实际极限拉拔力，并将其算数平均值定义为锚固系统的极限拉拔力。试验工况见表 5-14。

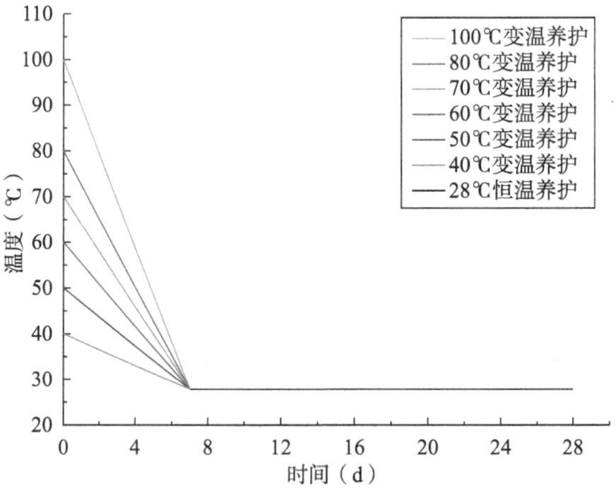

图 5-21　高地温隧道支护材料变温养护曲线

锚杆拉拔试验工况　　表 5-14

测试项目	温度（℃）	相对湿度（%）	养护模式	养护龄期（d）
锚杆拉拔	40,60,80	25,55,95	VTC	28
	80	25	VTC	1,3,5,14,28
	20	95	SC	1,3,5,14,28

将制备好的构件先进行锚杆拉拔试验，锚杆拉拔试验完成后，采用无损 CT 扫描法研究锚固试件内部裂缝的发展情况。

5.3.1　高地温环境围岩 - 砂浆 - 锚杆复合体失效模式

一般来说，全长黏结锚杆的极限抗拉强度主要取决于构件材料和界面黏结强度，包括锚杆体、灌浆体、岩体的强度，锚杆与灌浆体的黏结强度（第一界面），灌浆体与岩体的黏结强度（第二界面），如图 5-22 所示。

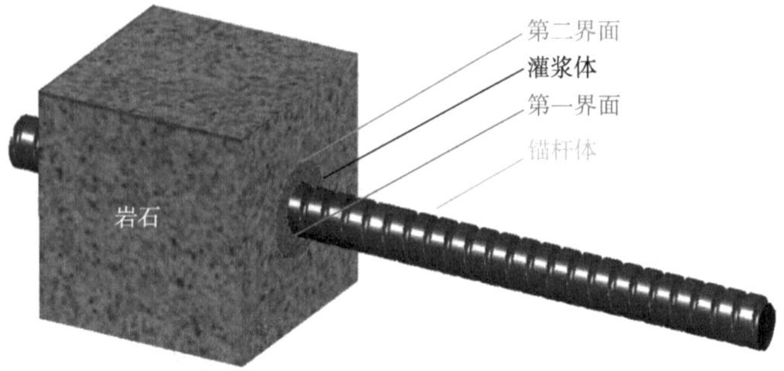

图 5-22　锚杆在拉拔力作用下破坏位置示意图

锚固结构在不同外部条件下出现不同的失效模式。然而，对于高地热隧道中的锚固系统，高温和相对湿度对锚杆体和岩石的强度影响不大。但作为荷载的传递介质，高地热环境下注浆材料力学性能的发展对锚固系统的失效模式有显著影响。

为了进一步研究锚固系统的内部失效特征，根据拉拔试验现象，制作了试样的截面示意图［图 5-23a）］。在本书设置的试验条件下，出现了三种典型失效模式。从图 5-23b）可以看出，当锚杆传递的外部拉拔荷载过大，超过第一界面的黏结强度时，钢筋沿第一界面滑出，在纵肋附近残留少量水泥砂浆，即第一界面发生黏结滑移破坏（F_1 失效模式）。拔出的杆体表面有明显划痕。锚杆与灌浆体第一界面上的化学黏结强度是抗拔力的主要组成部分。

当灌浆体的力学强度足够高，锚杆与灌浆体之间的接触界面黏结较好时，拉拔荷载从锚杆与灌浆材料组成的复合锚固体传递到第二界面。一旦灌浆料与围岩接触界面上的剪应力超过其黏结强度，复合锚固体就会沿着岩体与灌浆材料的黏结界面滑出（F_2 失效模式）。从图 5-23c）可以看出，灌浆体的外侧表面有很多划痕。锚固系统的失效过程主要受化学结合强度和摩擦力的影响。

当灌浆体力学强度出现劣化时，剪应力传递至灌浆体内部发生剪切破坏（F_3 失效模式）。灌浆体作为第一界面和第二界面之间拉拔力的主要承载和传递介质，其应力分布十分复杂。如图 5-23d）所示，断裂面形状不规则，岩体表面和锚杆上都黏附有大量的水泥砂浆残块。灌浆材料的充填均匀度、水化程度以及与岩体接触的紧密程度都对 F_3 失效模式下的断裂失效位置有很大影响。对于张拉式锚杆，应力集中区域出现的裂缝较多，当施加荷载产生的剪应力或拉应力超过灌浆材料的极限强度时，锚固体系即发生破坏。

为了进一步验证锚固材料内部的真实损伤特征，采用计算机断层扫描技术对三种典型失效模式的试样进行扫描，并通过彩虹全息和伪彩色增强技术显示结果。选取试样的水平面和冠状面作为分析对象，如图 5-24 所示。

在 CT 扫描图像中，主要有锚杆（带肋）、水泥砂浆、花岗岩和空气 4 种介质，锚杆肋与水泥砂浆、水泥砂浆与花岗岩之间的界面清晰可见。锚杆周围有一圈蓝色的水泥砂浆，灌浆体上有许多明显的亮点，这些亮点就是水泥砂浆中的密砂。在张拉荷载作用下，水泥砂浆产生破坏性裂缝，在 CT 图像中表现为粉红色丝状（图 5-25）。

如图 5-25a）（F_1 失效模式）所示，钢筋周围的粉红色区域在水平面几乎完全连接。从冠状剖面图可以看出，锚杆体与注浆材料已经分离，同时出现相对位移。这意味着当拉拔荷载较大时，剪应力集中在第一界面和荷载端。裂缝从锚头向锚固体系深处逐渐出现和发展，导致锚杆与灌浆体界面脱离。灌浆材料与锚杆之间开始出现相对滑移，并意味着第一界面的摩擦力和机械咬合力（肋骨与螺杆之间）开始用于提供抗拔力。

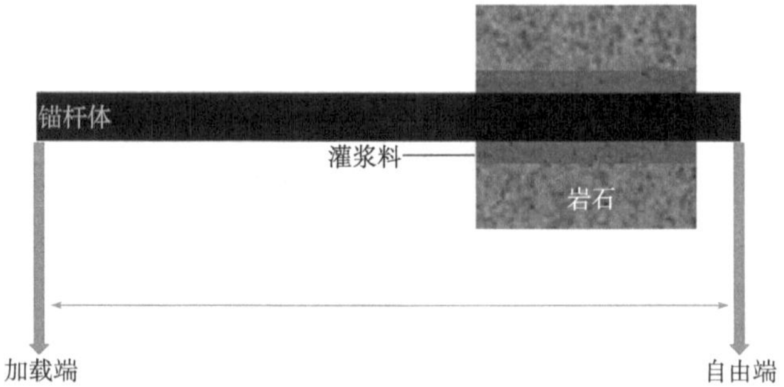

a）锚固系统截面示意图

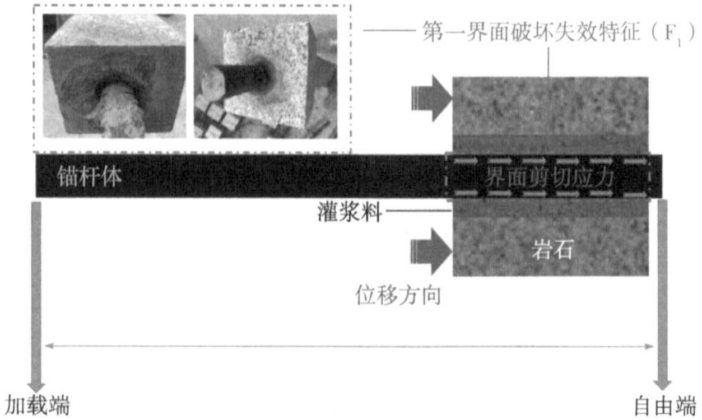

b）F_1 失效模式

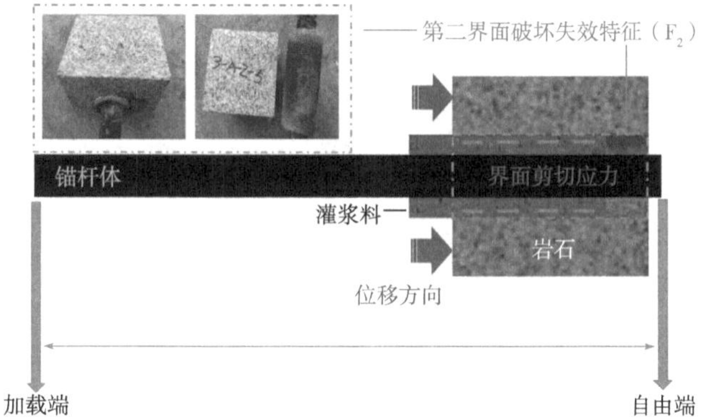

c）F_2 失效模式

图　5-23

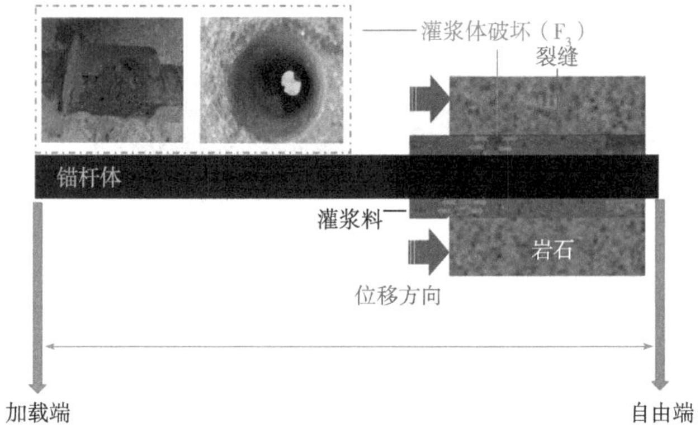

d）F_3 失效模式

图 5-23　破坏锚固系统截面特征

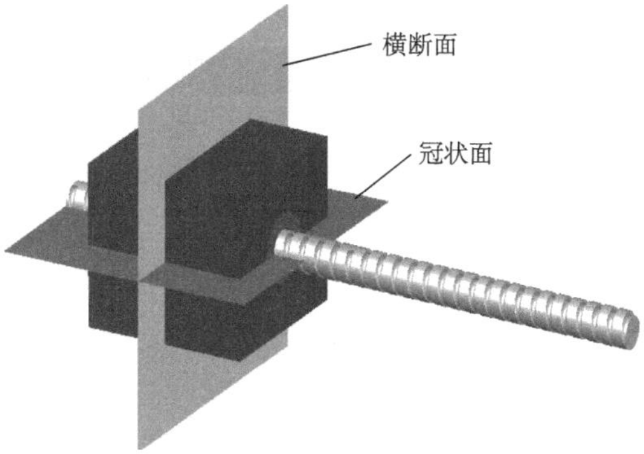

图 5-24　CT 扫描断面示意图

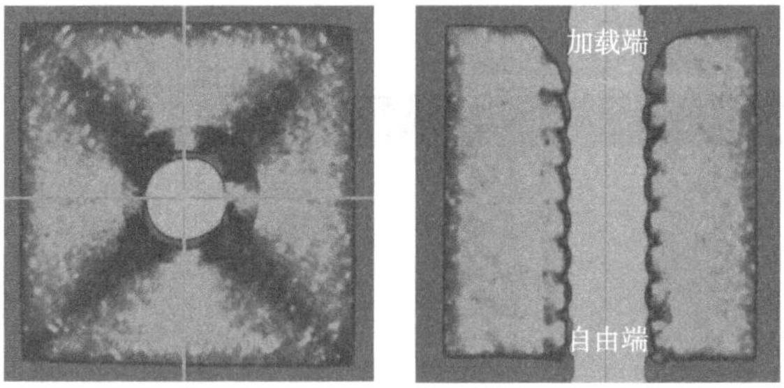

横断面　　冠状面

a）F_1 失效模式

图　5-25

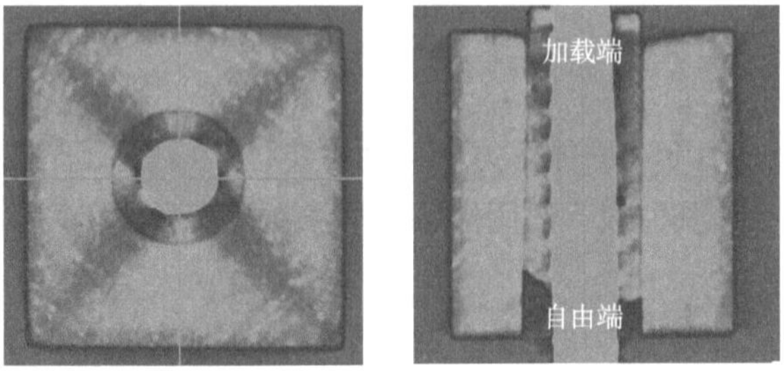

横断面　　　　冠状面

b）F_2 失效模式

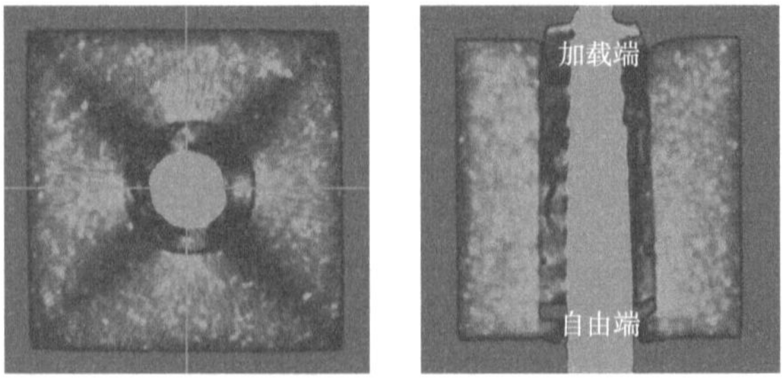

横断面　　　　冠状面

c）F_3 失效模式

图 5-25　不同失效模式下的 CT 扫描图像

图 5-25b）的 CT 扫描结果表明，灌浆料内部结构在水平面几乎没有裂缝存在。冠状面呈现整个锚固复合结构。这意味着对于 F_2 失效模式，岩体与注浆材料之间的黏结强度是最初的主要抗拔力。当锚固体与岩体之间有相对滑动趋势时，岩体表面的粗糙度和膨胀效应引起灌浆料径向膨胀，摩擦力出现在第二界面。此后，极少部分因剪切应力破坏而造成的灌浆料碎屑残留在岩体表面，进而发生复合锚固体的整体相对滑动。

图 5-25c）显示了 F_3 失效模式的开裂特征。从水平面可以看出，灌浆体本身出现大量裂缝，且分布不均匀。从冠状面看，注浆体先是向加载端微微移动，最后从中间断裂成两块。这意味着灌浆材料与岩体之间的黏结强度大于灌浆体的极限强度。计算机断层扫描结果显示，灌浆体中存在大量不连续的裂缝，并从加载端向自由端延伸。当外力拉拔通过完整性较差的破损灌浆体时，在径向挤压和纵向拉伸的作用下，试样加载端灌浆材料被破坏，导致拉出后灌浆体不完整。

5.3.2 温湿度耦合作用下锚固体系力学特性

温湿度耦合作用下锚固体系力学特性主要包括锚固极限拉拔力、锚固界面黏结强度及应力 - 位移曲线、锚固体系力学强度及变形破坏关系。

1）锚固极限拉拔力

试验得到的实际极限拉拔力 F^{i}_{pmax} 及每种工况下的算数平均值 F_{pmax} 见表5-15。

各养护条件下极限拉拔力试验结果 表5-15

养护条件	龄期（d）	F^{i}_{pmax}（kN）	F_{pmax}（kN）
标况养护 95%+20℃	1	3.6	3.8
		4.0	
	3	13.3	13.3
		—	
	5	18.6	17.8
		17.0	
	14	35.7	36.9
		38.1	
	28	48.8	48.1
		47.5	
高温变温 25%+80℃	1	11.1	10.1
		9.2	
	3	13.6	12.8
		12.0	
	5	12.9	13.2
		13.5	
	14	13.6	14.0
		14.4	
	28	15.0	14.7
		14.4	
高温变温 25%+60℃	28	16.2	17.2
		18.2	

续上表

养护条件	龄期（d）	F^i_{pmax}（kN）	F_{pmax}（kN）
高温变温 25%+40℃	28	20.1	21.6
		23.1	
高温变温 55%+80℃		15.3	16.3
		17.3	
高温变温 55%+60℃		18.9	19.1
		19.3	
高温变温 55%+40℃		30.3	30.9
		31.4	
高温变温 95%+80℃		30.3	29.7
		29.0	
高温变温 95%+60℃		34.8	36.9
		39.0	
高温变温 95%+40℃		48.5	46.7
		44.8	

图 5-26 为不同养护条件下极限拉拔力与龄期的关系曲线。

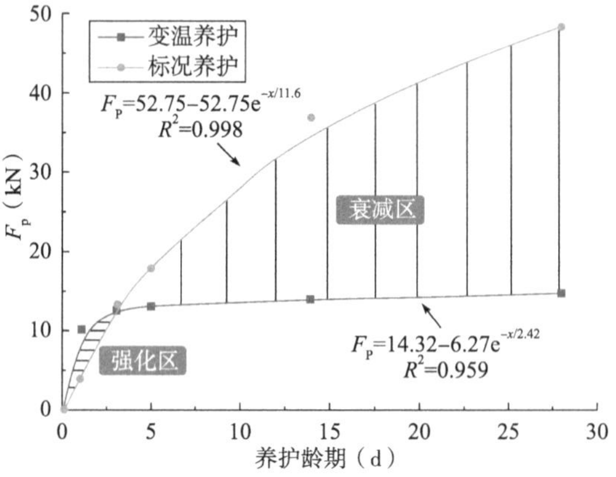

图 5-26　标况及高温低湿条件下极限拉拔力随龄期的变化曲线

图 5-26 表明标准养护条件下养护的试样其极限拉拔力随着养护龄期缓慢增加。然而在 80℃、25% 的高温低湿条件下，试样拉拔强度表现出了明显的交互

效应。当养护龄期小于3d时，高温条件下的试件极限拉拔力比标准养护条件下高出约65%。随着养护龄期的增加，高温下试样的极限拉拔力增幅十分平缓，在5d时极限拉拔力已达到了28d时的90%。在第28天时高温低湿条件下锚固系统极限拉拔力仅为标准养护条件下极限拉拔强度的70%，后期强度增长极其乏力。在灌浆材料抗压强度的研究中也得到了类似的结果。初始的高养护温度显著加快了锚杆早期的极限拉拔力，但对长期强度的增长不利，尤其是在高温干燥环境下。

图5-27给出了温度对极限拉拔力的影响。

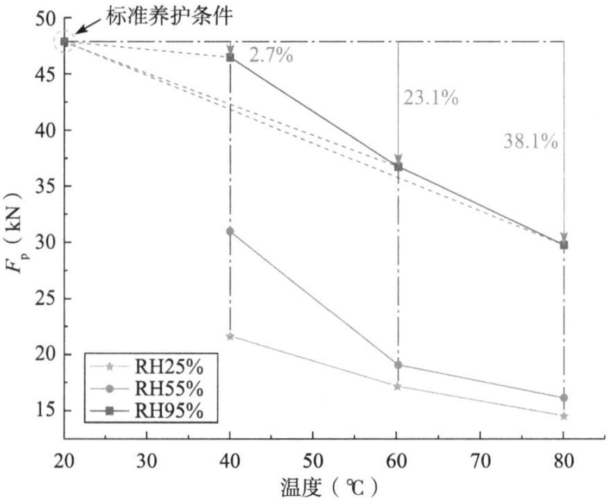

图 5-27　极限拉拔力随养护温度的变化曲线

从图5-27可以看出，当锚杆试件养护至28d龄期时，养护温度和相对湿度对极限拉拔力的影响是相反的。随着养护温度的升高，极限拉伸力明显下降，特别是当温度在40～60℃之间时。与标准养护条件下的试样相比，在温度为40℃、60℃、80℃时（相对湿度95%），锚固系统的极限拉拔力分别下降了2.7%、23.1%和38.1%。而且，在较低的湿度条件下，随着温度的升高，极限拉拔力降幅更大，在80℃、25%的养护条件下，最大下降幅度达到69%。但是，高养护温度并不总是导致拉拔力的极大衰减。例如，当相对湿度低于55%时，温度从60℃上升到80℃，拉拔力只下降了9.8%～10%。这主要是由于含水量太低，轻度的高温就已促使水化反应将水分消耗殆尽，加速锚固强度发展至既有条件下的极限值。

图 5-28 给出了湿度对极限拉拔力的影响。

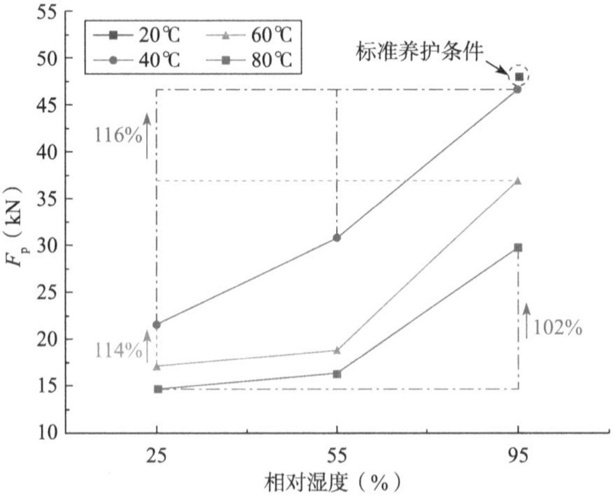

图 5-28　极限拉拔力随养护湿度的变化曲线

从图 5-28 可以看出，随着相对湿度的升高，极限拉拔力也随之增大。较高的相对湿度对交互效应有一定的抑制作用。当养护温度设定在 40℃时，湿度上升引起的极限拉拔力增长为 116%，而在 80℃条件下，极限拉拔力增幅为 102%。这说明较高的养护湿度对极限拉力的发展有积极的影响，但随着养护温度的升高，即使在高相对湿度的条件下，28d 的锚固强度增长也有所减缓。通过对比分析不同温湿度作用下锚杆极限拉拔力的变化规律可以发现，温度在不同湿度水平下对锚杆拉拔力学强度的影响程度不同，反之亦是如此。这也充分说明了高地温隧道中的锚固系统极限拉拔力往往会受到温湿度的耦合作用。

2）锚固界面黏结强度及应力 - 位移曲线

（1）锚固界面应力 - 位移曲线

与施工现场的锚固长度相比，室内试验设计的锚杆锚固长度相对较短，故假定黏结应力沿锚固长度均匀分布。根据式（5-33）的计算结果，得到养护龄期为 28d 时，不同温湿度条件下界面的平均黏结强度及锚固系统拉拔黏结应力 - 位移曲线，如图 5-29 所示。

$$\tau = \frac{F_p}{A_{sur}} = \frac{F_p}{\pi L d_4} \tag{5-33}$$

式中：τ——平均黏结强度（MPa）；

A_{sur}——混凝土包裹钢材的表面积（mm^2）；

L——锚杆的锚固长度（mm）；

F_p——拉拔荷载（N）；

d_4——锚固计算直径（mm），当失效模式为 F_1 时，d_4 取为锚杆体直径；当失效模式为 F_2 时，d_4 等于岩体中心钻孔直径；当失效模式为 F_3 时，选取锚杆直径和钻孔直径的平均值作为计算直径。

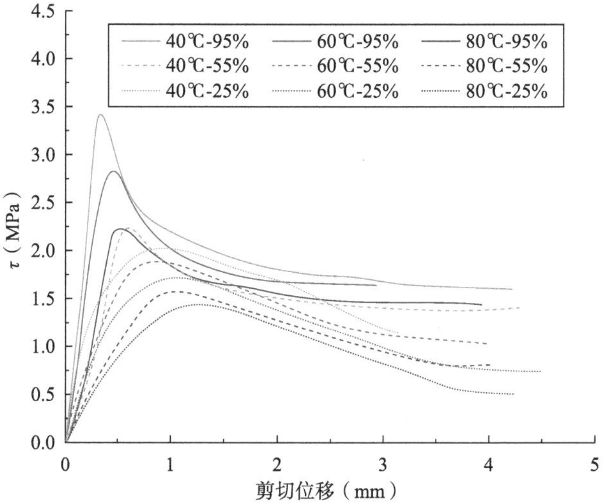

图 5-29　高地温环境下锚固系统界面黏结应力 - 位移关系曲线

研究结果表明：高温变温养护条件下锚杆拉拔试件在外部荷载作用下的应力 - 位移曲线形态变化基本相同，整体上可以分为两个阶段。

第一阶段剪应力 - 位移试验曲线以一定的斜率呈线性上升状态，并最终达到峰值应力；第二阶段为下降阶段，黏结强度随着剪切滑移量的增大逐渐降低，但下降段并非完全光滑线性。这是因为达到峰值应力之后，界面破坏区域的两侧介质沿剪切贯通面出现相对滑移，而在拉拔作用下，破裂面两侧存在较多凹凸不平的粗糙颗粒及起伏齿，在接下来的滑移过程中不断受到挤压、碾碎。随着剪切位移的继续增长，剪应力不再剧烈起伏变化，锚固界面维持一定的残余强度。基于拉拔试验结果并考虑试样在不同温湿度养护条件下的失效模式，可得到峰值黏结强度 τ_u 和残余强度 τ_r，见表 5-16。

各养护条件下极限黏结强度平均值与残余黏结强度平均值　　表 5-16

养护条件	失效模式	计算直径 d_4（mm）	峰值黏结强度 τ_u（MPa）	残余黏结强度 τ_r（MPa）
SC-20℃ -95%	F_2	42	3.65	1.74
VTC-40℃ -95%	F_2	42	3.54	1.72
VTC-40℃ -55%	F_2	42	2.34	1.45
VTC-40℃ -25%	F_3	32	2.15	1.3
VTC-60℃ -95%	F_2	42	2.81	1.6
VTC-60℃ -55%	F_3	32	1.9	1.1
VTC-60℃ -25%	F_3	32	1.71	0.74
VTC-80℃ -95%	F_2	42	2.25	1.52
VTC-80℃ -55%	F_3	32	1.62	0.8
VTC-80℃ -25%	F_3	32	1.46	0.485

（2）峰值黏结应力

为了进一步量化分析高地温环境下锚固系统界面力学强度的变化规律，将高温变温养护条件下锚固试件界面峰值黏结应力与标准养护条件下锚固试件界面的峰值黏结应力之比定义为相对黏结强度 τ_{RBS}，其含义为高地温环境下锚固界面力学特性的劣化影响程度，其值越小表明高地温环境因素影响越大，可表示为：

$$\tau_{RBS}=\frac{\tau_u^{vtc}}{\tau_u^{sc}} \tag{5-34}$$

式中：τ_u^{vtc} 和 τ_u^{sc}——分别为高温变温和标准养护条件下锚固系统的峰值黏结应力（MPa）。

图 5-30 为养护温湿度与相对黏结强度 τ_{RBS} 的关系图。

养护温湿度与 τ_{RBS} 的相互关系结果表明，较高的养护温度和较低的相对湿度是导致高地温隧道锚固结构界面力学性能下降的主要因素。初始养护温度越高，黏结强度下降越多，不同温湿度环境对极限黏结强度的影响特征可参考极限拉拔力的规律。

为了进一步研究温湿度两种环境因素在各自不同水平下对界面相对黏结强度的作用，基于试验结果采用均值法进行影响显著性评价，如图 5-31 所示。

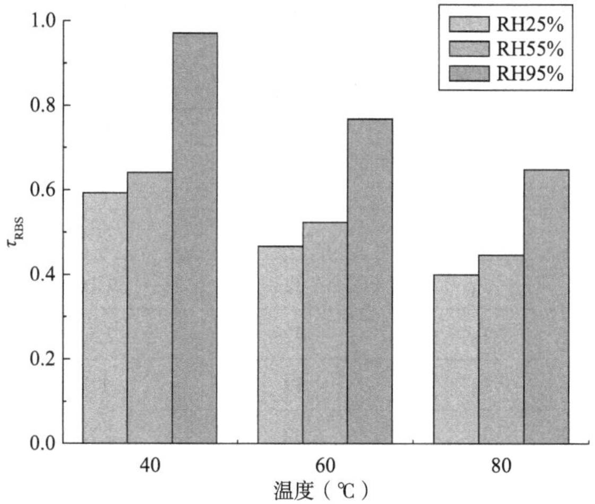

图 5-30 养护温湿度与 τ_{RBS} 的相互关系

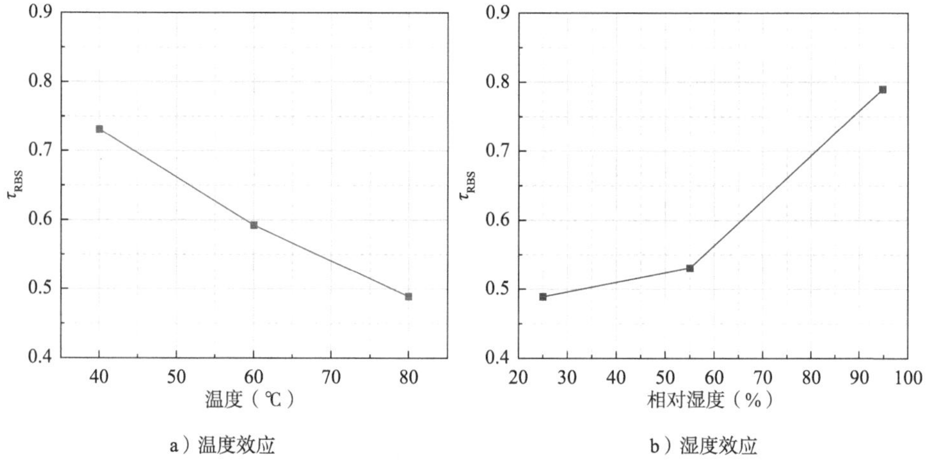

图 5-31 温度和相对湿度对锚固试样的单因素影响分析

结果表明，不同养护温度下 τ_{RBS} 的最大差值为 24%，而不同相对湿度下 τ_{RBS} 的最大差值为 30%。因此，可以得出，对于高地温隧道锚固体系来说，高温无疑对锚固界面黏结性能有很大影响。但是，高温下相对湿度的降低对锚固性能的影响更为显著。

（3）残余黏结应力

养护温度和湿度对残余黏结强度 τ_r^{vtc} 的影响与失效模式有关。如表 5-16 所示，对于第二界面发生破坏的试件，温湿度对锚固界面残余黏结强度影响较小

（如 40℃ -55% 和任意 T℃ -RH95%，其失效模式为 F_2）。该类失效模式下试样的残余黏结强度主要由相对滑动时与第二界面的摩擦阻力决定。由于试验孔壁的粗糙度相近，摩擦阻力相差不大。因此，试样的残余黏结强度受养护温度和湿度的影响较小。

对于失效模式为 F_3 类型的试件，残余黏结强度随初始温度的升高而降低，随养护湿度的升高而升高。因为残余阶段的破裂灌浆体被锚筋肋沿破裂面不断拉出。断裂面两侧凹凸不平的灌浆体相互摩擦破损。因此，灌浆体的强度越低，界面的残余强度越低。为了进一步量化高地温环境对锚固体系界面剪切强度的影响，定义黏结强度残余系数 $\tau_{RBS,r}$ 为：

$$\tau_{RBS,r} = \frac{\tau_r^{vtc}}{\tau_u^{vtc}} \tag{5-35}$$

图 5-32 为不同养护环境条件下黏结强度残余系数 $\tau_{RBS,r}$ 的变化曲线。

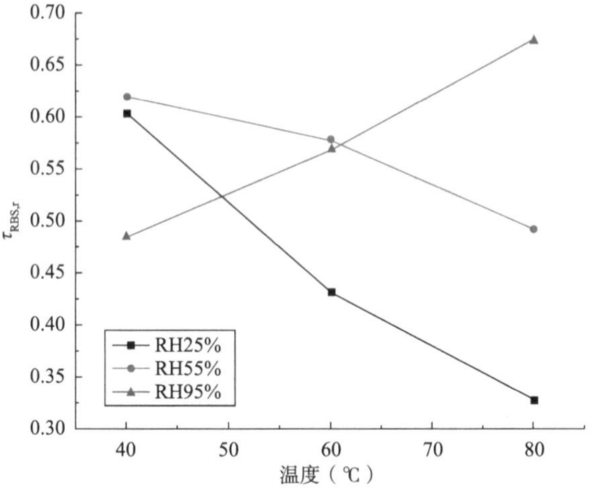

图 5-32 不同环境条件下黏结强度残余系数 $\tau_{RBS,r}$ 的变化曲线

如图 5-32 所示，当养护湿度为 95% 时，$\tau_{RBS,r}$ 随着温度的升高而逐渐增加，此时试件失效模式均为 F_2。但当相对湿度保持在较低水平时，随着温度的升高，$\tau_{RBS,r}$ 值逐渐减小，且破坏位置由第二界面向灌浆料转移。结合锚固试件的失效机理和破坏规律，我们发现当剪切破坏发生在第二界面时，由于残余强度受温湿度影响不明显，而温度的升高会显著降低界面的峰值抗剪强度，故 $\tau_{RBS,r}$ 随着温度的升高而变大。当破裂面发生在灌浆料内部时，随着温度的升高，残余强

度比峰值强度受温湿度影响更显著，特别是在高温干燥环境下，故 $\tau_{RBS,r}$ 随着温度的升高而逐渐减小。这种现象在高温干燥环境下更为显著。对试验结果进行回归分析，可以得到残余黏结强度系数计算公式：

$$\tau_{RBS,r} = 11.439 - 7.756T^{0.087} - 13.958H^{0.607} + 9.943 \times 7.756T^{0.087}H^{0.607} \quad (5\text{-}36)$$

式中：T——养护温度（℃）；

H——养护湿度（%）。

3）锚固体系力学强度及变形破坏关系

锚固界面黏结强度、锚固失效模式以及灌浆材料强度之间关系密切，试验结果表明，在高地温环境下灌浆料抗压强度损失率为 7.8% ～ 52.5%，但是锚固试件的抗拔力及界面黏结强度损失率分别为 2.9% ～ 69.4% 和 3% ～ 60%。这意味着高地温环境下锚固力学性能相比灌浆料对养护温度和相对湿度的变化更为敏感。结合高地温环境下锚固结构破坏机理和特征可以看出，在 F_1 失效模式中，锚杆极限拉拔力主要取决于锚杆肋间注浆材料的力学强度；在 F_2 失效模式中，化学黏结强度是锚固系统的主要抗剪阻力；在 F_3 失效模式中，锚固结构破坏的主要原因是灌浆体发生劈裂破坏。因此，灌浆材料特性对锚固支护效果的发挥影响很大。

选取常规试验中较易测得的抗压强度参量进行研究，得到了锚固失效模式、界面黏结强度及注浆材料抗压强度相互关系，如图 5-33 所示。

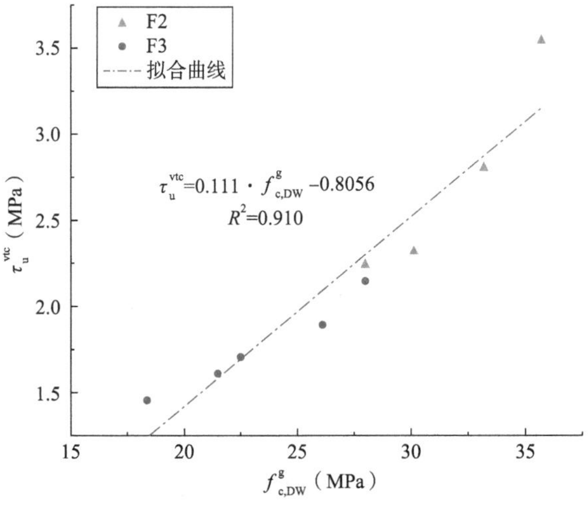

图 5-33　锚固失效模式、界面黏结强度及注浆材料抗压强度相互关系

高地温环境下灌浆料抗压强度与锚固界面峰值黏结强度呈正比关系。随着灌浆料抗压强度的提高，锚固失效模式也由 F_3 逐渐转变为 F_2，即随着灌浆料自身强度的提升，锚固剪切破坏位置开始由灌浆料向第二界面转移。通过对试验数据进行综合分析得出，锚固界面峰值黏结强度和灌浆材料的抗压强度具有较好的线性相关性：

$$\tau_{\mathrm{u}}^{\mathrm{vtc}}=0.111f_{\mathrm{c,DW}}^{\mathrm{g}}-0.8056 \tag{5-37}$$

已有学者采用 $\mu_{\mathrm{hg,T}}^{\mathrm{g}}$ 和 $\mu_{\mathrm{hg,RH}}^{\mathrm{g}}$ 对温度与湿度单因素影响灌浆料的单轴抗压强度进行修正，建立了考虑高地温环境下的锚固体系灌浆料单轴抗压强度计算公式：

$$f_{\mathrm{c,DW}}^{\mathrm{g}}=\frac{1.471\mu_{\mathrm{hg,RH}}^{\mathrm{g}}-2.372\mu_{\mathrm{hg,T}}^{\mathrm{g}}+1.276}{0.038\mu_{\mathrm{hg,RH}}^{\mathrm{g}}-0.984\mu_{\mathrm{hg,T}}^{\mathrm{g}}+1.793}f_{\mathrm{c,0}}^{\mathrm{g}} \tag{5-38}$$

将式（5-38）代入式（5-37）可得高地温环境下锚固界面强度与标况下灌浆料单轴抗压强度关系式：

$$\tau_{\mathrm{u}}^{\mathrm{vtc}}=\frac{0.163\mu_{\mathrm{hg,RH}}^{\mathrm{g}}-0.263\mu_{\mathrm{hg,T}}^{\mathrm{g}}+0.141}{0.038\mu_{\mathrm{hg,RH}}^{\mathrm{g}}-0.984\mu_{\mathrm{hg,T}}^{\mathrm{g}}+1.793}f_{\mathrm{c,0}}^{\mathrm{g}}-0.8056 \tag{5-39}$$

一般情况下，灌浆材料的化学黏聚力、抗剪强度和劈裂强度与其抗压强度呈正相关。因此，灌浆材料自身强度越高，锚固系统所能承受的极限荷载也越大，本书涉及的试验结果也验证了这一点。但是，在实际的高地温隧道工程中，温度和湿度对锚固性能的影响更为复杂。

5.3.3　围岩 - 砂浆 - 锚杆界面剪切滑移本构模型

围岩 - 砂浆 - 锚杆界面剪切滑移本构模型建立包括：

1）模型假设

（1）假设锚固体系在轴向拉拔条件下，仅考虑荷载对锚固体的变形影响，忽略围岩变形作用。即锚固体轴向位移 $u_0(z)$ 与界面剪切位移量 $S(z)$ 相等，$S(z)=u_0(z)$。

（2）假定锚杆受拉后截面积不发生变化，忽略锚杆杆体以及充填砂浆膨胀或收缩产生的径向尺寸变化和泊松比影响。根据以往工程经验和相关规范［现行《混凝土结构设计规范》（GB 50010），《混凝土物理力学性能试验方法标准》（GB/T 50081）］，本书中灌浆材料的泊松比选为 0.2。

（3）假设在拉拔作用下，锚固系统各材料均满足胡克定律。无论是哪种破坏模式，潜在破坏面至锚杆中心处的所有介质均可看作复合整体，在外力作用下共同协调变形承受拉拔载荷。

2）锚杆 - 砂浆 - 围岩荷载传递方程

为了分析高地温隧道全长黏结锚杆荷载传递规律，基于局部共同变形理论，选取锚杆微单元段进行受力分析，可将围岩对锚固体（充填砂浆 - 锚杆）的界面剪切作用看作是依次连接的切向弹簧，并采用国际单位制进行计算，如图 5-34 所示。钻孔直径为 d_0，锚杆杆体直径为 d_1，注浆环厚度为 t_3。基于锚杆拉拔试验现象可知，锚固体可分为锚杆、水泥砂浆以及锚杆 - 砂浆组合体三种。

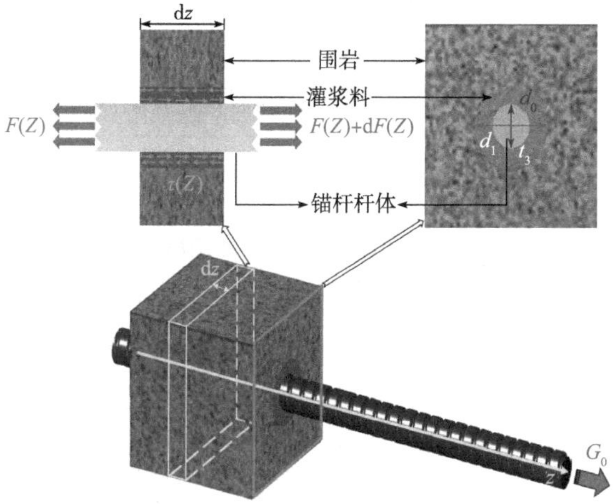

图 5-34　锚固系统微单元体受力示意图

对整个锚固系统进行受力分析，由弹性体平衡微分方程可得：

$$F(z)+\mathrm{d}F(z)+A_{\mathrm{m},0}\tau(z)-F(z)=0 \tag{5-40}$$

$$A_{\mathrm{m},0}=\pi d_0\mathrm{d}z \tag{5-41}$$

式中：$F(z)$——锚杆位置 z 处在外荷载 F_0 作用下的轴向荷载（kN）；

$\tau(z)$——位置 z 处锚固体与黏结界面的剪切应力（MPa）；

$A_{\mathrm{m},0}$——锚固体黏结界面面积（mm^2）。

对锚固体在位置 z 处进行受力分析可得：

$$F(z)=\sigma_{\mathrm{m},0}A_{\mathrm{m},1}=\varepsilon_{\mathrm{m},0}E_{\mathrm{m},0}A_{\mathrm{m},1}=-E_{\mathrm{m},0}A_{\mathrm{m},1}\frac{\mathrm{d}u_0(z)}{\mathrm{d}z} \tag{5-42}$$

$$A_{m,1}=\frac{\pi d_1^2}{4} \tag{5-43}$$

式中：$E_{m,0}$——锚固体综合弹性模量（GPa）；

$u_0(z)$——位置 z 处锚固体的轴向位移（mm）；

$A_{m,1}$——锚固体截面面积（mm^2）。

依据等效弹模算法，对于由锚杆和充填砂浆组合而成的锚固体沿与围岩黏结界面发生破坏时，其弹性模量可以表示为：

$$E_{m,0}=\frac{E_s A_s+E_c^g A^g}{A_s+A^g} \tag{5-44}$$

式中：E_s——锚杆杆体（或钢筋）的弹性模量（GPa）；

A_s——锚杆杆体（或钢筋）横截面积（mm^2）；

E_c^g——灌浆料弹性模量（GPa）；

A^g——灌浆料横截面积（mm^2）。

联立式（5-40）和式（5-42）可以得到：

$$\frac{du_0^2(z)}{dz^2}=\frac{A_{m,0}\tau(z)}{E_{m,0}A_1}=\frac{4}{E_{m,0}d_1}\tau(z)dz \tag{5-45}$$

3）锚固体系剪切滑移模型建立

在实际工程应用以及锚杆荷载曲线研究成果表明，锚杆沿长坐标 z 与锚杆的轴向荷载位移均可表示为一定的函数关系。当 $z\rightarrow\infty$ 时，张拉荷载无限接近极限拉拔荷载（kN）。对于半无限长锚杆来说，整个锚固段各点处的荷载位移关系可看作是相同的，如式（5-46）所示：

$$F(z)=f[s(z)] \tag{5-46}$$

通过对等式两边求导变换可得：

$$\frac{dF(z)}{dz}=\frac{df(s)}{ds}\frac{ds(z)}{dz} \tag{5-47}$$

基于假设（1），可将式（5-47）改写为：

$$\frac{dF(z)}{dz}=\frac{df(s)}{ds}\frac{du_0(z)}{dz} \tag{5-48}$$

将式（5-40）和式（5-41）代入式（5-48）可得：

$$\tau=\frac{1}{\pi d_1}\frac{\mathrm{d}F(z)}{\mathrm{d}z} \tag{5-49}$$

联立式（5-42）、式（5-48）和式（5-49）可得：

$$\tau=\frac{1}{\pi d_1 E_{\mathrm{m},0}A_{\mathrm{m},1}}\frac{\mathrm{d}f(s)}{\mathrm{d}s}f(s) \tag{5-50}$$

式（5-50）表达了一般形式下锚固界面剪切滑移的相互关系。由公式可以看出，只要找出合理的锚固拉拔曲线方程即可建立相应的剪切滑移模型。已有学者提出的指数函数在实际工程中已被广泛用于预测锚杆的拉拔荷载，该函数特点是参数少、方程形式简单，而且它能有效地表征锚杆 - 砂浆与围岩界面的非线性相互作用特性。本书基于指数函数方程的一般形式，选取的荷载 - 位移曲线表达式如下：

$$F=F_{\mathrm{pmax}}(1-\mathrm{e}^{-C^{\mathrm{T}}\cdot s}) \tag{5-51}$$

式中：F_{pmax}——锚杆极限拉拔力（kN）；

C^{T}——刚度强化因子。

当位移 s（mm）→∞时，$F\to F_{\mathrm{pmax}}$。将式（5-51）代入得到：

$$\tau=\frac{1}{\pi d_1 E_{\mathrm{m},0}A_{\mathrm{m},1}}C^{\mathrm{T}}F^2_{\mathrm{pmax}}(\mathrm{e}^{-C^{\mathrm{T}}\cdot s}-\mathrm{e}^{-2C^{\mathrm{T}}\cdot s}) \tag{5-52}$$

4）剪切滑移模型参数取值

由式（5-52）可以发现，C^{T} 和 F_{pmax} 是剪切滑移本构型模型中的主要待求参数。根据剪应力与位移的关系，可以得到当剪应力达到峰值 τ_{u} 时，对应的位移量为 S_{u}，此时式（5-52）的一阶导数为 0。此外，弹性阶段的曲线斜率为界面的综合剪切刚度 $K_{\mathrm{m},0}$。由以上分析可得到如下关系：

$$\begin{cases}\tau_{\mathrm{u}}=\tau|_{s=s_{\mathrm{u}}}\\ K_{\mathrm{m},0}=\left.\dfrac{\mathrm{d}\tau}{\mathrm{d}s}\right|_{s=0}\end{cases} \tag{5-53}$$

将公式（5-53）代入式（5-52）到可以得到：

$$\begin{cases}\tau_{\mathrm{u}}=\dfrac{C^{\mathrm{T}}F^2_{\mathrm{pmax}}}{4\pi d_1 E_{\mathrm{m},0}A_{\mathrm{m},1}}\\ K_{\mathrm{m},0}=\dfrac{(C^{\mathrm{T}})^2F^2_{\mathrm{pmax}}}{\pi d_1 E_{\mathrm{m},0}A_{\mathrm{m},1}}\end{cases} \tag{5-54}$$

结合本章中的锚固拉拔试验结果及式（5-39）可以得出：

$$\tau_{u}^{vtc}=\frac{0.163\mu_{hg,RH}^{g}-0.263\mu_{hg,T}^{g}+0.142}{0.038\mu_{hg,RH}^{g}-0.984\mu_{hg,T}^{g}+1.793}f_{c,0}^{g}-0.8056 \tag{5-55}$$

界面综合剪切刚度 $K_{m,0}$（GPa）表示锚固体表面单位长度上的剪切位移而产生的剪切应力。其取值受锚固体、锚固层界面的摩阻性以及法向应力等影响较大，相应的经验计算公式如下：

$$K_{m,0}=\frac{K_{m,1}K_{m,2}}{K_{m,1}+K_{m,2}} \tag{5-56}$$

式中：$K_{m,1}$——灌浆料剪切刚度（GPa）；

$K_{m,2}$——围岩的剪切刚度（GPa），可参考表 5-17 取值。

不同岩土体 $K_{m,2}$ 取值参考表　　表 5-17

岩土体类型	$K_{m,2}$（GPa）
硬岩	5 ～ 10
软岩	1.5 ～ 3
风化岩	1 ～ 2
泥岩	1.2 ～ 2.5
洪积层砂	0.4 ～ 0.7
砂砾	0.4 ～ 0.7
洪积层黏土	0.4 ～ 1
冲积层砂	0.05 ～ 0.2

一般环境下的 $K_{m,1}$ 表达式如下：

$$K_{m,1}=\frac{2\pi G_{g}}{\ln(1+2t_{3}/d_{1})} \tag{5-57}$$

式中：G_g——常规条件下灌浆料剪切模量（高地温环境下为 G'_g）（GPa）；

t_3——注浆环厚度（mm）；

d_1——锚杆体直径（mm）。

基于前述假设（2）及胡克定律可以得到：

$$G_{g}'=\frac{E_{c}^{g'}}{2(1+\nu^{g})} \tag{5-58}$$

式中：$E_{c}^{g'}$——高地温环境下灌浆料的弹性模量（GPa）；

v^{g}——灌浆料泊松比。

特殊的高地温环境一方面影响灌浆料自身的力学特性，另一方面影响着灌浆料与周围介质的黏聚力学特性。前述研究成果已表明两者呈正相关。但在不同温湿度的耦合作用下，锚固界面综合剪切刚度系数与灌浆料力学特性相互关系也会受高地温环境影响而发生变化，这里同样引入高地温环境影响系数 θ_{DW} 并结合式（5-57）给出：

$$K_{m,1}=\theta_{DW}\frac{2\pi G_{g}'}{\ln(1+2t_3/d_2)} \tag{5-59}$$

通过试验数据拟合，得到：

$$\theta_{DW}=\frac{0.460H-0.0024T+0.299}{0.251H+0.0119T+1} \tag{5-60}$$

由于高地温隧道所处围岩多为硬岩，其岩体弹性模量一般远大于锚固体系中的灌浆料，因此可视作刚体，并忽略岩体变形量，故式（5-56）可简化为：

$$K_{m,0}=K_{m,1} \tag{5-61}$$

联立式（5-49）～式（5-51）可得：

$$C^{T}=\frac{K_{m,1}}{4\tau_{u}^{vtc}}=\frac{2\pi\theta_{DW}G_{g}}{4\tau_{u}^{vtc}\ln(1+2t_3/d_2)} \tag{5-62}$$

$$F_{pmax}=4\tau_{u}^{vtc}\sqrt{\frac{\pi d_1 E_{m,0}A_1\ln(1+2t_3/d_2)}{2\pi\theta_{DW}G_{g}}} \tag{5-63}$$

联立式（5-52）、式（5-55）、式（5-62）和式（5-63）可得高地温隧道锚固界面非线性剪切滑移本构模型：

$$\tau=\frac{\dfrac{0.652\mu_{hg,RH}^{g}-1.052\mu_{hg,T}^{g}+0.568}{0.038\mu_{hg,RH}^{g}-0.984\mu_{hg,T}^{g}+1.793}f_{c,0}^{g}-3.222}{\left\{\exp\left(-\dfrac{2\pi\mu_{DW}G_{g}[\ln(1+2t_3/d_2)]^{-1}}{\dfrac{0.652\mu_{hg,RH}^{g}-1.052\mu_{hg,T}^{g}+0.568}{0.038\mu_{hg,RH}^{g}-0.984\mu_{hg,T}^{g}+1.793}f_{c,0}^{g}-3.222}s\right)-\exp\left(-\dfrac{2\pi\theta_{DW}G_{g}[\ln(1+2t_3/d_2)]^{-1}}{\dfrac{0.326\mu_{hg,RH}^{g}-0.526\mu_{hg,T}^{g}+0.284}{0.038\mu_{hg,RH}^{g}-0.984\mu_{hg,T}^{g}+1.793}f_{c,0}^{g}-1.611}s\right)\right\}^{-1}} \tag{5-64}$$

由上式可以看出，高地温隧道锚固系统的界面力学特性主要与温度、湿度、灌浆料强度特性及锚固体截面参数等属性相关。

5.4　锈蚀钢筋与混凝土间黏结滑移本构模型

自 Al-Sulaimani 通过电化学法加速腐蚀钢筋混凝土中钢筋后，国内外对锈蚀钢筋混凝土黏结性能试验展开了大量研究。袁迎曙等通过拔出试验发现，锈蚀钢筋黏结 - 滑移曲线可分为微滑移段、滑移段、劈裂段、下降段和残余段 5 个阶段，各阶段采用直线描述的五段式黏结应力 - 滑移本构模型如图 5-35a）所示。Kivell 基于欧洲规范中非锈蚀构件黏结应力 - 滑移本构模型进行修正得到锈蚀后的黏结滑移本构模型，如图 5-35b）所示。

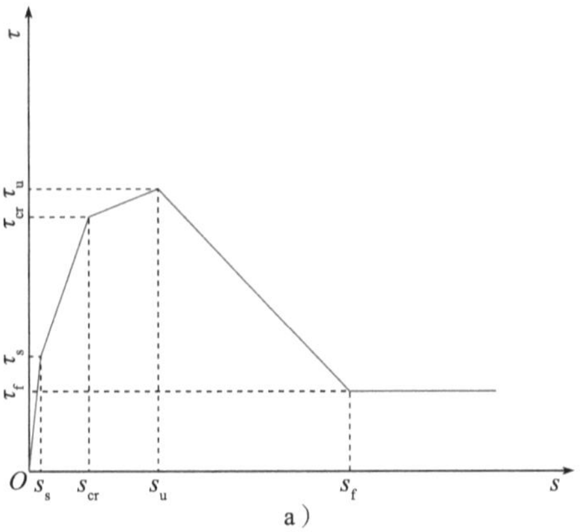

a）

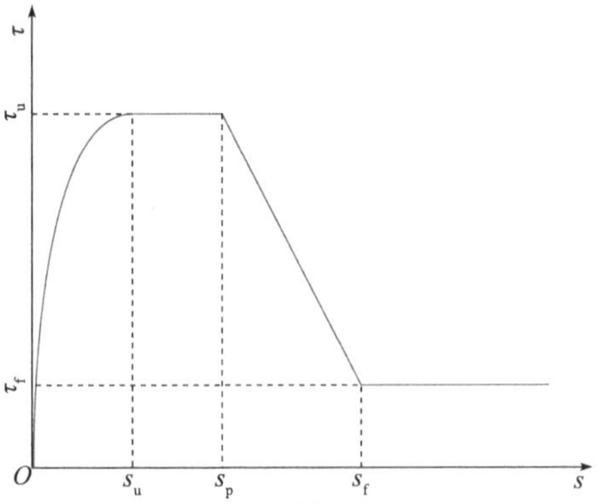

b）

图 5-35　锈蚀钢筋黏结 - 滑移曲线

将钢筋混凝土界面的黏结劣化归因于材料劣化和外部约束的作用，建立连续的锈蚀钢筋黏结应力 - 滑移本构模型关系式：

$$\left\{\begin{array}{l}\tau(\eta_n,s)=\dfrac{\tau_u}{e^{-B\ln(B/D')/(B-D')}-e^{-D'\ln(B/D')/(B-D')}}(e^{-Bs}-e^{-D's}) \\ B=\dfrac{0.0254+k_{st}}{-0.0232-8.34k_{st}} \\ D'=3\ln\dfrac{0.7315+(k_{c0})_\eta+33k_{st}}{5.176+0.3333\left[(k_{c0})_\eta+33k_{st}\right]}-0.13-3.375 \\ \tau_u=\dfrac{2.5\sqrt{f_c}\left[0.5+0.5\cos(N_z^{0.514}\pi)\right]}{1+3.1e^{-0.47[(k_{c0})_\eta+33k_{st}]}} \\ (k_{c0})=\dfrac{c_0}{d_1}\dfrac{1-\eta_n}{1-27.027\eta_n+1099.275\eta_n^2} \\ k_{st}=\dfrac{A_{st}}{N_z s_{st} d_1}\end{array}\right. \tag{5-65}$$

式中：B、D'——系数；

c_0——保护层厚度（mm）；

d_1——钢筋（或锚杆）直径（mm）；

f_c——混凝土抗压强度（MPa）；

η_n——纵筋锈蚀率；

k_{c0}——与保护层相关的约束参数；

k_{st}——与箍筋相关的约束参数；

N_z——纵筋支数；

s_{st}——箍筋间距（mm）。

第6章

隧道支护体系劣化后的应力演化规律

支护体系劣化后，围岩和支护材料的物理参数和力学性能均产生了一定程度的弱化，构件界面间也出现了黏结滑移和退化现象，将导致支护体系承载力下降，进而诱发围岩 - 初期支护 - 二次衬砌支护体系的应力状态发生改变。本章以海底隧道型钢钢架锈蚀为基础，介绍了支护体系劣化后，围岩、初期支护、围岩 - 初期支护之间以及初期支护 - 二次衬砌之间的力学演化特征及应力传递规律，揭示了支护体系劣化后围岩 - 初期支护 - 二次衬砌间的荷载转移机制。

6.1 隧道支护体系劣化后的应力演化

隧道开挖至二次衬砌施作完成后，围岩处于三次应力状态，经过一段时间的动态调整后，围岩 - 初期支护 - 二次衬砌处于平衡状态。随着时间的推移，支护体系劣化后，支护结构的几何参数和力学性能发生了改变，同时构件界面间产生了黏结滑移退化，使得支护体系总的承载能力下降，最终导致围岩 - 初期支护 - 二次衬砌的应力发生调整以达到新的平衡，严重者甚至会发生隧道失稳。围岩 - 初期支护 - 二次衬砌应力如何调整成为了后续支护体系计算模型及安全性评价的关键。图6-1为支护体系劣化后的构件和构件之间的应力演化及传递特征示意图。

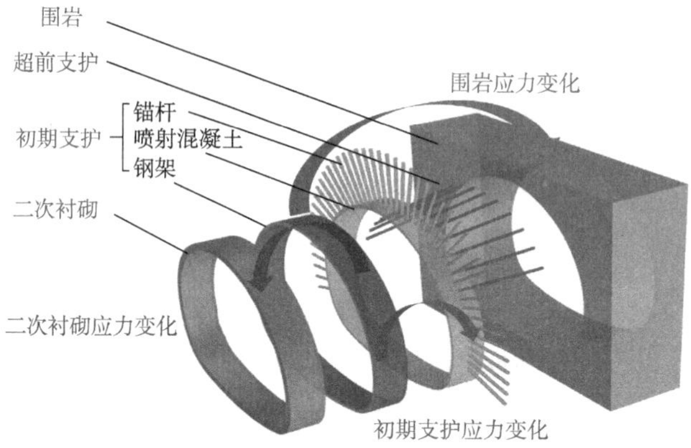

图 6-1 支护体系应力变化

6.2 支护体系劣化后初期支护纵向应力变化规律

采用钻爆法修建的隧道，初期支护沿纵向每间隔一定距离通常含有型钢钢架或者格栅钢架，有无钢架部分的混凝土刚度不同，内力也不同。为了后续分析方便，定义有钢架的混凝土区域为Ⅰ区，无钢架的混凝土区域为Ⅱ区，如图 6-2 所示。

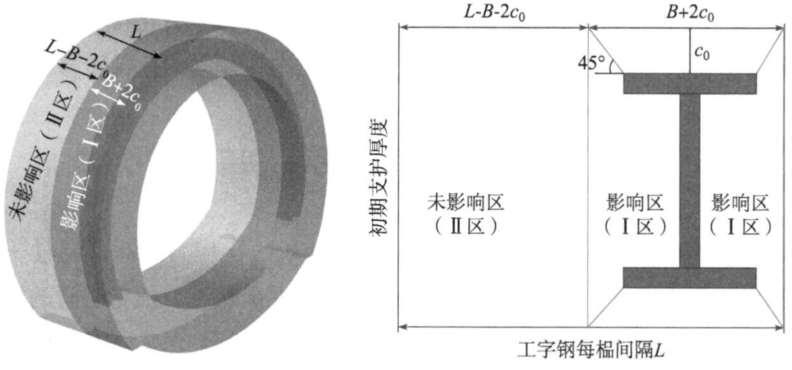

图 6-2 初期支护混凝土分区

B- 工字钢宽度；c_0- 工字钢在混凝土中保护层厚度

以型钢钢架锈蚀为例，随着锈蚀率增加，Ⅰ区的刚度逐渐减小，Ⅱ区的刚度保持不变。为分析初期支护Ⅰ区、Ⅱ区刚度变化如何影响弯矩、轴力，此处定义内力比、刚度比两个指标。由于隧道初期支护结构常处于小偏心受压状态，采用等效轴向刚度计算其刚度。

$$\begin{cases} \alpha_{\mathrm{M}}=\dfrac{M_{\rho\mathrm{I}}}{M_{\rho\mathrm{II}}} \\ \alpha_{\mathrm{N}}=\dfrac{N_{\rho\mathrm{I}}}{N_{\rho\mathrm{II}}} \end{cases} \tag{6-1}$$

式中：α_{M}、α_{N}——分别由弯矩、轴力定义的内力比；

$M_{\rho\mathrm{I}}$、$M_{\rho\mathrm{II}}$——锈蚀率为 ρ 时 Ⅰ 区、Ⅱ 区弯矩（kN · m）；

$N_{\rho\mathrm{I}}$、$N_{\rho\mathrm{II}}$——锈蚀率为 ρ 时 Ⅰ 区、Ⅱ 区轴力（kN）。

$$\beta_{\rho}=\frac{E_{\rho\mathrm{I}}A_{\rho\mathrm{I}}}{E_{\mathrm{II}}A_{\mathrm{II}}}=\frac{E'_{\rho\mathrm{I}}A'+E''_{\rho\mathrm{I}}A''}{E_{\mathrm{II}}A_{\mathrm{II}}} \tag{6-2}$$

式中：β_{ρ}——锈蚀率为 ρ 时的刚度比；

$E_{\rho\mathrm{I}}A_{\rho\mathrm{I}}$——锈蚀率为 ρ 时 Ⅰ 区轴向刚度；

$E_{\mathrm{II}}A_{\mathrm{II}}$——Ⅱ 区轴向刚度（恒定值）；

$E'_{\rho\mathrm{I}}A'$——锈蚀率为 ρ 时 Ⅰ 区混凝土轴向刚度；

$E''_{\rho\mathrm{I}}A''$——锈蚀率为 ρ 时 Ⅰ 区工字钢轴向刚度。

根据式（6-1）、式（6-2）可得到内力比、刚度比随锈蚀率的变化规律，进而获得初期支护内力重分配机制。为获得内力比，需获得型钢钢架锈蚀后的初期支护不同分区的弯矩、轴力。本书采用数值模拟手段获得不同分区的弯矩、轴力，在模拟中为体现型钢钢架锈蚀作用，首先修改型钢钢架自身力学参数［式（6-3）～式（6-5）］；其次通过黏结滑移退化本构［式（5-32）］转化力 F-位移 D 曲线，进一步定义初期支护混凝土与型钢钢架间非线性弹簧受力性质。

$$f_{\mathrm{ya}}^{\mathrm{cor}}=\frac{1-1.049\rho}{1-\rho}f_{\mathrm{ya},0} \tag{6-3}$$

$$f_{\mathrm{ua}}^{\mathrm{cor}}=\frac{1-1.19\rho}{1-\rho}f_{\mathrm{ua},0} \tag{6-4}$$

$$\varepsilon_{\mathrm{ua}}^{\mathrm{cor}}=\mathrm{e}^{-3.789\rho}\varepsilon_{\mathrm{ua},0} \tag{6-5}$$

式中：$f_{\mathrm{ya}}^{\mathrm{cor}}$、$f_{\mathrm{ua}}^{\mathrm{cor}}$、$\varepsilon_{\mathrm{ua}}^{\mathrm{cor}}$——分别为锈蚀后型钢钢架的屈服强度（MPa）、极限强度（MPa）和极限应变；

$f_{\mathrm{ya},0}$、$f_{\mathrm{ua},0}$、$\varepsilon_{\mathrm{ua},0}$——分别为相应未锈蚀型钢钢架的屈服强度（MPa）、极限强度（MPa）和极限应变；

ρ——锈蚀率。

在型钢混凝土的数值分析中，为考虑型钢与混凝土之间的黏结滑移，必须在二者之间引入连接单元。非线性弹簧单元 Combination39 被用于模拟型钢与混凝土之间的黏结滑移，通过力 F- 位移 D 曲线来定义非线性弹簧受力性质，F-D 曲线通过已得出的黏结滑移本构模型得到。

型钢与混凝土界面上存在三个方向的应力，如图 6-3 所示。型钢与混凝土间的黏结滑移性能主要体现在纵向切向（z 方向），由黏结滑移本构转换得到 F-D 曲线关系，因此主要赋予纵向切向弹簧单元 Spring39（z 方向），横向切向刚度、弹簧法向刚度（x、y 方向）赋值无穷大。任意弹簧单元受力 F_i：

$$F_i=\tau S_i \tag{6-6}$$

式中：F_i——任意弹簧单元受力；

τ——黏结应力；

S_i——应力作用面积。

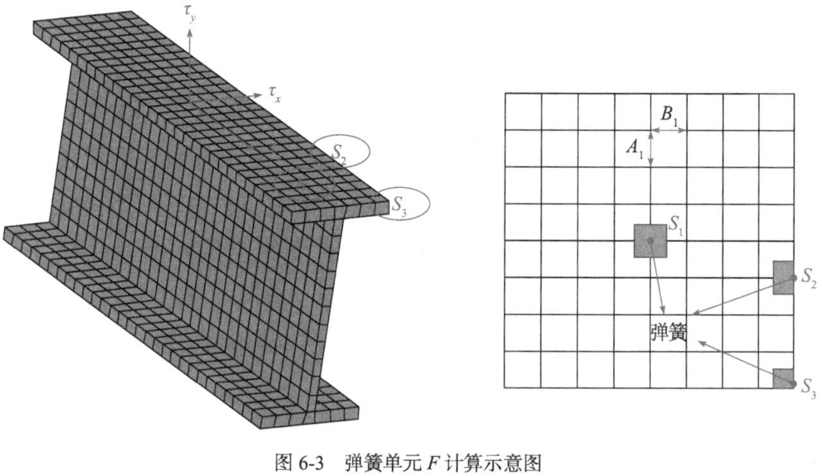

图 6-3　弹簧单元 F 计算示意图

由图 6-3 可知，模型中部（S_1）、单侧边界（S_2）和角点处（S_3）弹簧节点的应力作用面积可表示为：

$$\begin{cases} S_1=A_1B_1 \\ S_2=\dfrac{1}{2}A_1B_1 \\ S_3=\dfrac{1}{4}A_1B_1 \end{cases} \tag{6-7}$$

为探讨支护体系劣化后初期支护的纵向内力演化规律，以Ⅰ区、Ⅱ区初始弯矩、轴力为基准，可得到支护体系劣化后的Ⅰ区、Ⅱ区弯矩、轴力表达式：

Ⅰ区

$$\begin{cases} M_{\mathrm{I}}=\alpha_{\mathrm{MI}}M_{0\mathrm{I}} \\ N_{\mathrm{I}}=\alpha_{\mathrm{NI}}N_{0\mathrm{I}} \end{cases} \tag{6-8}$$

Ⅱ区

$$\begin{cases} M_{\mathrm{II}}=\alpha_{\mathrm{MII}}M_{0\mathrm{II}} \\ N_{\mathrm{II}}=\alpha_{\mathrm{NII}}N_{0\mathrm{II}} \end{cases} \tag{6-9}$$

式中：$M_{0\mathrm{I}}$——Ⅰ区初始弯矩（kN·m）；

$N_{0\mathrm{I}}$——Ⅰ区初始轴力（kN）；

$M_{0\mathrm{II}}$——Ⅱ区初始弯矩（kN·m）；

$N_{0\mathrm{II}}$——Ⅱ区初始轴力（kN）；

α_{MI}、α_{NI}——Ⅰ区弯矩、轴力演化系数；

α_{MII}、α_{NII}——Ⅱ区弯矩、轴力演化系数。

以Ⅴ级围岩的三车道海底隧道为依托工程，隧道轮廓如图 6-4 所示，隧道埋深设为 30m，初期支护采用 32cm 厚的 C25 混凝土，初期支护中型钢钢架采用 I22b 工字钢（工字钢保护层厚度 c_0=5cm），每榀工字钢间距 0.5m。在此背景下主要探讨初期支护型钢钢架锈蚀条件下Ⅰ区和Ⅱ区初期支护的应力、弯矩、轴力变化规律，揭示型钢钢架锈蚀下初期支护自身力学演化机制。

模型采用三维实体荷载 - 结构模型，对初期支护混凝土、型钢钢架用实体单元模拟。根据一般海底隧道初期支护中每榀型钢钢架的间隔，模型纵向长度取 50cm。围岩约束采用弹簧单元来模拟，初期支护混凝土与型钢钢架间采用非线性弹簧来实现二者间的黏结滑移，数值计算模型如图 6-5 所示。

计算中采用的围岩材料参数见表 6-1。

为拟定计算工况，首先选取了三个关键点的锈蚀率：①由于隧道支护体系一般为小偏心受压构件，锈蚀率 3% 为满足平截面假定的临界值；②混凝土保护层厚度为 5cm，当锈蚀率 ρ 为 10.8% 时，由于锈胀作用混凝土出现开裂贯通裂缝；③混凝土保护层厚度为 5cm，当锈蚀率 ρ 为 50.6% 时，型钢钢架与混凝土间黏结强度 τ=0，黏结作用丧失，混凝土的力已不能传递给型钢钢架，因此后续锈蚀率增加几乎不会再影响整个支护体系受力和安全性，因此本书锈蚀率极值取 50.6%。同时在这三个关键点锈蚀率间取部分锈蚀率值，计算工况表见表 6-2。

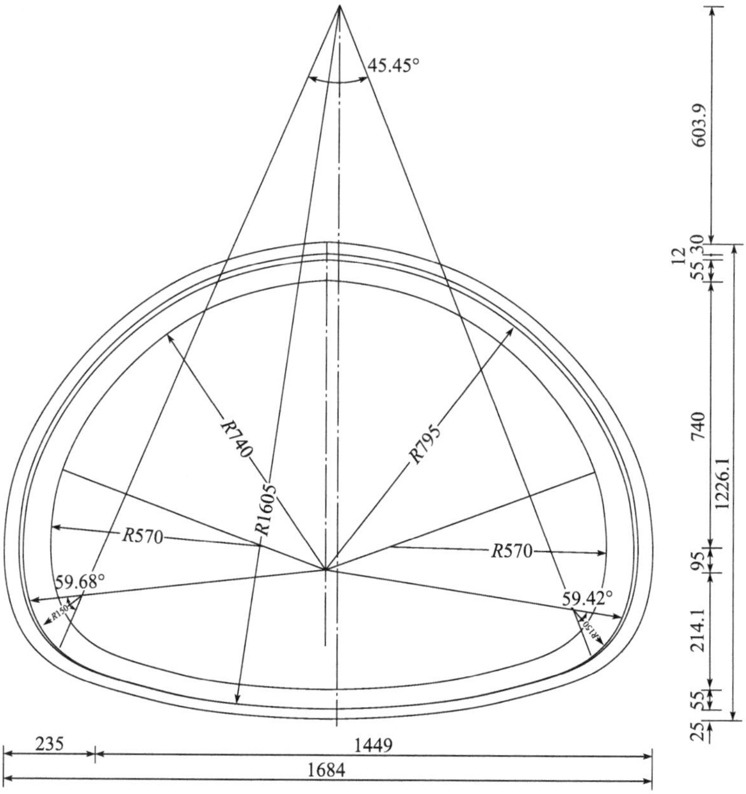

图 6-4　隧道轮廓图（尺寸单位：cm）

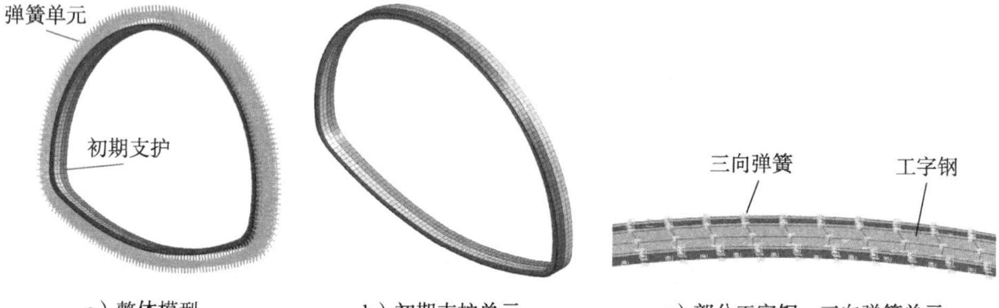

a）整体模型　　b）初期支护单元　　c）部分工字钢、三向弹簧单元

图 6-5　数值计算模型

围岩参数表　　表 6-1

级别	弹性模量（GPa）	弹性抗力系数（MPa/m）	泊松比	内摩擦角（°）	黏聚力（MPa）	密度（kg/m^3）
V	1.5	150	0.40	23	0.1	1900

计 算 工 况 表　　表 6-2

计算工况	1	2	3	4	5	6	7	8
锈蚀率 ρ（%）	0	3	6	10.8	20	30	40	50.6

荷载确定：根据某海底隧道现场监控量测可知，隧道 Z7 区段的竖直荷载与水平荷载均最大。Z7 区段为全强风化花岗岩、浅埋段，里程为 ZK7+280 ～ ZK7+410，埋深在 28.7 ～ 31.4m 之间，采用 CRD 法施工。围岩为Ⅴ级，以 W3 强风化花岗岩为主，夹二长岩岩脉。

根据《公路隧道设计规范》（JTG 3370.1—2018）附录 D 中浅埋隧道荷载计算方法，可得到所处环境的围岩压力。围岩取Ⅴ级，埋深为 30m，根据浅埋隧道荷载计算公式得垂直均布围岩压力为 490kPa，拱顶侧压力值为 180kPa，仰拱底部侧压力为 250kPa，荷载计算示意如图 6-6 所示。

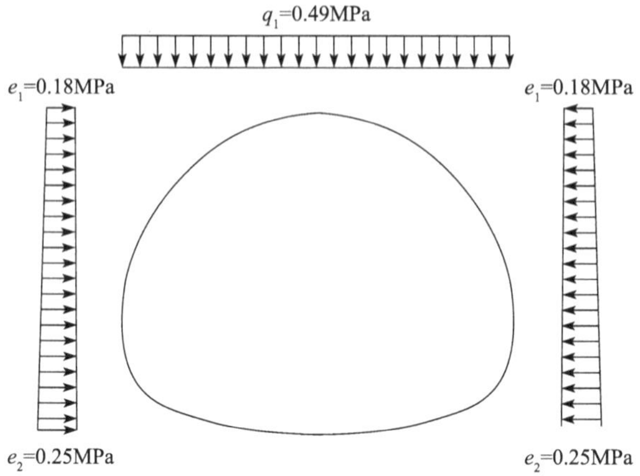

图 6-6　荷载示意图

6.2.1　初期支护应力变化规律

初期支护Ⅰ区包含型钢钢架，起始初期支护Ⅰ区组合刚度大于初期支护Ⅱ区；随着型钢钢架锈蚀率的增加，初期支护Ⅰ区的总刚度逐渐减小，而Ⅱ区的刚度保持不变。当外荷载一定时，按照刚度分配原则初期支护纵向段内力会发生重新分配。首先提取不同锈蚀率时模型中Ⅰ区、Ⅱ区段初期支护混凝土最大主应力云图进行分析，如图 6-7 所示。

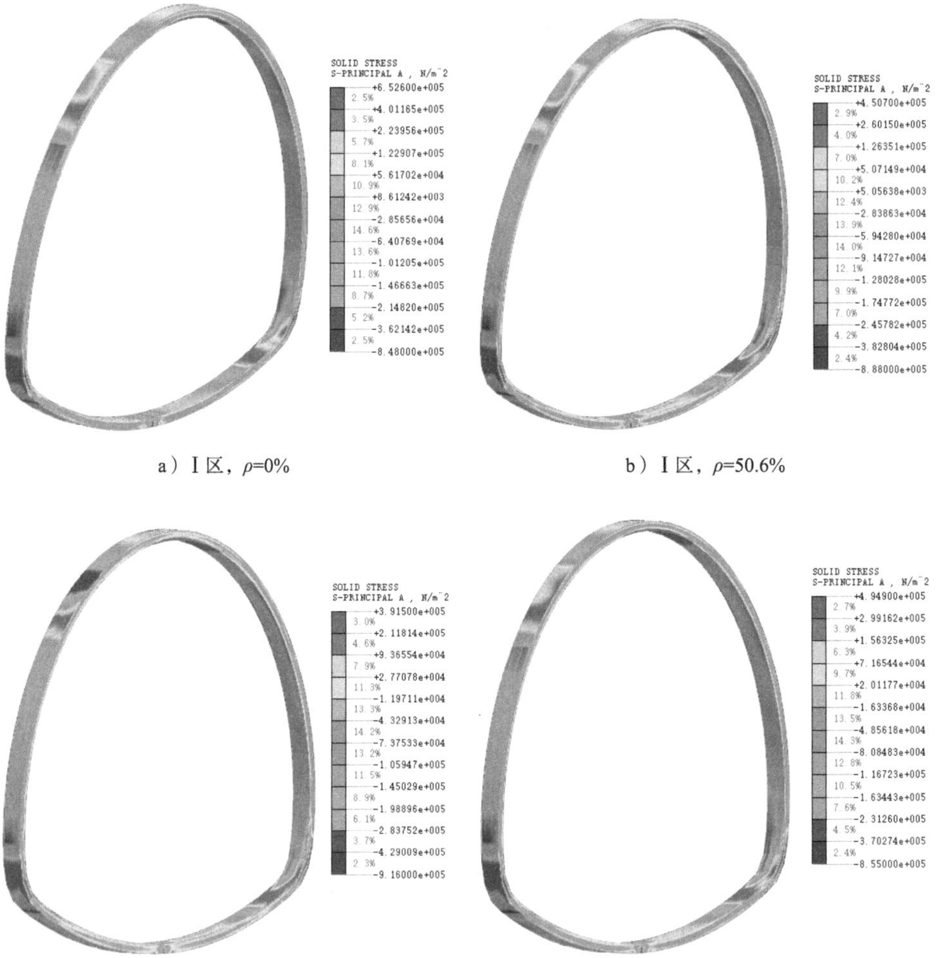

a）Ⅰ区，ρ=0%　　b）Ⅰ区，ρ=50.6%

c）Ⅱ区，ρ=0%　　d）Ⅱ区，ρ=50.6%

图 6-7　型钢钢架不同锈蚀率下Ⅰ区、Ⅱ区初期支护最大主应力

通过数值模拟分析可知：①最大拉应力发生在拱顶、墙脚处；②随着锈蚀率增加，初期支护两个分区受力特征相同，仅数值上存在变化。以拱顶最大拉应力为基准，绘制不同锈蚀率下Ⅰ区、Ⅱ区最大拉应力随锈蚀率的变化曲线，如图 6-8 所示。

根据数值模拟可知最大压应力发生在边墙处，可得到Ⅰ区、Ⅱ区边墙最大压应力随锈蚀率的变化曲线，如图 6-9 所示。

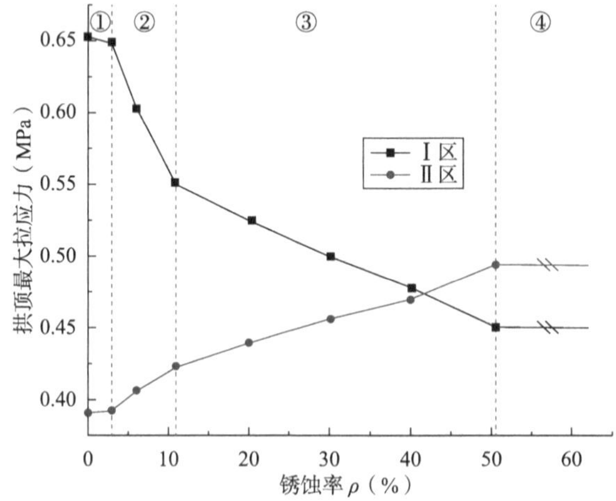

图 6-8　Ⅰ区、Ⅱ区初期支护拱顶最大拉应力随锈蚀率的变化曲线

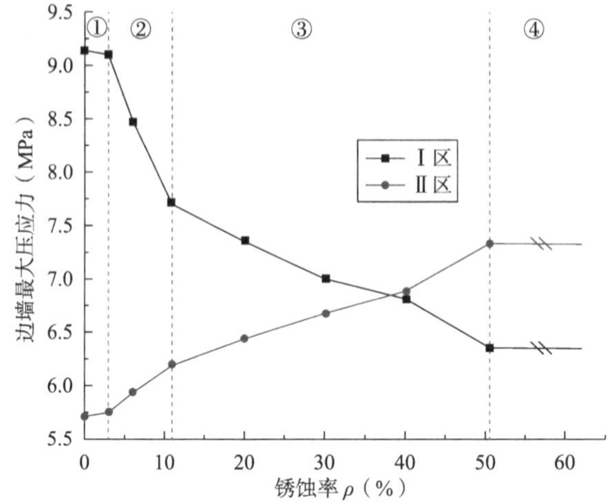

图 6-9　Ⅰ区、Ⅱ区初期支护边墙最大压应力随锈蚀率的变化曲线

通过图 6-8、图 6-9 分析可知，Ⅰ区、Ⅱ区最大拉应力、最大压应力随锈蚀率变化分为四个阶段：①锈蚀率 $\rho \leqslant 3\%$ 时，Ⅰ区、Ⅱ区截面最大应力几乎保持不变，其原因是锈蚀率 $\rho \leqslant 3\%$ 时，锈蚀型钢钢架与混凝土间黏结强度几乎保持不变（满足平截面假定），同时锈胀力较小及型钢钢架截面面积微弱减小。②锈蚀率 $3\% < \rho \leqslant 10.8\%$ 时，Ⅰ区最大应力加速下降、Ⅱ区最大应力加速上升，其原因是Ⅰ区锈蚀型钢钢架与混凝土间黏结强度减弱，同时Ⅰ区锈胀力较大致混凝土劣化及型钢钢架截面面积逐渐减小，三者耦合作用下Ⅰ区最大应力减小。

Ⅱ区最大应力加速上升，其原因是随着锈蚀率增加，Ⅰ区初期支护刚度逐渐减小，Ⅱ区工字钢的初期支护刚度不变，导致二者间内力重新分配，Ⅰ区最大应力逐渐减小，则Ⅱ区最大应力必然增大。③锈蚀率 $10.8\% < \rho \leqslant 50.6\%$ 时，此时Ⅰ区最大应力较上一阶段缓速下降、Ⅱ区最大应力较上一阶段缓速上升，其原因是此阶段锈胀力作用对混凝土造成开裂贯通裂缝，后续由于锈胀对混凝土劣化后续保持不变，黏结强度减弱与型钢钢架截面面积减小二者共同作用下导致Ⅰ区最大应力减小。④锈蚀率 $\rho > 50.6\%$ 时，Ⅰ区、Ⅱ区最大应力保持不变，由于 $\rho > 50.6\%$ 时锈蚀型钢与混凝土之间黏结强度为 0，此时混凝土与型钢钢架脱离开，混凝土独自承担荷载。

6.2.2 初期支护弯矩变化规律

提取不同锈蚀率下拱顶、拱腰、边墙、墙脚及仰拱处的单元应力，然后采用弹性力学的坐标转化方法，将直角坐标系下的节点应力转化为支护结构切向的应力，进而计算截面的弯矩、轴力。Ⅰ区环向中部及Ⅱ区环向中部拱顶、拱腰、边墙、墙脚、仰拱处的弯矩随锈蚀率的变化，如图 6-10、图 6-11 所示。

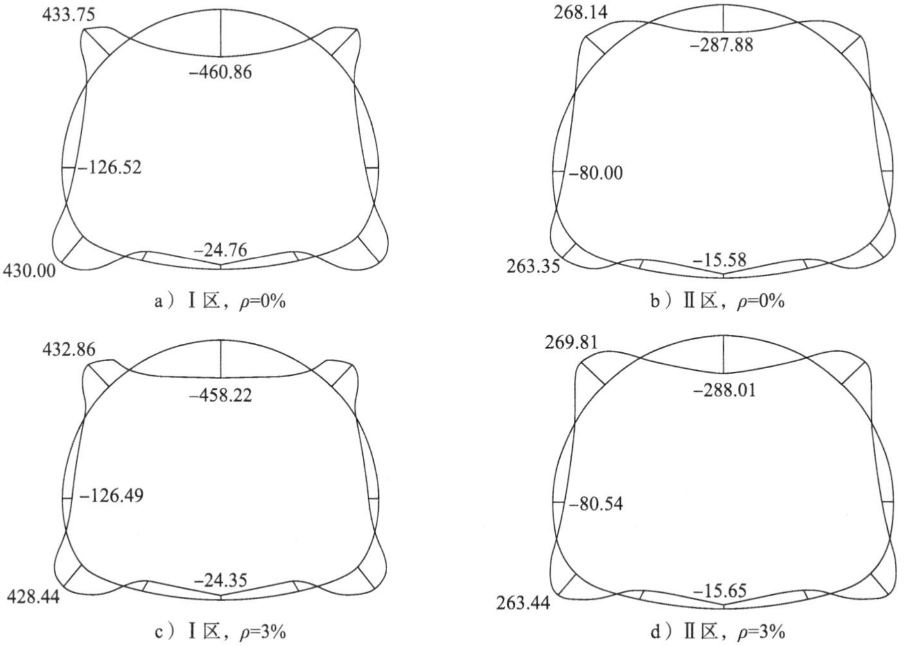

a）Ⅰ区，ρ=0%　b）Ⅱ区，ρ=0%

c）Ⅰ区，ρ=3%　d）Ⅱ区，ρ=3%

图 6-10

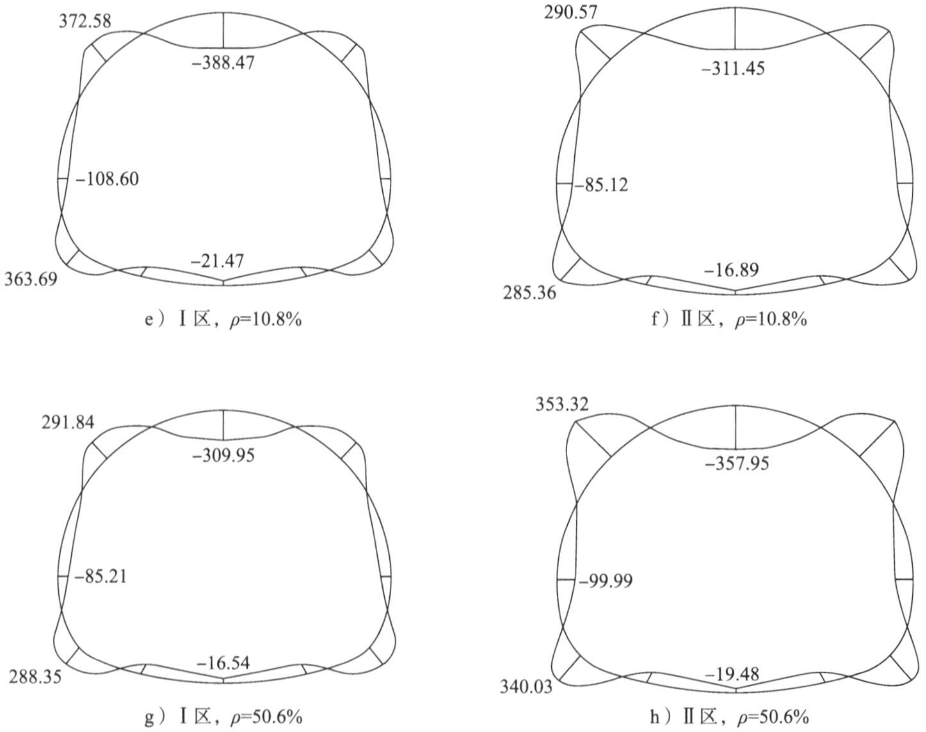

图 6-10　截面弯矩随锈蚀率变化图（单位：kN · m）

通过图 6-10、图 6-11 可知，Ⅰ区、Ⅱ区弯矩随锈蚀率变化分为四个阶段：①锈蚀率 $\rho \leqslant 3\%$ 时，Ⅰ区、Ⅱ区截面弯矩几乎保持不变；②锈蚀率 $3\% < \rho \leqslant 10.8\%$ 时，Ⅰ区弯矩加速下降、Ⅱ区弯矩加速上升；③锈蚀率 $10.8\% < \rho \leqslant 50.6\%$ 时，此时Ⅰ区弯矩较上一阶段缓速下降、Ⅱ区弯矩较上一阶段缓速上升；④锈蚀率 $\rho > 50.6\%$ 时，Ⅰ区、Ⅱ区弯矩保持不变。四阶段弯矩变化趋势原因同最大应力变化原因。

以Ⅰ区、Ⅱ区初始弯矩 $M_{0\text{Ⅰ}}$、$M_{0\text{Ⅱ}}$ 为基准，则可得到Ⅰ区、Ⅱ区四阶段的弯矩演化系数 $\alpha_{M\text{Ⅰ}}$、$\alpha_{M\text{Ⅱ}}$ 表达式：

Ⅰ区

$$\alpha_{M\text{Ⅰ}} = \begin{cases} 0.98 & \rho \leqslant 3\% \\ 0.64\rho^{-0.13} & 3\% < \rho \leqslant 10.8\% \\ -0.41\rho + 0.89 & 10.8\% < \rho \leqslant 50.6\% \\ 0.68 & \rho > 50.6\% \end{cases} \tag{6-10}$$

Ⅱ区

$$\alpha_{M\text{Ⅱ}}=\begin{cases}1.01 & \rho\leqslant 3\% \\ 1.24\rho^{0.06} & 3\%<\rho\leqslant 10.8\% \\ 0.39\rho+1.03 & 10.8\%<\rho\leqslant 50.6\% \\ 1.23 & \rho>50.6\%\end{cases} \tag{6-11}$$

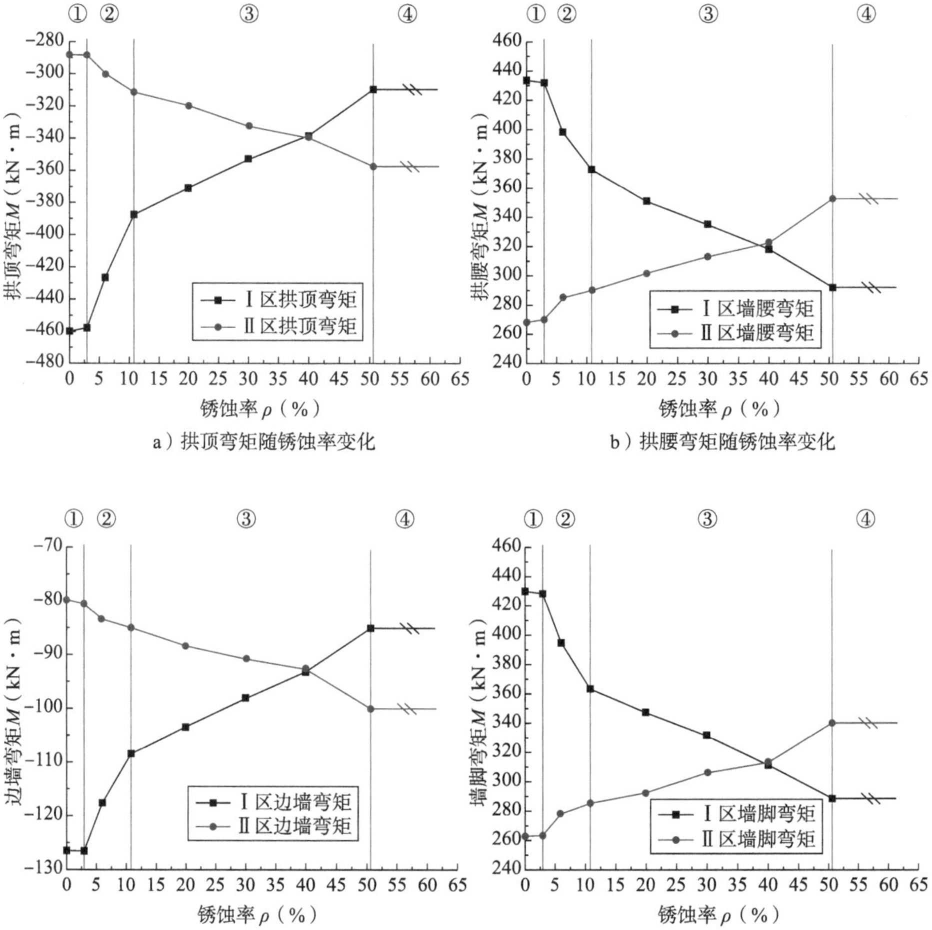

a）拱顶弯矩随锈蚀率变化

b）拱腰弯矩随锈蚀率变化

c）边墙弯矩随锈蚀率变化

d）墙脚弯矩随锈蚀率变化

图 6-11

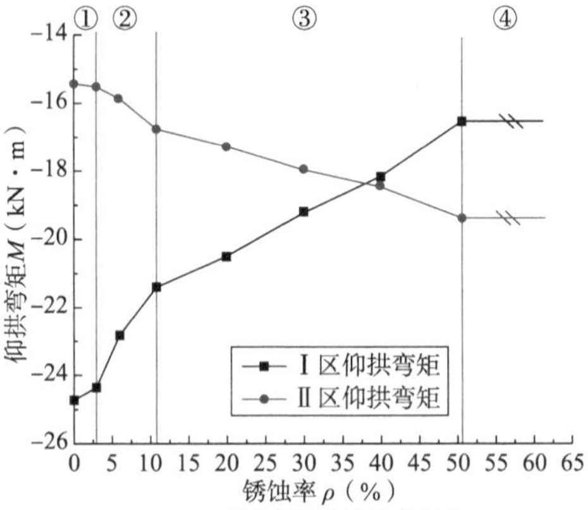

e）仰拱弯矩随锈蚀率变化

图 6-11　Ⅰ、Ⅱ区截面弯矩趋势图（单位：kN·m）

6.2.3　初期支护轴力变化规律

Ⅰ区环向中部及Ⅱ区环向中部拱顶、拱腰、边墙、墙脚、仰拱处的轴力随锈蚀率的变化，如图 6-12、图 6-13 所示。

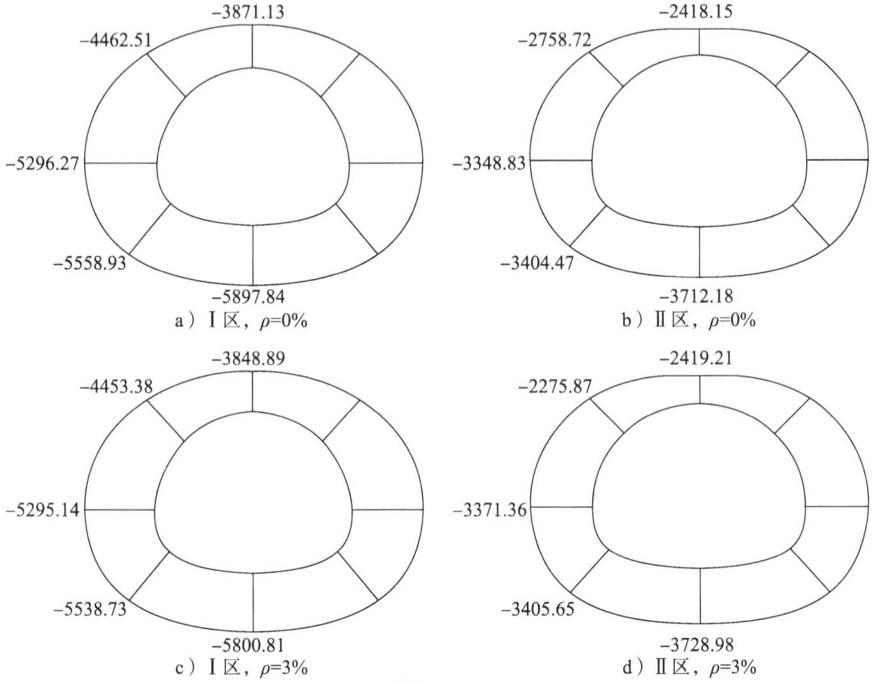

图　6-12

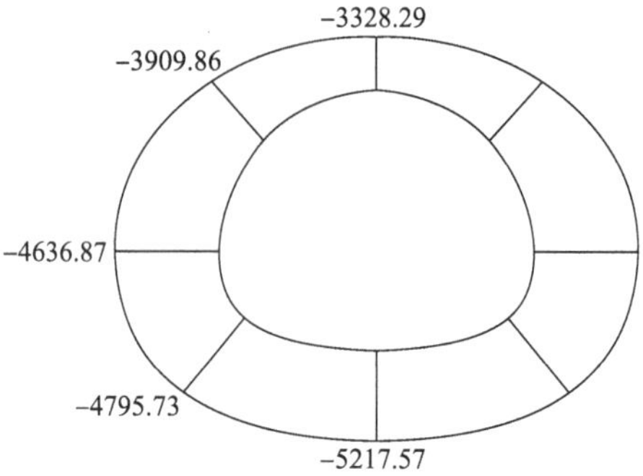

e）Ⅰ区，ρ=10.8%

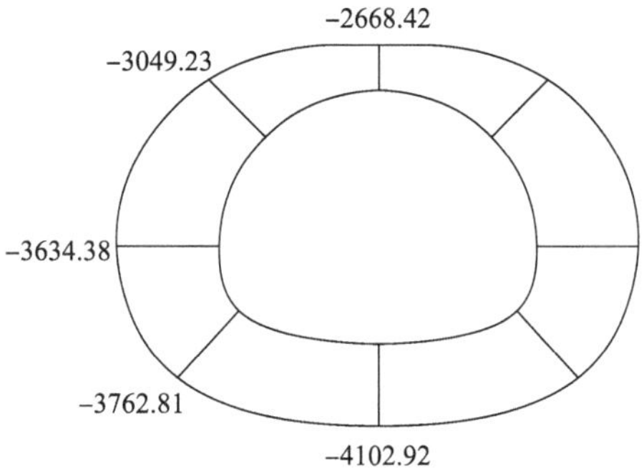

f）Ⅱ区，ρ=10.8%

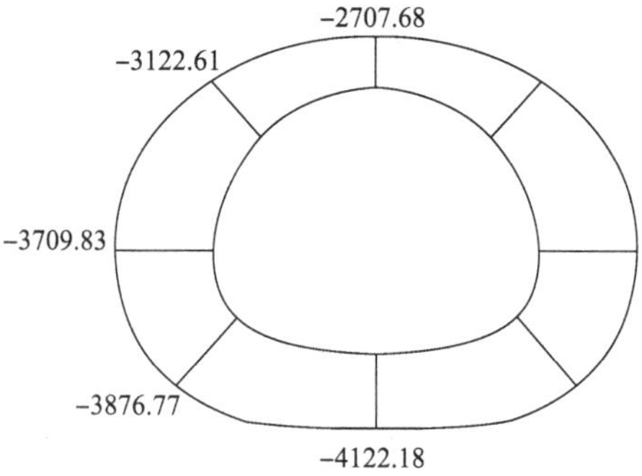

g）Ⅰ区，ρ=50.6%

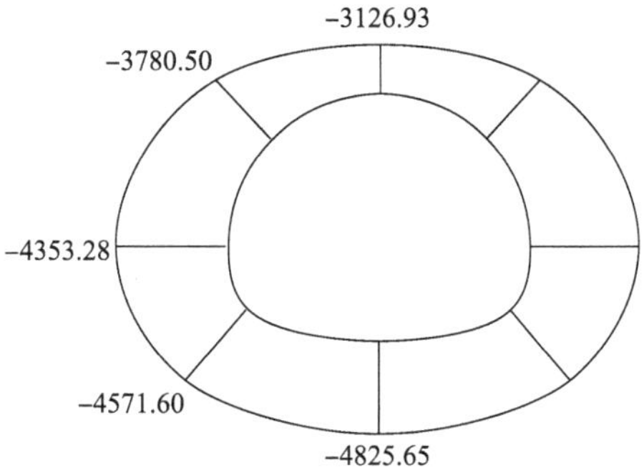

h）Ⅱ区，ρ=50.6%

图 6-12　截面轴力随锈蚀率变化图（单位：kN）

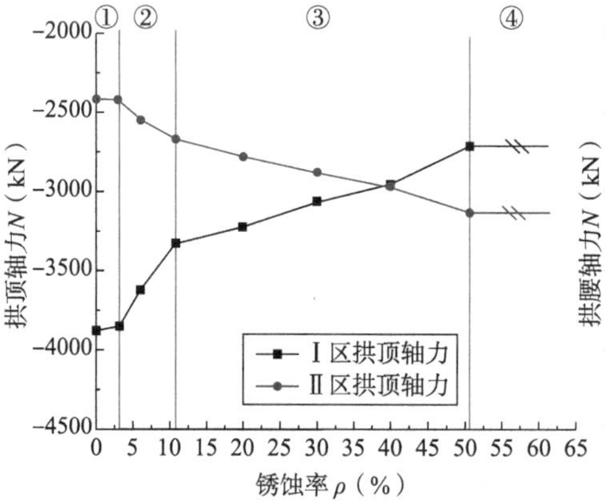

a）拱顶轴力随锈蚀率变化

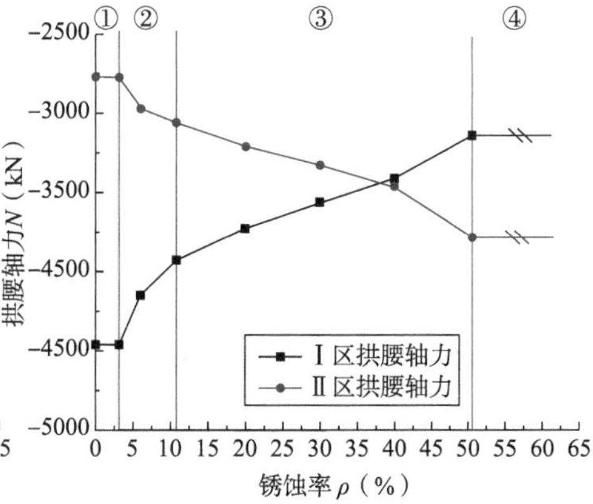

b）拱腰轴力随锈蚀率变化

图　6-13

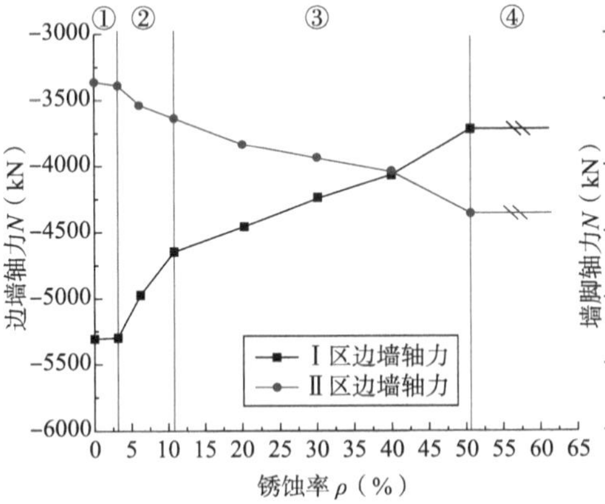

c）边墙轴力随锈蚀率变化

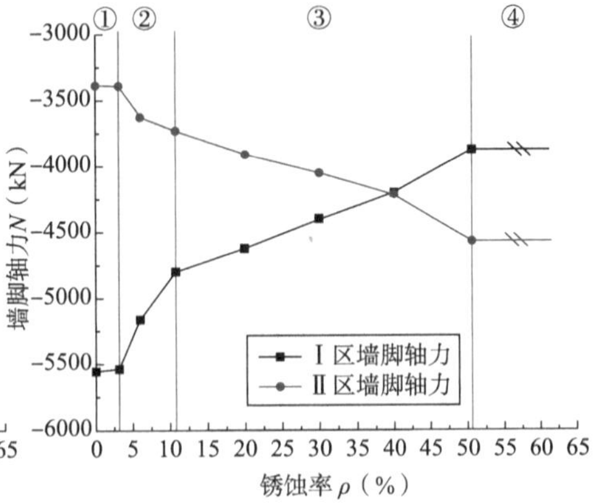

d）墙脚轴力随锈蚀率变化

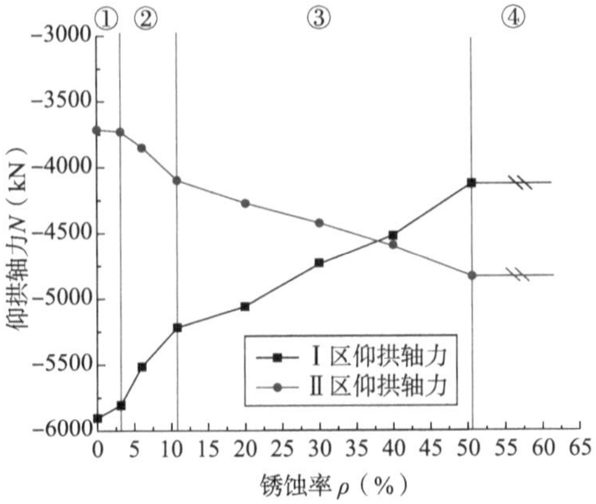

e）仰拱轴力随锈蚀率变化

图 6-13　Ⅰ区、Ⅱ区截面轴力趋势图（单位：kN）

通过图 6-12、图 6-13 可知，Ⅰ区、Ⅱ区轴力随锈蚀率变化分为四个阶段：①锈蚀率$\rho \leqslant 3\%$时，Ⅰ区、Ⅱ区截面轴力几乎保持不变；②锈蚀率$3\% < \rho \leqslant 10.8\%$时，Ⅰ区轴力加速下降、Ⅱ区轴力加速上升；③锈蚀率$10.8\% < \rho \leqslant 50.6\%$时，此时Ⅰ区轴力较上一阶段缓速下降、Ⅱ区轴力较上一阶段缓速上升；④锈蚀率$\rho > 50.6\%$时，Ⅰ区、Ⅱ区轴力保持不变。

以Ⅰ区、Ⅱ区初始轴力$N_{0\mathrm{I}}$、$N_{0\mathrm{II}}$为基准，则可得到Ⅰ区、Ⅱ区四阶段的轴力演化系数α_{NI}、α_{NII}表达式：

Ⅰ区

$$\alpha_{\text{NI}}=\begin{cases}0.99 & \rho\leqslant 3\% \\ 0.67\rho^{-0.11} & 3\%<\rho\leqslant 10.8\% \\ -0.39\rho+0.91 & 10.8\%<\rho\leqslant 50.6\% \\ 0.71 & \rho>50.6\%\end{cases} \tag{6-12}$$

Ⅱ区

$$\alpha_{\text{NII}}=\begin{cases}1.01 & \rho\leqslant 3\% \\ 1.31\rho^{0.08} & 3\%<\rho\leqslant 10.8\% \\ 0.46\rho+1.05 & 10.8\%<\rho\leqslant 50.6\% \\ 1.28 & \rho>50.6\%\end{cases} \tag{6-13}$$

最终根据式（6-1）、式（6-2）可得到，内力比 α、刚度比 β 随锈蚀率的变化曲线，如图 6-14 所示。

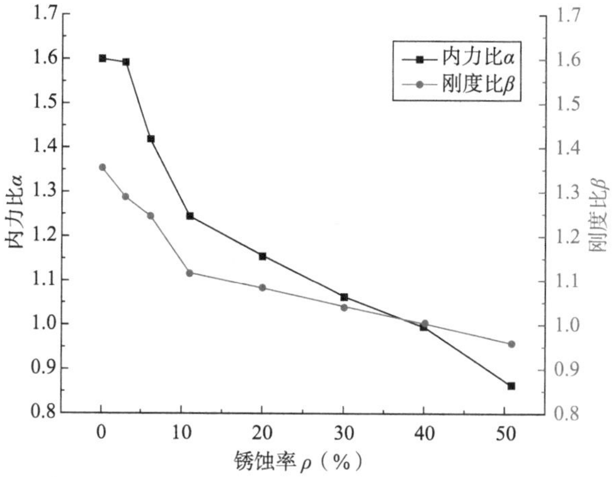

图 6-14 刚度比、内力比变化曲线

可见，随着锈蚀率（$0<\rho\leqslant 50.6\%$）增加，Ⅰ区、Ⅱ区刚度比呈现减小趋势，刚度调整导致Ⅰ区、Ⅱ区内力重新分配，Ⅰ区、Ⅱ区应力比随之也呈现减小趋势。当锈蚀率为 40% 时，Ⅰ区、Ⅱ区刚度相等，此时Ⅰ区、Ⅱ区内力也相等。

6.3 支护体系劣化后围岩 - 初期支护间力学变化规律

支护体系劣化后，支护体系间应力调整。为了体现支护体系劣化后对围岩 -

初期支护间荷载的变化，采用围岩应力、位移场、塑性区进行判断。

以型钢钢架锈蚀为例，为体现锈蚀导致围岩应力、位移的变化规律，选取一工况进行分析，具体参数为：σ_0 为远场初始地应力 1MPa；隧道开挖后初始应力释放率取 0.5；初期支护内、外半径分别为 10.5m 和 10.8m，二次衬砌内、外半径分别为 10m 和 10.5m；围岩弹性模量 E_{wc}=1.5GPa、内摩擦角 23°、黏聚力 0.1MPa、初期支护综合弹性模量 $E_{1c}(\rho)$，其随着工字钢锈蚀率变化按照式（6-14）计算，二次衬砌混凝土弹性模量 E_{2c}=34.5GPa；围岩、初期支护、二次衬砌泊松比分别为 μ_w=0.4、μ_{1c}=0.2、μ_{2c}=0.2。初期支护中工字钢采用 I22b，工字钢弹性模量 E_a 为 206GPa，每榀间隔 0.5m。围岩采用理想弹塑性本构，其屈服准则为莫尔 - 库伦强度准则，初期支护、二次衬砌采用弹性本构。取距隧道圆心 r 处的围岩应力、位移进行研究。

$$
\begin{cases}
E_{1c}(\rho)=\dfrac{(1-\rho)A_aE_a+E_{c,0}(1-0.81\rho^2-1.76\rho)A_{ch}}{(1-\rho)A_a+A_{ch}} & 0<\rho\leqslant\rho_c=10.8\% \\
E_{1c}(\rho)=\dfrac{(1-\rho)A_aE_a+E_{c,0}(1-0.81\rho_c^2-1.76\rho_c)A_{ch}}{(1-\rho)A_a+A_{ch}} & 10.8\%=\rho_c<\rho\leqslant 50.6\% \\
E_{1c}(\rho)=E_{c,0}(1-0.81\rho_c^2-1.76\rho_c) & \rho>50.6\%
\end{cases}
\tag{6-14}
$$

式中：ρ——工字钢锈蚀率；

ρ_c——混凝土锈胀贯通开裂的临界锈蚀率，取 10.8%；

E_a——工字钢弹性模量，取 206GPa；

A_a——工字钢截面积，取 0.00465m^2；

$E_{c,0}$——喷射混凝土初始弹性模量，取 23.5GPa；

A_{ch}——每榀工字钢间距初期支护截面积减去工字钢的面积，此处取 0.145m^2。

当 $0<\rho\leqslant\rho_c$ 时，初期支护混凝土由于锈胀作用其弹性模量随锈蚀率逐渐减小，型钢钢架截面面积随锈蚀率减小；$\rho_c<\rho\leqslant 50.6\%$ 时，混凝土由于锈胀产生贯通裂缝，其后续混凝土弹性模量不发生改变，仅型钢钢架的截面面积减小；$\rho>50.6\%$ 时，型钢钢架与混凝土脱黏，仅混凝土受力，因此弹性模量只考虑混凝土部分。

根据式（6-14）则可得到工字钢不同锈蚀率下初期支护的综合弹性模量，见表 6-3。

初期支护综合弹性模量 $E_{1c}(\rho)$ 表 6-3

锈蚀率 ρ（%）	0	3	6	10.8	20	30	40	50.6
$E_{1c}(\rho)$（GPa）	29.2	27.8	26.4	24.0	23.5	22.9	22.3	18.8

6.3.1 围岩应力变化规律

选取无锈蚀和锈蚀率 50.6% 两种情况围岩应力，同时对两种情况距隧道圆心 r 处的径向应力和环向应力计算结果进行对比，如图 6-15 所示。

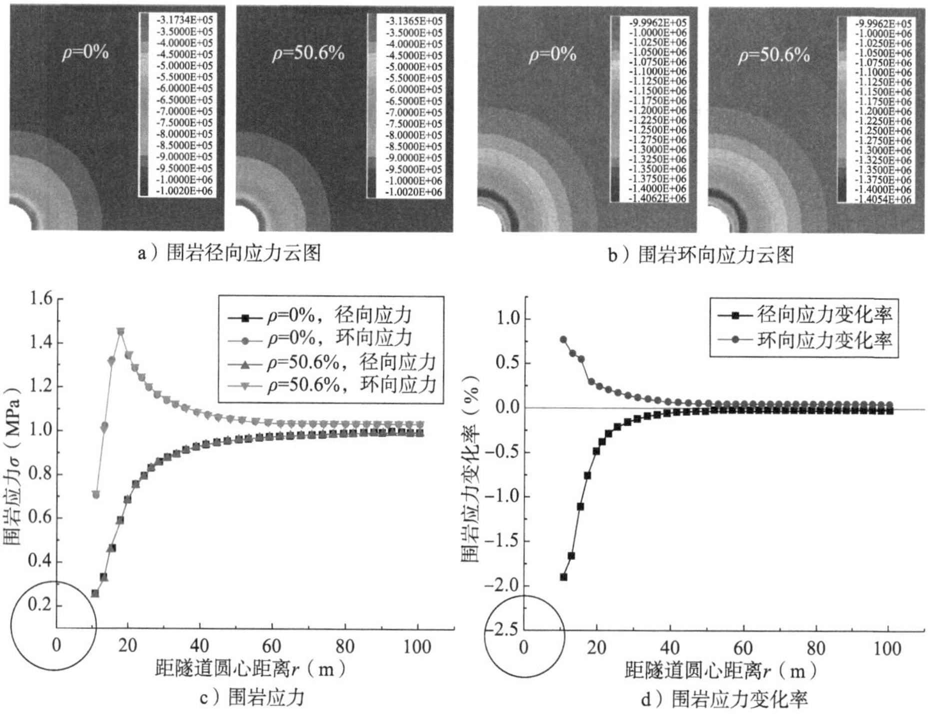

图 6-15 围岩应力随锈蚀率的变化

从结果可以看出，随着锈蚀率增加，围岩径向和环向应力大小几乎无变化；锈蚀率为 50.6%，隧道洞周处围岩径向应力降幅最大仅为 1.90%，洞周处围岩环向应力增加幅度最大仅为 0.76%。

6.3.2 围岩径向位移及塑性区变化规律

选取无锈蚀和锈蚀率 50.6% 两种情况下的围岩径向位移、塑性区，将两种情况得计算结果进行对比，如图 6-16 所示。

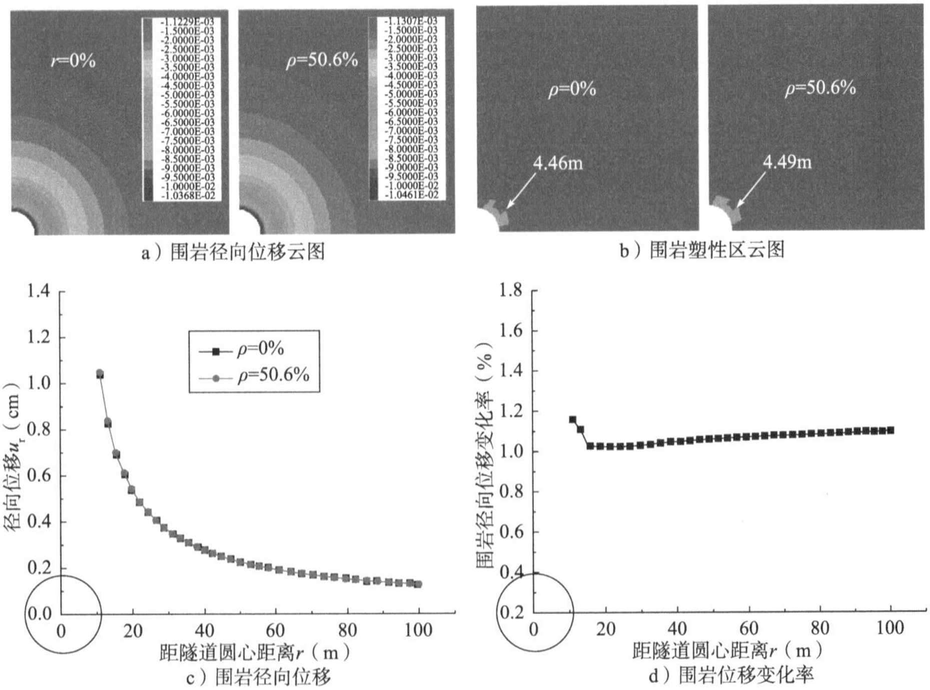

图 6-16　围岩径向位移、塑性区

从结果可以看出，随着锈蚀率由 0% ～ 50.6% 增加，围岩径向位移和塑性区几乎无变化；锈蚀率达 50.6% 时，洞周径向位移增幅最大仅为 1.16%；塑性区半径由 4.46m 增加至 4.49m，增幅 0.62%。

由 6.3.1 节及 6.3.2 节围岩应力、位移、塑性区随锈蚀率变化关系，可知型钢钢架锈蚀对于围岩约束仅略微减弱，可忽略不计。同时提取初期支护与围岩间的法向接触应力随锈蚀率变化关系，可得到图 6-17。

从图 6-17 结果可以看出，锈蚀率由 0% 到 50.6% 时，接触压力由 0.334MPa 下降到 0.328MPa，降幅 1.79%。因此可认为围岩压力不随型钢钢架锈蚀发生改变（二者之间荷载保持不变）。其原因是：将初期支护与二次衬砌看作一个整体（图 6-18），由图 6-18 可知，在隧道纵向 0.5m 支护体系内型钢钢架截面面积相对支护体系截面面积较小，其对支护体系总刚度贡献较小；即使型钢钢架全锈蚀，对支护体系（初期支护 + 二次衬砌）总刚度折减很小，型钢钢架锈蚀围岩受到支护体系的约束只是微小减弱，导致小部分应力释放，因此围岩应力几乎无变化（即认为围岩、初期支护间荷载保持不变）。

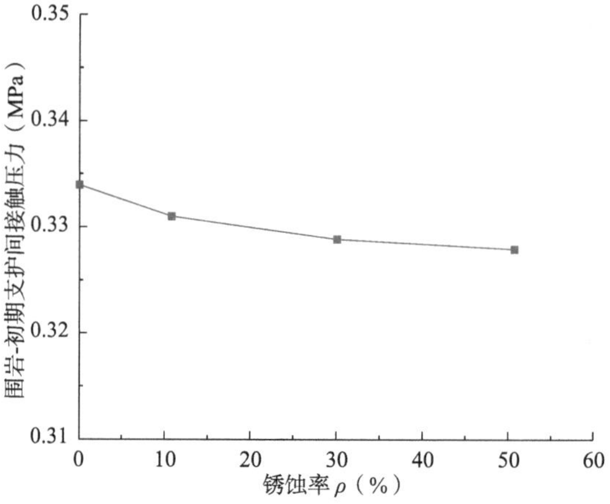

图 6-17　初期支护与围岩间法向接触应力

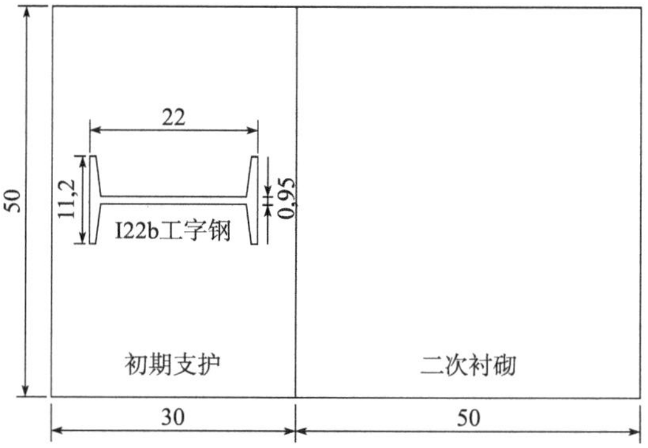

图 6-18　支护体系示意图（尺寸单位：cm）

综合上述分析可知，由于有二次衬砌的作用，即使型钢钢架全锈蚀，对支护体系总刚度折减较小，围岩与初期支护的接触应力仅略微减小（认为二者之间荷载保持不变）。

6.4　支护体系劣化后初期支护 - 二次衬砌间力学变化规律

为了体现支护体系劣化后对初期支护 - 二次衬砌间荷载的变化，采用初期支护与二次衬砌接触应力、二次衬砌弯矩、轴力进行判断。

为定量探讨支护体系劣化后二次衬砌内力演化规律，以二次衬砌初始弯矩、轴力为基准，可得到支护体系劣化后的二次衬砌弯矩、轴力表达式：

$$\begin{cases} M_s = \alpha_{Ms} M_{0S} \\ N_s = \alpha_{Ns} N_{0S} \end{cases} \tag{6-15}$$

式中：M_{0s}——二次衬砌初始弯矩（kN · m）；

N_{0s}——二次衬砌初始轴力（kN）；

α_{Ms}、α_{Ns}——二次衬砌弯矩、轴力演化系数。

支护体系劣化后二次衬砌内力演化规律以型钢钢架锈蚀为例，本模型在 6.2 节计算模型基础上仅增加了二次衬砌、初期支护与二次衬砌间接触单元，仍以 V 级围岩的三车道海底隧道为工程概况，初期支护采用 32cm 厚的 C25 混凝土，二次衬砌采用 50cm 厚的 C45 混凝土。隧道埋深设为 30m，初期支护中型钢钢架采用 I22b 工字钢，每榀工字钢间距 0.5m。在此背景下主要获得不同型钢钢架锈蚀率时二次衬砌的弯矩、轴力等变化规律，揭示初期支护 - 二次衬砌联合作用荷载转移机制。

模型采用三维实体荷载 - 结构模型，根据一般海底隧道初期支护中每榀型钢钢架的间隔，模型纵向长度取 50cm。对型钢钢架、初期支护混凝土、二次衬砌用实体单元模拟，围岩约束采用弹簧单元来模拟。初期支护与二次衬砌之间采用接触单元来模拟它们之间的受力传递。初期支护混凝土与型钢钢架间采用非线性弹簧来实现二者间的黏结滑移，数值计算模型如图 6-19 所示。

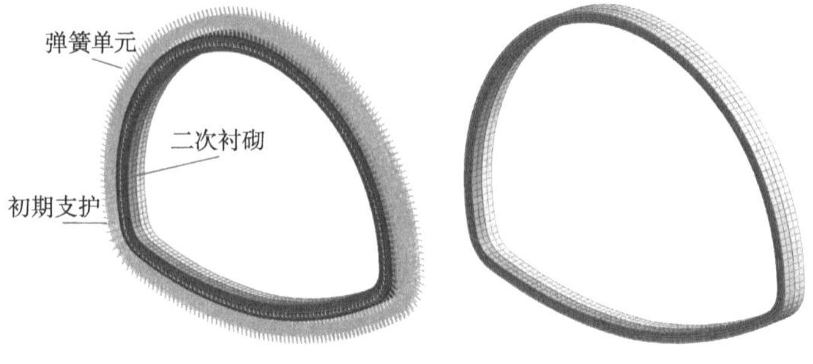

a）整体模型　　b）二次衬砌

图 6-19

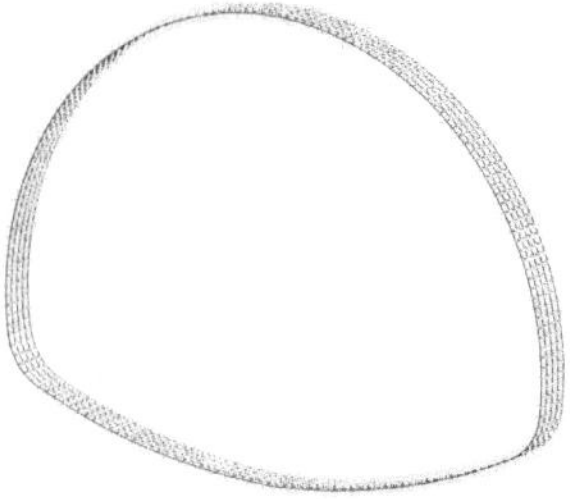

c）接触单元

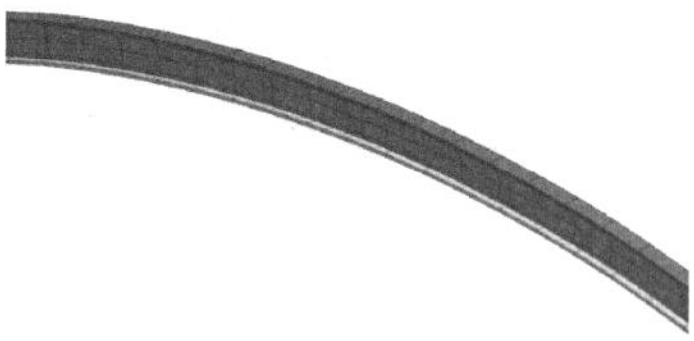

d）部分工字钢单元

图 6-19　计算模型示意图

6.4.1　初期支护 - 二次衬砌接触应力变化规律

提取不同锈蚀率下拱顶、边墙、仰拱处的单元接触应力（即初期支护与二次衬砌接触压力），如图 6-20 所示。

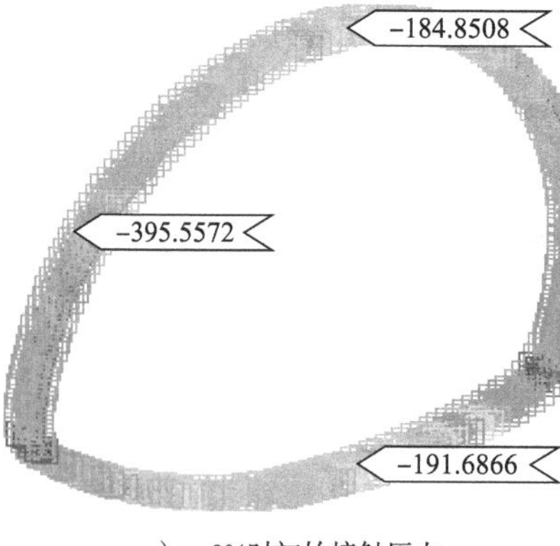

a）ρ=0%时初始接触压力

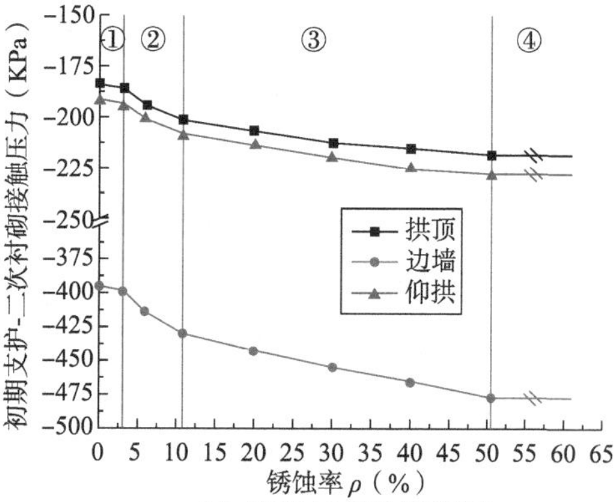

b）接触压力随锈蚀率变化

图 6-20　初期支护 - 二次衬砌间接触压力随锈蚀率变化关系（kPa）

通过计算数据分析得出：

（1）边墙区域的接触压力最大，仰拱次之，拱顶区域的接触压力最小。

（2）初期支护与二次衬砌的接触压力发展经历了以下四个阶段：

①型钢钢架锈蚀率 $\rho \leqslant 3\%$ 时，接触应力略微增加。其原因是锈蚀率 $\rho \leqslant 3\%$ 时，锈蚀型钢钢架与初期支护混凝土间黏结强度几乎保持不变（满足平截面假定），同时锈胀力较小致混凝土劣化程度轻微及型钢钢架截面面积微弱减小，初期支护自身承载力仅略微减小。

②锈蚀率 $3\% < \rho \leqslant 10.8\%$ 时，接触应力加速上升。其原因是锈蚀型钢钢

架与混凝土间黏结强度减弱，同时锈胀力较大致初期支护混凝土劣化及型钢钢架截面面积逐渐减小，三者耦合作用下初期支护承载力大幅度减小，而围岩传递给支护体系荷载不变，因此初期支护减小的荷载将转移给二次衬砌。

③锈蚀率 $10.8\% < \rho \leqslant 50.6\%$ 时，此时接触应力较上一阶段缓速上升。其原因是此阶段锈胀力作用对混凝土造成开裂贯通裂缝，后续由于锈胀对混凝土劣化保持不变，黏结强度减弱与型钢钢架截面面积减小二者共同作用下导致初期支护承载力下降，因此接触压力增幅略微减小。

④锈蚀率 $\rho > 50.6\%$ 时，接触应力保持不变，由于 $\rho > 50.6\%$ 时锈蚀型钢与混凝土之间黏结强度为 0，此时混凝土与型钢钢架脱离开，初期支护混凝土独自承担荷载，后续传递给二次衬砌荷载保持不变（即接触压力不变）。

6.4.2　二次衬砌弯矩变化规律

提取不同锈蚀率下二次衬砌拱顶、拱腰、边墙、墙脚及仰拱处的单元应力，然后采用弹性力学的坐标转化方法，将直角坐标系下的节点应力转化为衬砌切向的应力，进而计算截面的弯矩、轴力。型钢钢架不同锈蚀率时二次衬砌弯矩如图 6-21、图 6-22 所示。

通过图 6-21、图 6-22 可知，二次衬砌弯矩随锈蚀率变化分为四个阶段：①型钢钢架锈蚀率 $\rho \leqslant 3\%$ 时，二次衬砌截面弯矩略微增加；②锈蚀率 $3\% < \rho \leqslant 10.8\%$ 时，二次衬砌弯矩加速上升；③锈蚀率 $10.8\% < \rho \leqslant 50.6\%$ 时，此时二次衬砌弯矩较上一阶段缓速上升；④锈蚀率 $\rho > 50.6\%$ 时，二次衬砌弯矩保持不变。四阶段弯矩变化趋势原因同接触应力变化原因。

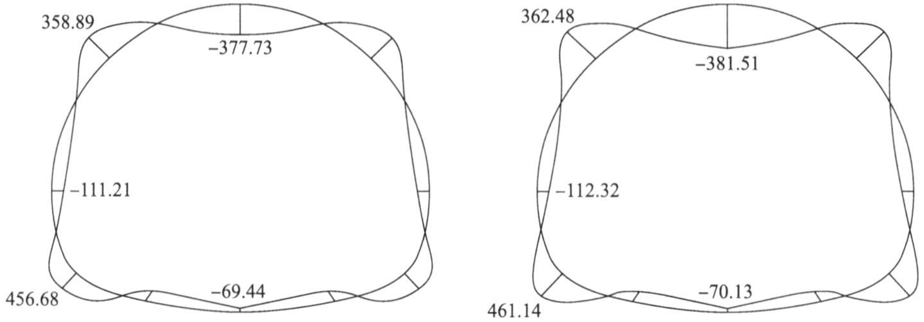

a）ρ=0%　　b）ρ=3%

图　6-21

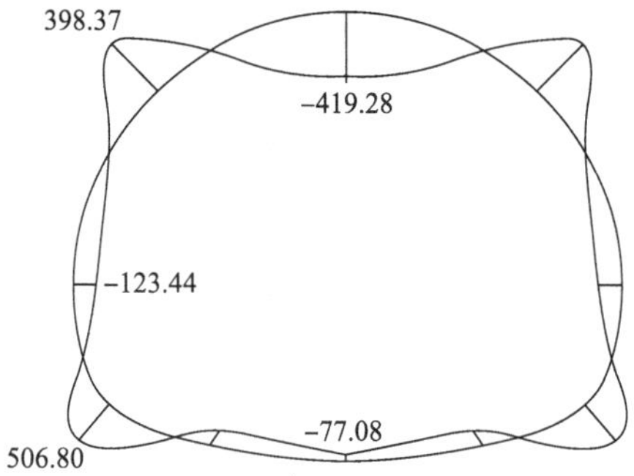

c）ρ=10.8%

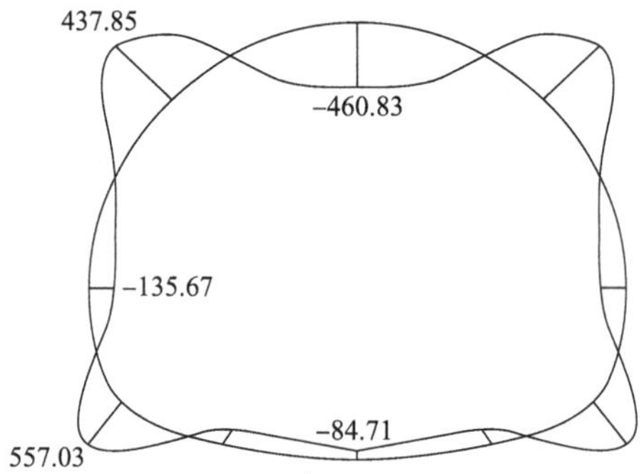

d）ρ=50.6%

图 6-21　二次衬砌弯矩随锈蚀率变化（单位：kN·m）

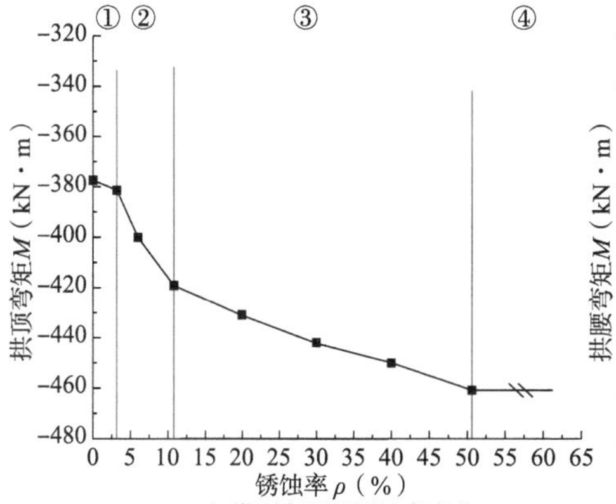

a）拱顶弯矩随锈蚀率变化

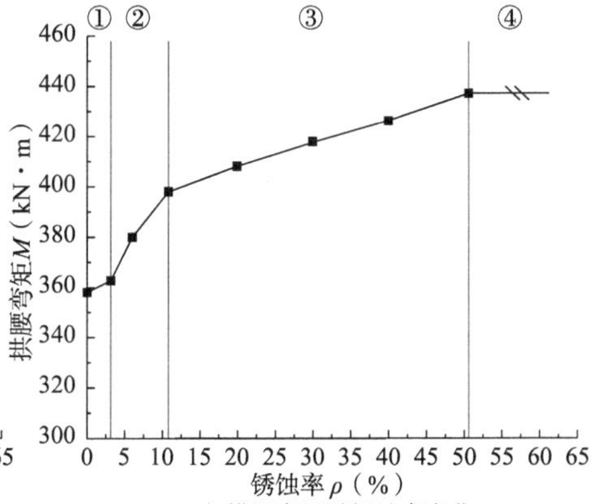

b）拱腰弯矩随锈蚀率变化

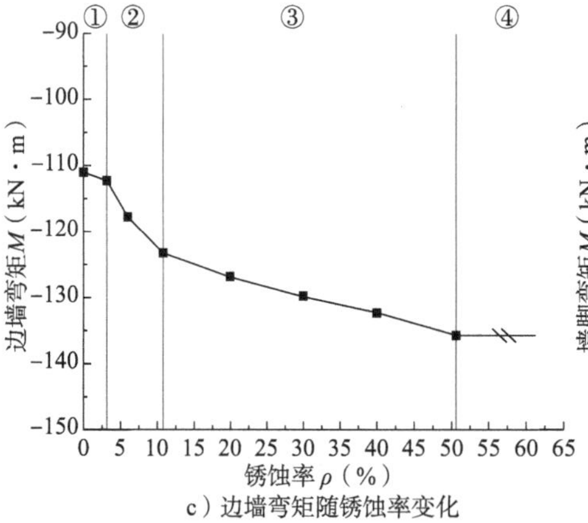

c）边墙弯矩随锈蚀率变化

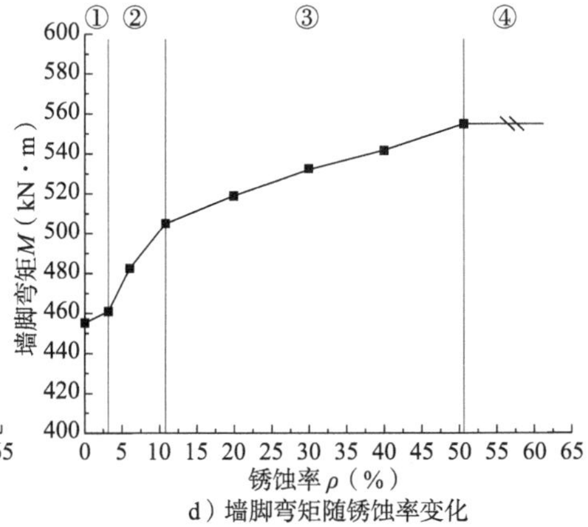

d）墙脚弯矩随锈蚀率变化

图　6-22

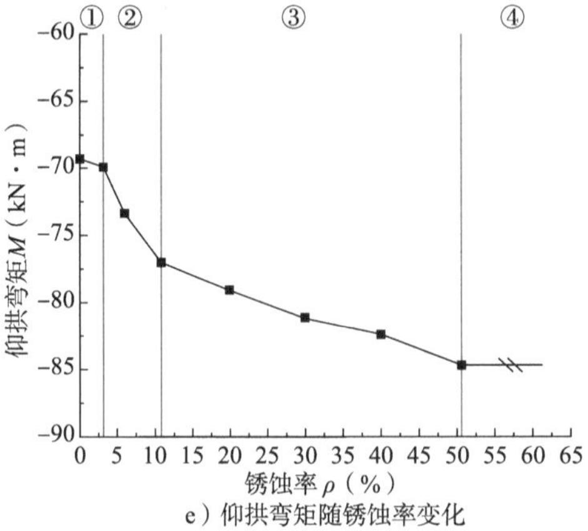

e）仰拱弯矩随锈蚀率变化

图 6-22　二次衬砌弯矩变化趋势图（单位：kN·m）

以二次衬砌初始弯矩 M_{0s} 为基准，则可得到二次衬砌四阶段的弯矩演化系数表达式：

$$\alpha_{Ms}=\begin{cases}1.01 & \rho\leqslant 3\% \\ 1.31\rho^{0.074} & 3\%<\rho\leqslant 10.8\% \\ 0.271\rho+1.084 & 10.8\%<\rho\leqslant 50.6\% \\ 1.221 & \rho>50.6\%\end{cases} \tag{6-16}$$

6.4.3　二次衬砌轴力变化规律

型钢钢架不同锈蚀率时二次衬砌拱顶、拱腰、边墙、墙脚及仰拱处二次衬砌弯矩如图 6-23、图 6-24 所示。

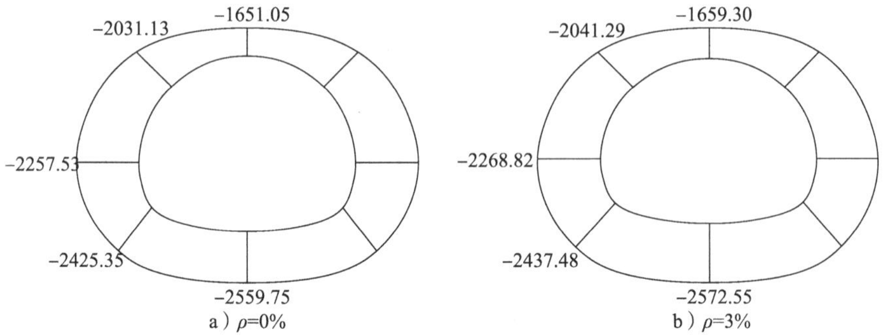

a）ρ=0%　　b）ρ=3%

图　6-23

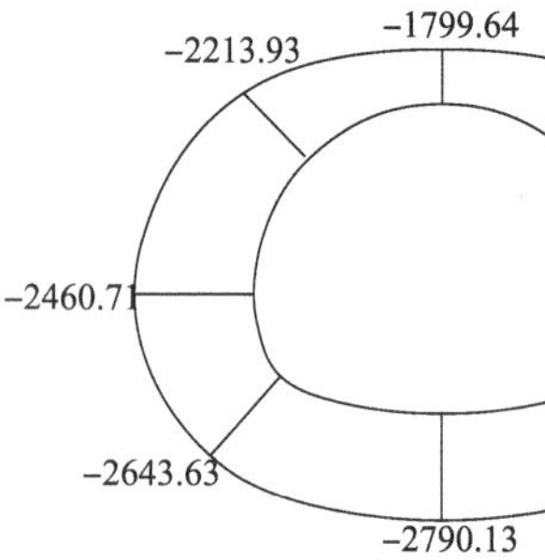

c）ρ=10.8%

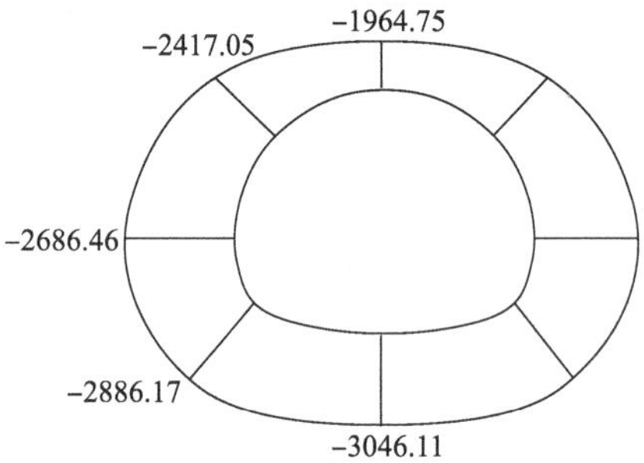

d）ρ=50.6%

图 6-23　二次衬砌轴力随锈蚀率变化（单位：kN）

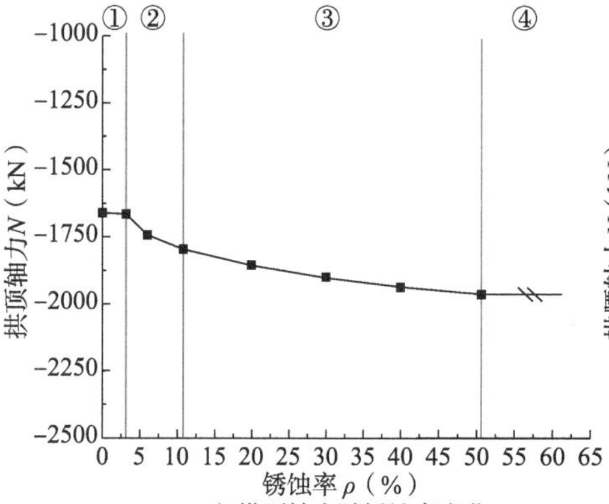

a）拱顶轴力随锈蚀率变化

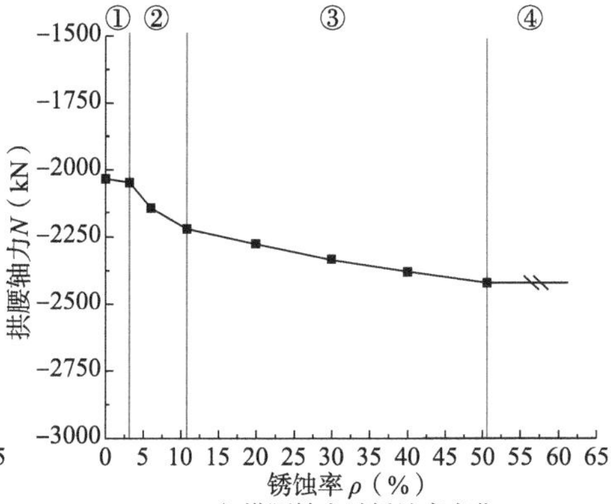

b）拱腰轴力随锈蚀率变化

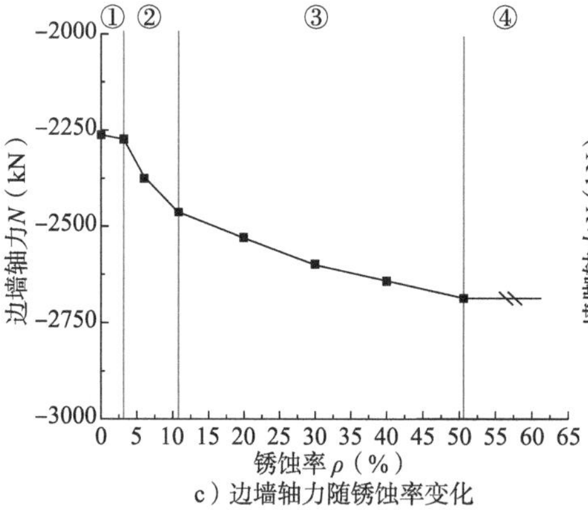

c）边墙轴力随锈蚀率变化

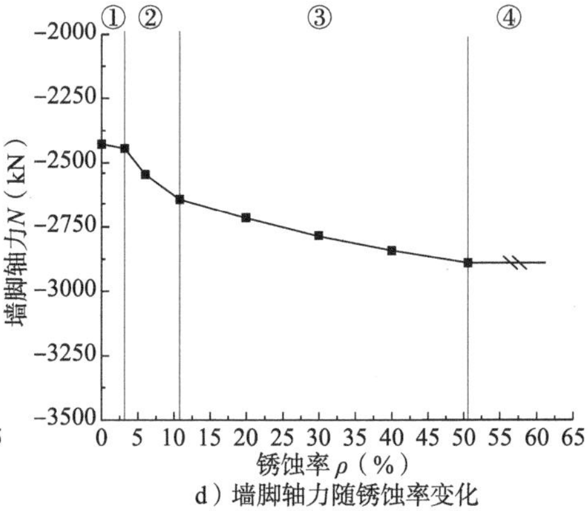

d）墙脚轴力随锈蚀率变化

图　6-24

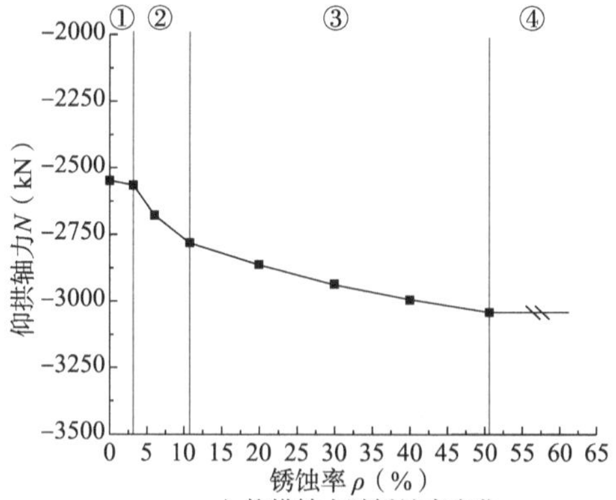

e）仰拱轴力随锈蚀率变化

图 6-24 二次衬砌轴力变化趋势图（单位：kN）

通过图 6-23、图 6-24 可知，二次衬砌轴力随锈蚀率变化分为四个阶段：①型钢钢架锈蚀率 $\rho \leqslant 3\%$ 时，二次衬砌轴力几乎保持不变，仅略微增加；②锈蚀率 $3\% < \rho \leqslant 10.8\%$ 时，二次衬砌轴力加速上升；③锈蚀率 $10.8\% < \rho \leqslant 50.6\%$ 时，此时二次衬砌轴力较上一阶段缓速上升；④锈蚀率 $\rho > 50.6\%$ 时，二次衬砌轴力保持不变。四阶段轴力变化趋势原因与接触应力变化类似。

以二次衬砌初始轴力 N_{0s} 为基准，则可得到二次衬砌四阶段的轴力演化表达式：

$$\alpha_{Ns}=\begin{cases}1 & \rho\leqslant 3\% \\ 1.25\rho^{0.063} & 3\%<\rho\leqslant 10.8\% \\ 0.250\rho+1.068 & 10.8\%<\rho\leqslant 50.6\% \\ 1.194 & \rho>50.6\%\end{cases} \tag{6-17}$$

第 7 章

隧道支护体系劣化后安全性评价方法

开展隧道长期安全性评价需明确围岩荷载，还需建立安全评价模型。支护体系劣化的过程中，围岩荷载由形变荷载向塌方荷载过渡，同时随着围岩 - 初期支护 - 二次衬砌间荷载的转移，支护结构的内力发生变化，导致结构的整体安全性发生改变。本章介绍了支护体系劣化致围岩荷载发生变化的机制，给出了围岩荷载计算公式，建立了隧道长期安全性评价方法。

7.1　隧道支护体系劣化后围岩荷载确定

围岩荷载（围岩压力）是岩体受扰动产生应力重分配过程中，围岩变形受到支护结构的约束而在支护与围岩接触面上产生的压力，分为形变压力和松散压力（塌方荷载）。其中，形变压力为围岩与支护相互作用、协调变形产生的压力，如图 7-1 所示；而塌方荷载是由于围岩出现松动或坍塌，并以重力形式作用在支护上的压力，如图 7-2 所示。

围岩荷载的产生与围岩质量密切相关，而围岩质量可由其所处应力状态及其对应物理力学参数进行表征。隧道开挖导致处于原始应力平衡状态的岩体在力学特性方面发生了较大变化，其致因主要可分为岩体所处应力状态的重新分布以及开挖扰动导致岩体力学性能的劣化。

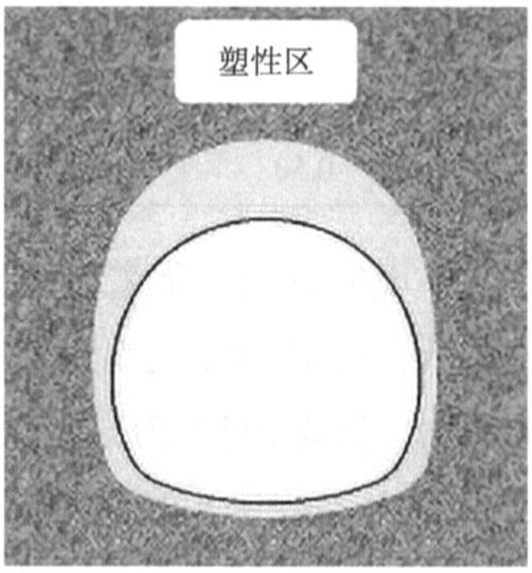

图 7-1　形变压力示意图

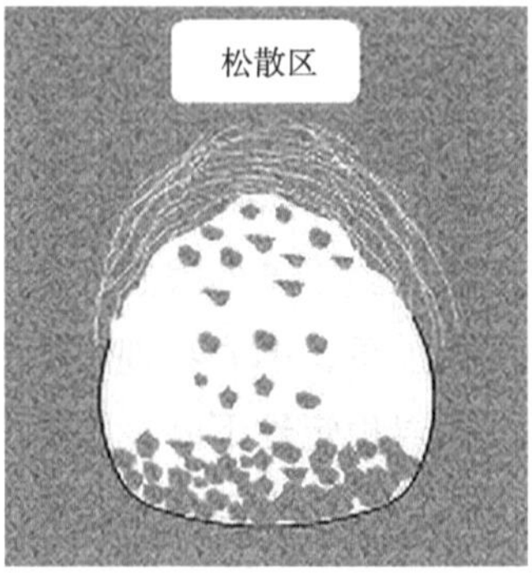

图 7-2　松散压力示意图

隧道施工阶段开挖卸荷，导致围岩所处应力状态发生变化，距洞室一定范围内，由于地应力的释放，导致围岩所处围岩压力降低，岩石抗压强度及抗剪强度均有不同程度的劣化，其中高地应力软岩隧道围岩物理力学参数影响最为明显。

而隧道运营阶段，受隧道所处地质环境的影响，如围岩会出现溶蚀、软化等现象，均会对围岩物理力学参数产生劣化影响，进而导致围岩质量降低。

隧道开挖初期围岩应力的释放导致围岩产生变形，并逐渐由弹性变形向塑性变形发展，此时若围岩劣化程度较低，加之支护施作及时，则可较好地对围岩变形进行控制，此时围岩产生的荷载类型为形变压力。围岩形变压力计算方法如式（7-1）、式（7-2）所示。

竖向形变压力按式（7-1）计算：

$$q_b=\gamma_R \cdot 0.33\,(0.2+0.1B^*) \cdot e^{0.6}S_w \tag{7-1}$$

式中：γ_R——围岩重度（kN/m^3），按现行《铁路隧道设计规范》（TB 10003）选取；

B^*——隧道跨度（m）；

S_w——围岩级别，如Ⅲ级围岩 $S_w=3$；

e——自然常数，取 2.72。

水平形变压力按式（7-2）计算：

$$e_b=\lambda_b^w q_b \tag{7-2}$$

式中：λ_b^w——围岩形变压力的侧压力系数，按表 7-1 取值；

q_b——竖向形变压力（kPa）。

侧压力系数取值 表 7-1

围岩级别	Ⅲ	Ⅳ	Ⅴ
侧压力系数	＜ 0.25	0.25 ～ 0.50	0.5 ～ 1.00

由于隧道特殊施工条件限制及复杂地质环境的影响，随着隧道运营时间的延长，围岩劣化加重，围岩物理力学参数降低，可能会导致围岩塑性区、围岩变形的增大，围岩稳定性下降，围岩荷载增加，逐渐由形变压力向塌方荷载发展，如图 7-3 所示。对于施工过程中发生过坍塌，或者出现过变形大的段落，隧道结构所受荷载往往为塌方荷载。

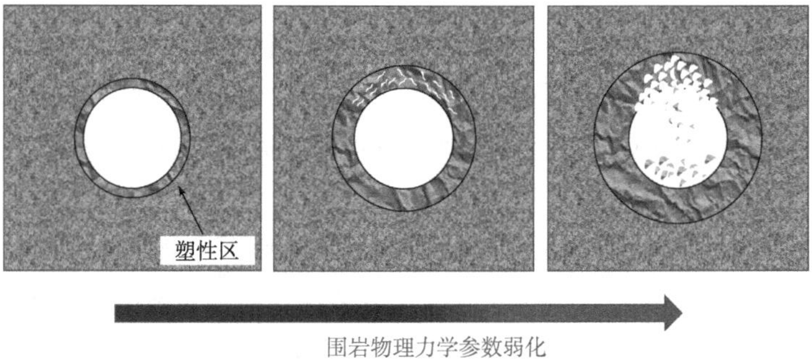

图 7-3　围岩压力随围岩物理力学参数变化示意图

现行《铁路隧道设计规范》（TB 10003）给出了围岩塌方荷载计算公式。竖向塌方荷载按式（7-3）计算：

$$\begin{cases} q=\gamma_{\mathrm{R}}\cdot h_0^{\mathrm{w}} \\ h_0^{\mathrm{w}}=0.45\times 2^{S_{\mathrm{w}}-1}\omega \end{cases} \tag{7-3}$$

式中：ω——隧道跨度修正系数，$\omega=1+i(B^*-5)$；

i——B^* 每增减 1m 时的围岩压力增减率，当 $B^*<5\mathrm{m}$ 时，$i=0.2$；$B^*>5$ 时，$i=0.1$。

水平塌方荷载与形变压力计算公式一致，计算时只将侧压力系数按表 7-2 进行取值替代。

侧压力系数取值 表 7-2

围岩级别	Ⅰ～Ⅱ	Ⅲ	Ⅳ	Ⅴ	Ⅵ
侧压力系数	0	＜ 0.15	0.15 ～ 0.30	0.30 ～ 0.50	0.5 ～ 1.00

在对支护结构长期安全性分析时，一般地质环境及正常施工条件下，可采用形变压力进行设计；特殊地质环境及施工中发生过坍塌或变形大的段落条件下，可采用塌方荷载进行设计。

7.2 支护体系劣化后初期支护计算模型及安全性评价方法

7.2.1 支护体系劣化后初期支护计算模型

随着支护体系劣化，Ⅰ区和Ⅱ区的弯矩、轴力由于刚度变化会重新调整。此处以简化二维荷载 - 结构模型为基础，在此基础上进行弯矩、轴力进行修正，以方便后续对Ⅰ区、Ⅱ区的安全性快速评判。

简化二维荷载 - 结构模型只考虑初期支护混凝土段（不包含型钢钢架），初期支护混凝土采用梁单元进行模拟，围岩约束效应仍采用弹簧单元模拟。模型纵向长度取 1m，建成的模型如图 7-4 所示。

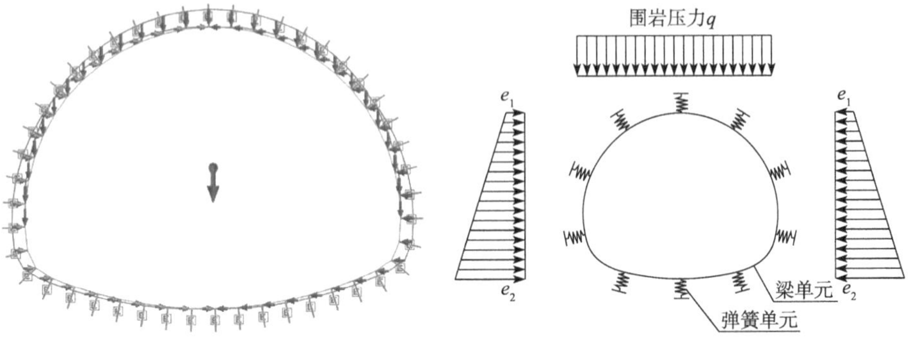

a）简化二维荷载 - 结构模型　　　b）荷载示意图

图 7-4　简化二维荷载 - 结构计算模型

在确定围岩压力及支护参数后，便可得到支护体系未劣化时简化模型弯矩 M_s、轴力 N_s。弯矩、轴力修正见式（7-4）和式（7-5）：

$$\begin{cases} M_{\mathrm{I}}=\alpha_{\mathrm{M,I}}M_s \\ M_{\mathrm{II}}=\alpha_{\mathrm{M,II}}M_s \end{cases} \tag{7-4}$$

式中：M_s——支护体系未劣化时简化模型弯矩（kN・m）；

M_{I}——支护体系劣化时Ⅰ区弯矩（kN・m）；

M_{II}——支护体系劣化时Ⅱ区弯矩（kN・m）；

$\alpha_{M,I}$、$\alpha_{M,II}$——分别为Ⅰ区、Ⅱ区弯矩修正系数。

$$\begin{cases} N_{I} = \alpha_{N,I} N_{s} \\ N_{II} = \alpha_{N,II} N_{s} \end{cases} \tag{7-5}$$

式中：N_s——支护体系未劣化时简化模型轴力（kN）；

N_I——支护体系劣化时Ⅰ区轴（kN）；

N_{II}——支护体系劣化时Ⅱ区轴力（kN）；

$\alpha_{N,I}$、$\alpha_{N,II}$——分别为Ⅰ区、Ⅱ区轴力修正系数。

以某海底隧道型钢钢架锈蚀为例，通过计算得到其初期支护弯矩 M_s、轴力 N_s，如图 7-5 所示。

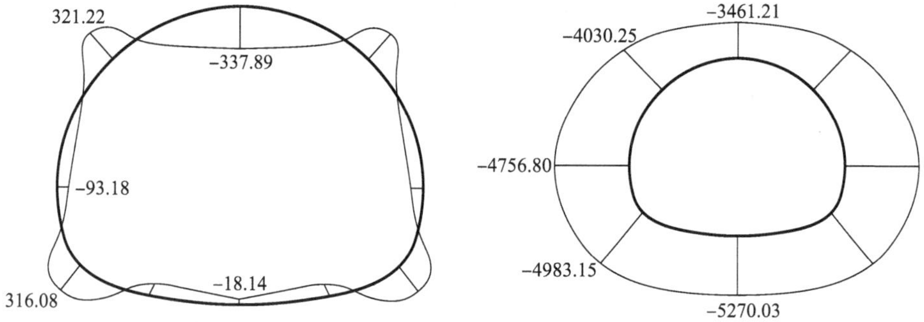

a）弯矩（kN·m） b）轴力（kN）

图 7-5 简化荷载 - 结构模型弯矩、轴力图

注：混凝土内侧受拉时弯矩为正。

以简化模型的弯矩 M_s、轴力 N_s 为标准，对Ⅰ区、Ⅱ区的弯矩、轴力进行修正（表 7-3）：①Ⅰ区、Ⅱ区弯矩与简化模型的弯矩、轴力初始比值；②根据Ⅰ区、Ⅱ区的弯矩、轴力随锈蚀率变化进行修正。

简化模型与Ⅰ区、Ⅱ区弯矩、轴力对比 表 7-3

弯矩、轴力	拱顶	拱腰	边墙	墙脚	仰拱
简化模型弯矩 M_s（kN·m）	−337.88	321.22	−93.18	316.07	−18.14
Ⅰ区初始弯矩 M_{0I}（kN·m）	−460.86	433.75	−126.52	430.00	−24.76
Ⅱ区初始弯矩 M_{0II}（kN·m）	−287.88	268.14	−80.00	263.346	−15.58
M_{0I}/M_s 比值	1.36	1.35	1.36	1.36	1.36
M_{0II}/M_s 比值	0.85	0.83	0.86	0.83	0.86
简化模型轴力 N_s（kN）	−3461.21	−4030.25	−4756.80	−4983.15	−5270.03

续上表

弯矩、轴力	拱顶	拱腰	边墙	墙脚	仰拱
Ⅰ区初始轴力 $N_{0\mathrm{I}}$（kN）	−3871.13	−4462.51	−5296.27	−5558.93	−5897.84
Ⅱ区初始轴力 $N_{0\mathrm{II}}$（kN）	−2418.15	−2758.72	−3348.83	−3404.47	−3712.18
$N_{0\mathrm{I}}/N_s$ 比值	1.12	1.11	1.11	1.12	1.12
$N_{0\mathrm{II}}/N_s$ 比值	0.70	0.68	0.70	0.68	0.70

通过表 7-3 可得，Ⅰ区初始弯矩、Ⅱ区初始弯矩与简化模型的弯矩关系式：

$$\begin{cases} M_{0\mathrm{I}}=1.36M_s \\ M_{0\mathrm{II}}=0.85M_s \end{cases} \tag{7-6}$$

式中：$M_{0\mathrm{I}}$——Ⅰ区初始弯矩（kN·m）；

$M_{0\mathrm{II}}$——Ⅱ区初始弯矩（kN·m）；

M_s——简化荷载模型的弯矩（kN·m）。

根据Ⅰ区、Ⅱ区的弯矩随锈蚀率的变化关系分别见式（6-10）和式（6-11），同时结合式（7-6），最终得到Ⅰ区弯矩、Ⅱ区弯矩随锈蚀率的变化关系式：

$$\begin{cases} M_{\rho\mathrm{I}}=\alpha_{\mathrm{M,I}}M_s \\ M_{\rho\mathrm{II}}=\alpha_{\mathrm{M,II}}M_s \end{cases} \tag{7-7}$$

Ⅰ区

$$\begin{cases} \alpha_{\mathrm{M,I}}=1.33 & \rho\leqslant 3\% \\ \alpha_{\mathrm{M,I}}=0.87\rho^{-0.13} & 3\%<\rho\leqslant 10.8\% \\ \alpha_{\mathrm{M,I}}=-0.56\rho+1.21 & 10.8\%<\rho\leqslant 50.6\% \\ \alpha_{\mathrm{M,I}}=0.92 & \rho>50.6\% \end{cases} \tag{7-8}$$

Ⅱ区

$$\begin{cases} \alpha_{\mathrm{M,II}}=0.86 & \rho\leqslant 3\% \\ \alpha_{\mathrm{M,II}}=1.05\rho^{0.06} & 3\%<\rho\leqslant 10.8\% \\ \alpha_{\mathrm{M,II}}=0.33\rho+0.87 & 10.8\%<\rho\leqslant 50.6\% \\ \alpha_{\mathrm{M,II}}=1.05 & \rho>50.6\% \end{cases} \tag{7-9}$$

式中：$M_{\rho\mathrm{I}}$——锈蚀率 ρ 时Ⅰ区弯矩（kN·m）；

$M_{\rho\mathrm{II}}$——锈蚀率为 ρ 时Ⅱ区弯矩（kN·m）；

$\alpha_{\mathrm{M,I}}$、$\alpha_{\mathrm{M,II}}$——分别为Ⅰ区、Ⅱ区弯矩修正系数。

采用和弯矩相同的处理方法，可得到Ⅰ区轴力、Ⅱ区轴力随锈蚀率的变化关系式：

$$\begin{cases} N_{\rho \mathrm{I}}=\alpha_{\mathrm{N,I}}N_{\mathrm{s}} \\ N_{\rho \mathrm{II}}=\alpha_{\mathrm{N,II}}N_{\mathrm{s}} \end{cases} \tag{7-10}$$

Ⅰ区

$$\begin{cases} \alpha_{\mathrm{N,I}}=1.11 & \rho \leqslant 3\% \\ \alpha_{\mathrm{N,I}}=0.75\rho^{-0.11} & 3\%<\rho \leqslant 10.8\% \\ \alpha_{\mathrm{N,I}}=-0.44\rho+1.02 & 10.8\%<\rho \leqslant 50.6\% \\ \alpha_{\mathrm{N,I}}=0.80 & \rho>50.6\% \end{cases} \tag{7-11}$$

Ⅱ区

$$\begin{cases} \alpha_{\mathrm{N,II}}=0.71 & \rho \leqslant 3\% \\ \alpha_{\mathrm{N,II}}=0.90\rho^{0.08} & 3\%<\rho \leqslant 10.8\% \\ \alpha_{\mathrm{N,II}}=0.32\rho+0.72 & 10.8\%<\rho \leqslant 50.6\% \\ \alpha_{\mathrm{N,II}}=0.88 & \rho>50.6\% \end{cases} \tag{7-12}$$

式中：$N_{\rho \mathrm{I}}$——锈蚀率为 ρ 时Ⅰ区轴力（kN）；

$N_{\rho \mathrm{II}}$——锈蚀率为 ρ 时Ⅱ区轴力（kN）；

N_{s}——简化模型的轴力（kN）；

$\alpha_{\mathrm{N,I}}$、$\alpha_{\mathrm{N,II}}$——分别为Ⅰ区、Ⅱ区轴力修正系数。

7.2.2 支护体系劣化后初期支护安全性评价方法

支护体系劣化后，初期支护Ⅰ、Ⅱ区的弯矩、轴力发生改变，导致初期支护Ⅰ、Ⅱ区安全系数发生改变。此处采用初期支护简化荷载 - 结构计算模型得到弯矩 M_{s}、轴力 N_{s}，再根据弯矩、轴力修正公式得到初期支护不同分区的弯矩、轴力随支护体系劣化的变化数值，已知弯矩、轴力数值后进行安全性评判。

（1）初期支护Ⅰ区安全性评判方法

初期支护Ⅰ区包含喷射混凝土与型钢钢架，按照现行《公路隧道设计细则》（JTG/T D70）规定：型钢钢架与喷射混凝土进行强度校核时，轴力由型钢钢架与喷射混凝土共同承担，弯矩仅由型钢钢架承担，可按下列公式计算：

喷射混凝土承担的轴力：

$$N_{\mathrm{h}}=N\frac{A_{\mathrm{h}}E_{\mathrm{h}}}{A_{\mathrm{h}}E_{\mathrm{h}}+A_{\mathrm{g}}E_{\mathrm{g}}} \tag{7-13}$$

喷射混凝土承担的弯矩：

$$M_{\mathrm{h}}=0 \tag{7-14}$$

型钢钢架承担的轴力：

$$N_g=N\frac{A_gE_g}{A_hE_h+A_gE_g} \tag{7-15}$$

型钢钢架承担的弯矩：

$$M_g=M \tag{7-16}$$

式中：N、M——单位长度内验算截面的轴力（kN）及弯矩（kN · m）；

A_h、A_g——喷射混凝土及型钢钢架计算截面的面积（m^2）；

E_h、E_g——喷射混凝土及型钢钢架的弹性模量（kPa）；

N_h、N_g——喷射混凝土及型钢钢架分别承担的轴力（kN）；

M_h、M_g——喷射混凝土及型钢钢架分别承担的弯矩（kN · m）。

喷射混凝土及型钢钢架强度校核应符合式（7-17）～式（7-19）。

喷射混凝土截面受压强度：

$$K_{hy}N_h \leqslant \alpha R_{hy}A_h \tag{7-17}$$

型钢钢架受压强度：

$$K_g\left(\frac{N_g}{A_g}+\frac{M_g}{W_g}\right)\leqslant R_{gy} \tag{7-18}$$

型钢钢架受拉强度：

$$K_g\left(\frac{N_g}{A_g}-\frac{M_g}{W_g}\right)\leqslant R_{gl} \tag{7-19}$$

式中：K_{hy}——喷射混凝土的抗压强度综合安全系数，按《公路隧道设计细则》（JTG/T D70—2010）表 10.4.4 确定；

R_{gy}——拱架钢材的抗压极限强度（kPa）；

R_{gl}——拱架钢材的抗拉极限强度（kPa）；

K_g——型钢钢架的抗压、抗拉强度综合安全系数，按《公路隧道设计细则》（JTG/T D70—2010）表 10.4.4 确定；

W_g——型钢钢架验算截面抗弯刚度（m^3）。

（2）初期支护 II 区安全性评判方法

初期支护 II 区仅包含喷射混凝土，弯矩、轴力仅由喷射混凝土承担。

抗压强度可按下列公式计算：

$$K_cN \leqslant \varphi_\delta\alpha R_a b_0 h_0 \tag{7-20}$$

式中：K_c——混凝土抗压控制的安全系数；

N——轴向力（kN）；

R_a——混凝土抗压极限强度（kPa）；

b_0——截面的宽度（m）；

h_0——截面的厚度（m）；

φ_δ——构件的纵向弯曲系数；

α——轴向力的偏心影响系数。

从抗裂要求出发，素混凝土矩形截面偏心受压构件的抗拉强度应按下式计算：

$$K_t N \leqslant \varphi_\delta \frac{1.75 R_1 b_0 h_0}{\dfrac{6e_0}{h_0}-1} \tag{7-21}$$

式中：K_t——混凝土抗拉控制的安全系数；

R_1——混凝土的抗拉极限强度（kPa）；

e_0——截面偏心距（m）。

7.3 支护体系劣化后二次衬砌计算模型及安全性评价方法

7.3.1 支护体系劣化后二次衬砌力学计算模型

为了方便得到型钢钢架锈蚀后二次衬砌弯矩、轴力或对其安全性进行评判，此处采用二维荷载 - 结构模型，二次衬砌采用梁单元进行模拟，围岩约束效应仍采用弹簧单元模拟。模型纵向长度取 1m，计算模型如图 7-6 所示。计算模型中最关键一点是如何确定荷载转移系数 η。

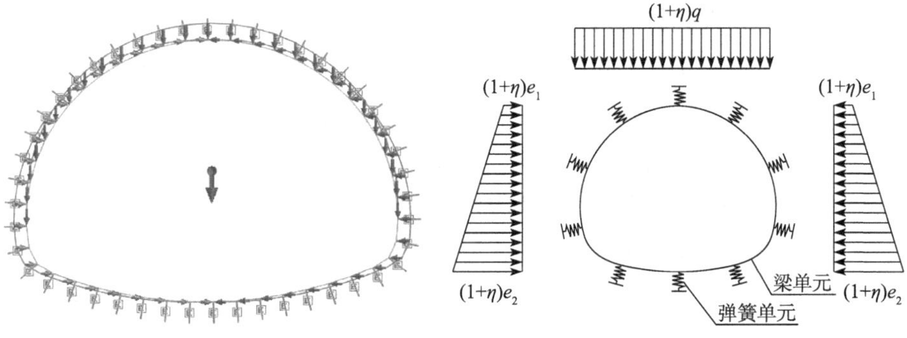

a）二次衬砌荷载 - 结构模型　　b）荷载示意图

图 7-6　二次衬砌荷载 - 结构模型

7.3.2 支护体系劣化后初期支护与二次衬砌间荷载转移分析

（1）荷载转移定义

支护体系劣化后，围岩 - 初期支护 - 二次衬砌间应力发生调整以达到新的力学平衡，期间初期支护起初承担的荷载部分转移给二次衬砌，此过程称为荷载转移。荷载转移系数 η 的表达式：

$$\eta=\frac{\Delta q}{q}=\frac{q_{\rho}-q}{q}=\frac{q_{\rho}}{q}-1 \tag{7-22}$$

式中：Δq——支护体系劣化后初期支护转移给二次衬砌的荷载量（kPa）；

q——支护体系未劣化时二次衬砌承担的荷载（kPa）；

q_{ρ}——支护体系劣化后二次衬砌承担的荷载（kPa）。

（2）荷载转移系数计算方法

初期支护荷载向二次衬砌的转移体现在二次衬砌弯矩、轴力的变化上，因此荷载转移系数 η 也可通过二次衬砌的弯矩或轴力变化来表达：

$$\eta_{M}=\frac{\Delta M}{M} \tag{7-23}$$

$$\eta_{N}=\frac{\Delta N}{N} \tag{7-24}$$

式中：η_{M}——二次衬砌弯矩变化定义的荷载转移系数；

η_{N}——二次衬砌轴力变化定义的荷载转移系数；

M——支护体系未劣化时二次衬砌弯矩（kN · m）；

N——支护体系未劣化时二次衬砌轴力（kN）；

ΔM——支护体系劣化前后二次衬砌弯矩变化量（kN · m）；

ΔN——支护体系劣化前后二次衬砌轴力变化量（kN）。

以型钢钢架锈蚀为例，根据式（6-16）可得到弯矩定义的荷载转移系数 η_{M} 随锈蚀率变化的公式：

$$\begin{cases}\eta_{M}=0 & \rho\leqslant 3\% \\ \eta_{M}=1.31\rho^{0.074}-1 & 3\%<\rho\leqslant 10.8\% \\ \eta_{M}=0.271\rho+0.084 & 10.8\%<\rho\leqslant 50.6\% \\ \eta_{M}=0.221 & \rho>50.6\%\end{cases} \tag{7-25}$$

根据式（6-17），可得到轴力定义的荷载转移系数 η_{N} 随锈蚀率变化的公式：

$$\begin{cases} \eta_N=0 & \rho\leqslant 3\% \\ \eta_N=1.25\rho^{0.063}-1 & 3\%<\rho\leqslant 10.8\% \\ \eta_N=0.250\rho+0.068 & 10.8\%<\rho\leqslant 50.6\% \\ \eta_N=0.194 & \rho>50.6\% \end{cases} \tag{7-26}$$

根据式（7-25）、式（7-26）绘制出荷载转移系数 η 随锈蚀率的变化曲线如图 7-7 所示。

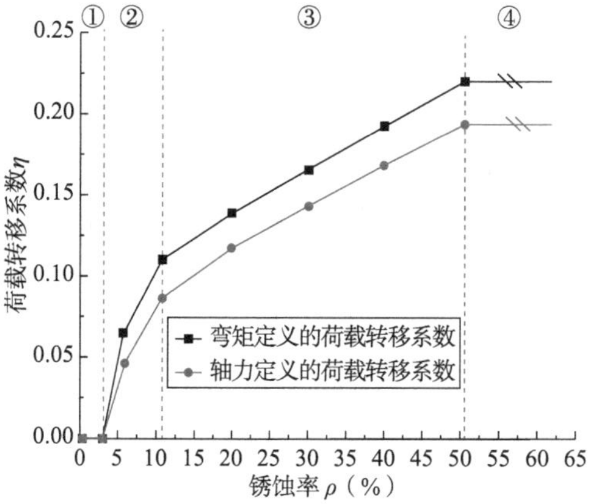

图 7-7　荷载转移系数与锈蚀率关系

弯矩定义的荷载转移系数 η_M 略微大于轴力定义的荷载转移系数 η_N，后续计算模型中建议选用弯矩定义的荷载转移系数 η；荷载转移系数 η 随着锈蚀率变化分为四阶段：①$\rho\leqslant 3\%$时，荷载转移系数η几乎保持不变；②$3\%<\rho\leqslant 10.8\%$，荷载转移系数 η 大幅度增加；③ $10.8\%<\rho\leqslant 50.6\%$，荷载转移系数 η 较上一阶段缓速上升；④$\rho>50.6\%$，荷载转移系数再次保持不变；锈蚀率由 0 至 50.6% 时，荷载转移系数 η 由 0 增加至 0.221。

海底隧道设计使用年限按 100 年考虑，若初期支护起始开裂渗水，型钢钢架一开始接触氯离子受到侵蚀（诱导期 $t_1=0$，锈蚀时间 $t_2=100$ 年），则根据式（4-48）型钢钢架最高锈蚀率为 59.05%，同时根据式（7-25）可得到荷载转移系数 $\eta=0.221$，表明二次衬砌荷载增加 0.221 倍；若初期支护无开裂渗水（完整密实状态），保护层厚度分别为 5cm、6cm、7cm、8cm、9cm 对应的诱导期 t_1 分别为 24.00 年、34.56 年、47.04 年、61.44 年、77.76 年，则对应锈蚀时间 t_2 为 76.00 年、65.44 年、52.96 年、38.56 年、22.24 年，则根据式（4-48）可得到保护层厚度为 5cm、6cm、7cm、8cm、9cm 时分别对应的锈蚀率为 49.99%、45.64%、40.11%、33.02%、23.53%。根据式（7-25）可得海底隧道服役 100 年时，保护层厚度为 5cm 时荷载转移系数 η=0.219，表明二次衬砌荷载增加 0.219 倍；保护层厚度为 6cm 时荷载转移系数 η=0.207，表明二次衬砌荷载增加 0.207 倍；保护层厚度为 7cm 时荷载转移系数 η=0.193，表明二次衬砌荷载增加 0.193 倍；保护层厚度为 8cm 时荷载转移系数 η=0.173，表明二次衬砌荷载增加 0.173 倍；保护层厚度为 9cm 时荷载转移系数 η=0.148，表明二次衬砌荷载增加 0.148 倍。绘制荷载转移系数与服役时间的关系曲线如图 7-8 所示，荷载加载系数呈现加速上升、缓速上升、平稳阶段；初期支护一开始开裂渗水，服役时间为 0.8 年时二次衬砌荷载开始增加；初期支护无开裂渗水（密实完整状态），保护层厚度为 5cm、6cm、7cm、8cm、9cm 时对应二次衬砌荷载开始增加的起始时间分别为 24.80 年、35.36 年、47.84 年、62.24 年、78.56 年。

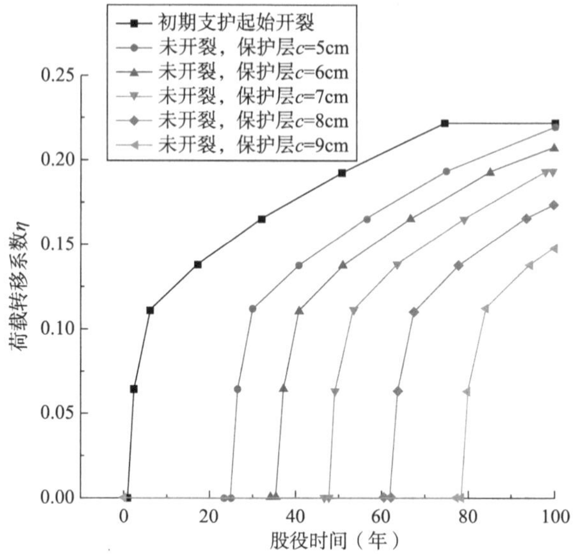

图 7-8　海底隧道服役时间与荷载转移系数关系

7.3.3　支护体系劣化后二次衬砌安全性评价方法

支护体系劣化后，围岩 - 初期支护 - 二次衬砌间应力发生调整后支护结构的安全系数也将发生改变，本节给出了支护体系劣化后二次衬砌安全系数评价的方法。

（1）二次衬砌安全系数基准

根据现行《公路隧道设计规范　第一册　土建工程》（JTG 3370.1）规定，公路隧道钢筋混凝土衬砌按破损阶段检算构件截面强度时，根据结构所受的不同荷载组合，对于“主要荷载 + 附加荷载”组合，混凝土达到抗压极限强度时结构安全系数不小于 2.0，达到抗拉极限强度时结构安全系数不小于 2.4。

（2）安全系数计算方法

采用上述二次衬砌荷载 - 结构计算模型及荷载转移系数，进而得到二次衬砌各截面的弯矩、轴力，根据现行《公路隧道设计规范　第一册　土建工程》（JTG 3370.1）按破损阶段对二次衬砌结构的强度安全系数进行检算。钢筋混凝土受弯构件的截面安全系数，可按下列公式计算：

$$K_{\min}M \leqslant R_{w}b_{0}x\,(h_{0}-x/2)+R_{g}A'_{g}(h_{0}-a') \tag{7-27}$$

中和轴的位置按下式确定：

$$R_{g}(A_{g}-A'_{g})=R_{w}b_{o}x \tag{7-28}$$

式中：K——安全系数；

M——弯矩（MN · m）；

b_0——截面宽度（m）；

x——混凝土的受压区高度（m）；

R_w——混凝土弯曲抗压极限强度（MPa），此处取 42MPa；

R_g——钢筋抗拉或抗压的计算强度（MPa）；

A'_g——受压区钢筋的截面面积（m^2）；

h_0——截面的有效高度（m）；

a'——A'_g 至截面最近边缘的距离（m）；

b——截面的有效高度（m）。

以型钢钢架锈蚀为例，分别计算锈蚀率为 0%、3%、6%、10.8%、20%、30%、40%、50.6% 时衬砌结构的弯矩、轴力，列举锈蚀率为 0% 时二次衬砌弯矩、轴力如图 7-9 所示，其余锈蚀率时弯矩、轴力分布特征与图 7-9 类似，仅是数值上的差异。

通过式（7-27）获得型钢钢架不同锈蚀率时二次衬砌结构安全系数见表 7-4。

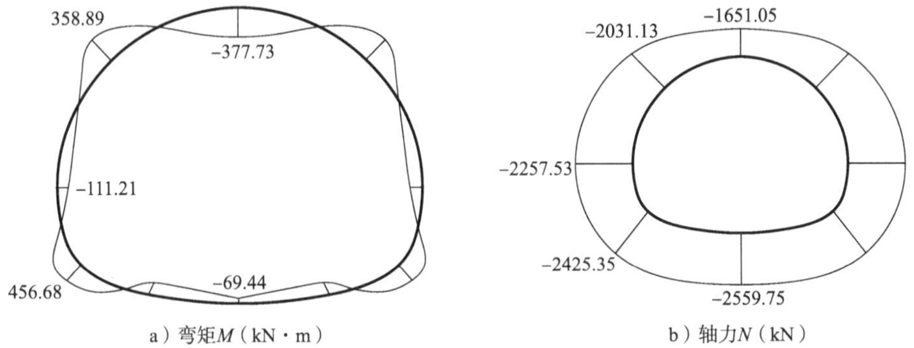

图 7-9　锈蚀率 ρ=0% 时二次衬砌弯矩、轴力

不同锈蚀率下二次衬砌安全系数　　表 7-4

锈蚀率 ρ（%）	锈蚀时间 t_2（年）	不同位置安全系数 K				
		拱顶	拱腰	边墙	墙脚	仰拱
0	0.00	5.33	8.21	6.36	3.56	7.29
3	0.80	5.33	8.21	6.36	3.56	7.29
6	2.44	5.12	7.87	6.10	3.41	6.99
10.8	6.25	4.88	7.49	5.81	3.25	6.67
20	16.82	4.77	7.32	5.68	3.18	6.51
30	32.21	4.67	7.15	5.55	3.11	6.37
40	51.08	4.58	7.01	5.44	3.05	6.25
50.6	74.45	4.47	6.84	5.31	2.82	6.10

由表 7-4 可以看出安全系数的最小值均出现在墙脚处，安全系数最大值出现在拱腰处。以墙脚的安全系数为例，绘制出安全系数随锈蚀率变化的曲线［图 7-10a）］，同时锈蚀率跟锈蚀时间的关系［式（4-48）］，则可得到安全系数随锈蚀时间的变化曲线［图 7-10b）］。

由图 7-10 可知：

（1）二次衬砌安全系数随锈蚀率或锈蚀时间变化分为四阶段：①锈蚀率 $\rho \leqslant 3\%$（锈蚀时间 $t_2 \leqslant 0.8$ 年）时，安全系数保持不变；②锈蚀率 $3\% < \rho \leqslant 10.8\%$（锈蚀时间 0.8 年 $< t_2 \leqslant 6.25$ 年），二次衬砌安全系数加速下降；③锈蚀率 $10.8\% < \rho \leqslant 50.6\%$（锈蚀时间 6.25 年 $< t_2 \leqslant 74.45$ 年），二次衬砌安全系数较

上一阶段缓速下降；④锈蚀率 $\rho > 50.6\%$（锈蚀时间 $t_2 > 74.45$ 年），二次衬砌安全系数保持不变。

（2）锈蚀率由 0% 至 50.6% 时，二次衬砌最小安全系数由 3.56 降至 2.82，降幅为 20.8%。

（3）型钢钢架极限锈蚀状态（型钢钢架与初期支护混凝土脱离开，即 $\rho >$ 50.6%）时，最小安全系数为 2.82，大于安全系数基准 2.4（墙脚处抗拉控制）。

随着支护体系的劣化，围岩荷载逐渐由形变荷载过渡到塌方荷载，同时支护体系因劣化而导致承载力降低，隧道结构安全系数降低。因此，在隧道选线时，应尽量避开可能产生支护体系劣化的环境，若不可避免时，则应根据工程环境特征选择合适的建筑材料，尽量避免或降低隧道支护体系的劣化，从而提升隧道结构的运营安全。

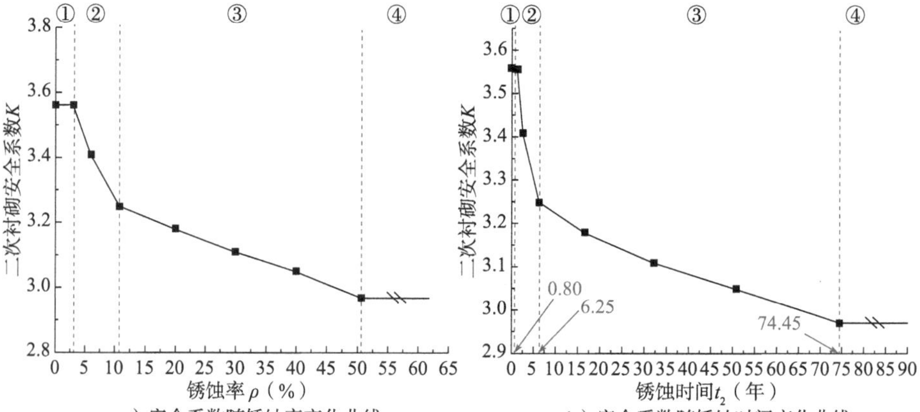

a）安全系数随锈蚀率变化曲线　　b）安全系数随锈蚀时间变化曲线

图 7-10　二次衬砌安全系数

参考文献

Reference

［1］田四明，王伟，巩江峰．中国铁路隧道发展与展望（含截至2020年底中国铁路隧道统计数据）［J］．隧道建设（中英文），2021, 41（02）：308-325.

［2］洪开荣，冯欢欢．中国公路隧道近10年的发展趋势与思考［J］．中国公路学报，2020, 33（12）：62-76.

［3］刘德军，仲飞，黄宏伟，等．运营隧道衬砌病害诊治的现状与发展［J］．中国公路学报，2021, 34（11）：178-199.

［4］韩兴博，叶飞，王永东，等．劣化可靠度下的隧道衬砌结构预防性养护决策［J］．中国公路学报，2021, 34（01）：104-115.

［5］王剑宏，解全一，刘健，等．日本铁路隧道病害和运维管理现状及对我国隧道运维技术发展的建议［J］．隧道建设（中英文），2020, 40（12）：1824-1833.

［6］马伟斌，柴金飞．运营铁路隧道病害检测、监测、评估及整治技术发展现状［J］．隧道建设（中英文），2019, 39（10）：1553-1562.

［7］肖广智．从当前铁路隧道衬砌典型病害谈设计施工改进措施［J］．隧道建设（中英文），2018, 38（09）：1416-1422.

［8］管晓军，李畅，仇文革，等．深埋老黄土隧道围岩劣化对支护受力影响分析［J］．隧道建设（中英文），2019, 39（11）：1806-1814.

［9］殷召念．红层软岩铁路隧道劣化分析及长期安全性评价［D］．成都：西南交通大学，2018.

［10］关宝树．隧道工程施工要点集［M］．北京：人民交通出版社，2003.

［11］关宝树．隧道工程设计要点集［M］．北京：人民交通出版社，2003.

［12］关宝树．隧道工程维修管理要点集［M］．北京：人民交通出版社，2004.

[13] 赵勇. 隧道设计理论与方法[M]. 北京：人民交通出版社股份有限公司，2019.

[14] 苏交科集团股份有限公司. 公路工程混凝土结构耐久性设计规范：JTG/T 3310—2019[S]. 北京：人民交通出版社股份有限公司，2019.

[15] 中国铁道科学研究院. 铁路混凝土结构耐久性设计规范：TB 10005—2010[S]. 北京：中国铁道出版社，2011.

[16] 中交四航工程研究院有限公司，中交水运规划设计院有限公司. 水运工程结构耐久性设计标准：JTS 153—2015[S]. 北京：中国铁道出版社，2015.

[17] 西安建筑科技大学，中交四航工程研究院有限公司. 既有混凝土结构耐久性评定标准：GB/T 51355—2019[S]. 北京：中国建筑工业出版社，2019.

[18] 清华大学. 混凝土结构耐久性设计标准：GB/T 50476—2019[S]. 北京：中国建筑工业出版社，2019.

[19] American Concrete Institute. Building code requirements for structural: ACI 318-19[S]. Concrete Farmington Hills: American Concrete Institute, 2019.

[20] British Standards Institution. Concrete-part 1: specification, performance, production and conformity: EN 206-1[S]. Brussels: European Committee for Standardization, 2013.

[21] 中交第一公路勘察设计研究院有限公司. 公路工程地质勘察规范：JTG C20—2011[S]. 北京：人民交通出版社，2011.

[22] 中华人民共和国住房和城乡建设部. 普通混凝土长期性能和耐久性能试验方法标准：GB/T 50082—2009[S]. 北京：中国建筑工业出版社，2009.

[23] 天津港湾工程研究所. 港口工程混凝土非破损检测技术规程：JT 272—1999[S]. 北京：中国建筑工业出版社，1999.

[24] 郑永学. 矿山岩体力学[M]. 北京：冶金工业出版社，1988.

[25] 铁道部第一勘测设计院. 铁路工程地质手册[M]. 北京：中国铁道出版社，1999.

[26] 水利水电科学研究院，等. 岩石力学参数手册[M]. 北京：水利水电出版社，1991.

[27] 陈寿堂. 水岩耦合作用对隧道稳定性影响分析及隧道围岩分级修正方法研究[D]. 成都：西南交通大学，2012.

[28] 赵顺义．山岭公路隧道的水害研究与处治［D］．重庆：重庆交通大学，2008.

[29] 刘长武，陆士良．泥岩遇水崩解软化机理的研究［J］．岩土力学，2000, 21（1）: 28-32.

[30] 贾洪强，曹平，蒲成志，等．岩石在饱和状态下的抗剪强度参数变化研究［J］．矿业工程研究，2010, 25（3）: 29-32.

[31] 尹建，吉廷宏．水对岩体结构面抗剪强度弱化作用分析［J］．山西建筑，2009, 35（5）: 115-117.

[32] 李自强．重载铁路隧道结构的动力特征及设计方法研究［D］．成都：西南交通大学，2018.

[33] 华阳．重载铁路隧底围岩劣化对隧道结构受力影响研究［D］．成都：西南交通大学，2018.

[34] 江勇涛．列车动载 - 地下水耦合作用下隧底砂性土围岩劣化规律研究［D］. 成都：西南交通大学 .2021.

[35] 傅支黔，江勇涛，聂大丰，等．列车荷载 - 地下水耦合作用下隧底围岩强度参数劣化规律研究［J］．隧道建设（中英文），2019, 39（S2）: 36-43.

[36] 周阳，苏生瑞，李鹏，等．板裂千枚岩微观结构与力学性质［J］．吉林大学学报（地球科学版），2019, 49（02）: 504-513.

[37] 吴永胜，谭忠盛，喻渝，等．川西北茂县群千枚岩各向异性力学特性［J］．岩土力学，2018, 39（01）: 207-215.

[38] 余庆锋．绢云母软质片岩隧道施工期围岩变形特征及支护技术研究［D］．武汉：中国地质大学（武汉），2016.

[39] Hu K F, Feng Q, Wang X T. Experimental research on mechanical property of phyllite tunnel surrounding rock under different moisture state［J］. Geotechnical and Geological Engineering, 2017, 35: 303-311.

[40] Gholami R, Rasouli V. Mechanical and elastic properties of transversely isotropic slate［J］. Rock Mechanics and Rock Engineering, 2014（47）: 1763-1773.

[41] 宋勇军．干燥和饱水状态下炭质板岩流变力学特性与模型研究［D］. 西安：长安大学，2013.

［42］冒海军．板岩水理特性试验研究与理论分析［D］．武汉：中国科学院研究生院（武汉岩土力学研究所），2006.

［43］张良刚．特大断面板岩隧道围岩变形特征及控制技术研究［D］．武汉：中国地质大学（武汉），2014.

［44］Chen Y F, Wei K, Liu W, et al. Experimental characterization and micromechanical modelling of anisotropic slates［J］. Rock Mechanics and Rock Engineering, 2016, 49: 3541-3557.

［45］Ramamurthy T, Venkatappa Rao, Singh J. Engineering behaviour of phyllites［J］. Engineering Geology, 1993, 33: 209-225.

［46］Goshtasbi K, Ahmadi M, Seyedi J. Anisotropic strength behaviour of slates in the sirjan-sanandaj zone［J］. Journal of the south African Institute of Mining and Metallurgy, 2006, 106: 71-75.

［47］孙超伟，柴军瑞，许增光，等．基于 Hoek-Brown 强度折减法的边坡稳定性图表法研究［J］．岩石力学与工程学报，2018, 37（04）：838-851.

［48］蔡美峰，何满潮，刘东燕．岩石力学与工程［M］．北京：科学出版社，2013.

［49］Mahendra Singh, Samadhiya NK, Ajit Kumar, et al. A nonlinear criterion for triaxial strength of inherently anisotropic rocks［J］. Rock Mechanics and Rock Engineering, 2015, 48: 1387-1405.

［50］Omid Saeidi, Rashid Geranmayeh Vaneghi, Vamegh Rasouli, et al. A modified empirical criterion for strength of transversely anisotropic rocks with metamorphic origin［J］. Bulletin of Engineering Geology and the Environment, 2013, 72: 257-269.

［51］董宇苍．高地应力典型软岩隧道力学特性及设计方法研究［D］．成都：西南交通大学，2020.

［52］邹成杰．水利水电岩溶工程地质［M］．北京：水利水电出版社，1994.

［53］铁道部第二勘测设计院．岩溶工程地质［M］．北京：中国铁道出版社，1984.

［54］李哲．低山丘陵区铁路隧道设计与施工关键技术研究［D］．成都：西南交通大学，2018.

［55］马涛，丁梧秀，王鸿毅，等．酸性水化学溶液侵蚀下不同矿物成分含量灰岩溶解特性及力学特性研究［J］．岩土工程学报，2021, 43（08）: 1550-1557.

［56］丁梧秀，陈建平，徐桃，等．化学溶液侵蚀下灰岩的力学及化学溶解特性研究［J］．岩土力学，2015, 36（07）: 1825-1830.

［57］祝艳波，吴银亮，余宏明．隧道石膏质围岩溶蚀及溶出特性试验研究［J］．现代隧道技术，2016, 53（01）: 28-37, 61.

［58］王春荣．岩盐溶解速率影响因素实验研究［D］．重庆：重庆大学，2009.

［59］宋亮．芒硝力学性质及其水溶开采溶腔稳定性研究［D］．重庆：重庆大学，2010.

［60］张倩倩．深埋芒硝水溶开采溶腔长期稳定性研究［D］．重庆：重庆大学，2012.

［61］郭静芸，毕鑫涛，方然可，等．可溶岩化学溶蚀试验方法研究综述［J］．水文地质工程地质，2020, 47（04）: 24-34.

［62］唐红梅，周云涛，廖云平．地下工程施工爆破围岩损伤分区研究［J］．振动与冲击，2015, 34（23）: 202-206.

［63］孟海利，郭峰．爆破地震波主频率的试验研究［J］．铁道工程学报，2009, 26（11）: 81-83, 93.

［64］王磊．C-S-H 及其工程特性研究［M］．武汉：武汉大学出版社，2015.

［65］李响．复合水泥基材料水化性能与浆体微观结构稳定性［D］．北京：清华大学，2010.

［66］黄蓓．溶蚀混凝土的硬化 - 软化特性研究［D］．南京：东南大学，2013.

［67］郭崇波．钙溶蚀条件下混凝土断裂参数分析［D］．杭州：浙江大学，2018.

［68］阮燕，方坤河，曾力，等．水工混凝土表面接触溶蚀特性的试验研究［J］．建筑材料学报，2007（05）: 528-533.

［69］Hu C L. Multi-scale characterization of concrete［D］.Hongkong: The Hong Kong University of Science and Technology, 2014.

［70］Constantinides G， Ulm F J . The effect of two types of C-S-H on the elasticity of cement-based materials: results from nanoindentation and micromechanical modeling［J］. Cement & Concrete Research, 2004, 34（1）: 67-80.

［71］姜磊．硫酸盐侵蚀环境下混凝土劣化规律研究［D］．西安：西安建筑科技

大学，2014.
［72］张中亚．硫酸盐环境喷射混凝土细观侵蚀机理及剪切特性研究［D］．重庆：重庆大学，2019.
［73］李志龙．隧道喷射混凝土的硫酸盐腐蚀特性及使用寿命评价研究［D］．西安：长安大学，2019.
［74］雷明锋，彭立敏，施成华．硫酸盐侵蚀环境下隧道结构力学性能演化规律试验研究［J］．土木工程学报，2013, 46（01）：126-132.
［75］雷明锋，彭立敏，施成华．硫酸盐侵蚀环境下隧道结构损伤机制及力学性能演化规律［J］．中南大学学报（自然科学版），2012, 43（12）：4865-4872.
［76］张冲．高岩温隧道支护结构力学特性研究［D］．成都：西南交通大学，2013.
［77］董从宇．高岩温隧道喷射混凝土与花岗岩围岩界面剪切特性及本构关系研究［D］．成都：西南交通大学，2017.
［78］胡云鹏．高地温隧道支护材料力学特性及结构界面本构模型研究［D］．成都：西南交通大学，2021.
［79］唐兴华．高地温隧道变温养护条件下支护结构力学特性及设计方法［D］．成都：西南交通大学，2021.
［80］王奇灵．高地温隧道支护结构温度应力变化规律及计算模型研究［D］．成都：西南交通大学，2020.
［81］王翊丞．高地温环境下隧道锚固系统试验及力学特性研究［D］．成都：西南交通大学，2019.
［82］Hu Y P, Wang Q L, Wang M N, et al. A study on the thermo-mechanical properties of shotcrete structure in a tunnel, excavated in granite at nearly 90℃ temperature［J］. Tunnelling and Underground Space Technology, 2021, 110: 103830.
［83］Hu Y P, Wang M N, Wang Z L, et al. Mechanical behavior and constitutive model of shotcrete-rock interface subjected to heat damage and variable temperature curing conditions［J］. Construction and Building Materials, 2020, 263: 120171.
［84］Hu Y P, Wang M N, Wang Q L, et al. Field test of thermal environment and

thermal adaptation of workers in high geothermal tunnel［J］. Building and Environment , 2019, 160（08）: 106174.

［85］Wang M N, Hu Y P, Wang Q L, et al. A study on strength characteristics of concrete under variable temperature curing conditions in ultra-high geothermal tunnels［J］. Construction and Building Materials, 2019, 229: 116989.

［86］王明年，胡云鹏，童建军，等. 高温变温环境下喷射混凝土 - 岩石界面剪切特性及温度损伤模型研究［J］. 岩石力学与工程学报，2019, 38（01）: 63-75.

［87］王明年，王奇灵，胡云鹏，等. 高地温环境下隧道初期支护力学性能研究［J］. 铁道学报，2019, 41（11）: 116-122.

［88］Sun Z, Ye G, Shah S P. Microstructure and early-age properties of portland cement paste-effects of connectivity of solid phases［J］. Aci Materials Journal, 2005, 102（2）: 122-129.

［89］Breugel K. Simulation of hydration of strcture in hardening cement-basedmaterials［D］.Delft: Delft University of Technology, 1991.

［90］Cui S A, Xu D, Liu P, et al. Exploratory study on improving bond strength of shotcrete in hot and dry environments of high geothermal tunnels［J］. Ksce Journal of Civil Engineering, 2017, 21（6）: 2245-2251.

［91］Cui S A, Liu P, Wang X W, et al, Experimental study on deformation of concrete for shotcrete use in high geothermal tunnel environments［J］. Computers and Concrete, 2017, 19（5）: 443-449.

［92］Cui S A, Liu P, Su J, et al. Experimental study on mechanical and microstructural properties of cement-based paste for shotcrete use in high-temperature geothermal environment［J］. Construction and Building Materials, 2018（174）: 603-612.

［93］Klausen A E, Kanstad T, Bjontegaard O, et al. The effect of realistic curing temperature on the strength and E-modulus of concrete［J］. Materials and Structures, 2018, 51（6）: 1-14.

［94］Gallucci E, Zhang X, Scrivener K L. Effect of temperature on the microstructure of calcium silicate haydrate（C-S-H）［J］. Cement and Concrete Research,

2013,（53）: 185-195.
[95] Odler I, Skalny J. Hydration of tricalcium silicate at elevated temperatures [J]. Journal of Applied Chemistry and Biotechnology, 1973, 23（9）: 661-667.
[96] Hanehara S, Tomosawa F, Kobayakawa M, et al. Effects of water powder ratio, mixing ratio of fly ash, and curing temperature on pozzolanic reaction of fly ash in cement paste [J]. Cement and Concrete Research, 2001, 31（1）: 31-39.
[97] 宿辉，黄顺，屈春来．高温对喷射混凝土孔隙结构分布特征的影响分析 [J]. 科学技术与工程，2016, 16（10）: 225-229.
[98] 谭克锋，刘涛．早期高温养护对混凝土抗压强度的影响 [J]. 建筑材料学报，2006（04）: 473-476.
[99] 张文华，张云升．高温养护条件下现代混凝土水化、硬化及微结构形成机理研究进展 [J]．硅酸盐通报，2015, 34（1）: 149-155.
[100] 阎培渝，王强．高温下矿渣复合胶凝材料早期的水化性能 [J]．建筑材料学报，2009, 12（1）: 1-5.
[101] 李响，阎培渝．高温养护对复合胶凝材料水化程度及微观形貌的影响 [J]. 中南大学学报（自然科学版），2010, 41（6）: 2321-2326.
[102] Wang P M, Li N, Xu L L. Hydration evolution and compressive strength of calcium sulphoaluminate cement constantly cured over the temperature range of 0 to 80℃ [J]. Cement and Concrete Research, 2017, 100: 203-213.
[103] Varona F B, Baeza F J, Bru D, et al. Influence of high temperature on the mechanical properties of hybrid fibre reinforced normal and high strength concrete [J]. Construction and Building Materials, 2018, 159: 73-82.
[104] 王明年，唐兴华，吴秋军，等．高岩温隧道围岩 - 支护结构温度场演化规律 [J]．铁道学报，2016, 38（11）: 126-131.
[105] Abd El Aziz M A, El Aleem S A, Heikal M. Physico-chemical and mechanical characteristics of pozzolanic cement pastes and mortars hydrated at different curing temperatures [J]. Construction and Building Materials, 2012, 26（1）: 310-316.
[106] Kim J K, Moon Y H, Eo S H. Compressive strength development of concrete with different curing time and temperature [J]. Cement and Concrete

Research, 1998, 28（12）: 1761-1773.

［107］Fan L, Zhang Z, Yu Y, et al. Effect of elevated curing temperature on ceramsite concrete performance［J］. Construction and Building Materials, 2017, 153: 423-429.

［108］Mi Z, Hu Y, Li Q, et al. Maturity model for fracture properties of concrete considering coupling effect of curing temperature and humidity［J］. Construction and Building Materials, 2019, 196: 1-13.

［109］李响，阎培渝，阿茹罕．基于 $Ca(OH)_2$ 含量的复合胶凝材料中水泥水化程度的评定方法［J］．硅酸盐学报，2009, 37（10）: 1597-1601.

［110］金伟良，武海荣，吕清芳，等．混凝土结构耐久性环境区划标准［M］．杭州：浙江大学出版社，2019.

［111］肖前慧．冻融环境多因素耦合作用混凝土结构耐久性研究［D］．西安：西安建筑科技大学，2010.

［112］张伟平，商登峰，顾祥林．锈蚀钢筋应力 - 应变关系研究［J］．同济大学学报（自然科学版），2006,（05）: 586-592.

［113］陆采荣，梅国兴．厦门东通道海底隧道材料与结构的耐久性技术开发［R］．南京：南京水利科学研究院，2009.

［114］张艺腾．海底隧道钢拱架锈蚀致界面粘结退化本构模型及支护体系力学演化机制研究［D］．成都：西南交通大学，2022.

［115］王明年，张艺腾，于丽，等．锈蚀工字形型钢与混凝土黏结滑移特性及损伤本构模型研究［J］．土木工程学报，2022, 55（01）: 64-74.

［116］张艺腾，王明年，杨恒洪，等．考虑荷载分配时型钢钢架锈蚀对海底隧道支护体系力学行为影响分析［J］．现代隧道技术，2021, 58（S1）: 56-63.

［117］张艺腾，王明年，于丽，等．型钢钢架锈蚀对海底隧道支护体系力学行为影响分析［J］．隧道建设（中英文），2021, 41（S2）: 313-319.

［118］王明年，刘轲瑞，张艺腾，等．型钢钢架锈蚀作用下型钢混凝土梁抗弯承载力研究［J］．隧道建设（中英文），2022, 42（01）: 26-32.

［119］王明年，杨恒洪，张艺腾，等．氯盐渗透下型钢钢架锈蚀与喷射混凝土间锈胀力研究［J］．隧道建设（中英文），2022, 42（02）: 224-230.

［120］李海军．厦门海底隧道初期支护变异对支护体系安全性影响研究［D］．

成都：西南交通大学，2009.

[121] Zhang Y T, Wang M N, Yu L, et al. Experimental and numerical research on the influence of steel arch frame corrosion on security of supporting system in subsea tunnel [J]. Tunnelling and Underground Space Technology, 2022, 120: 104253.

[122] Zhang Y T, Wang M N, Yu L, et al. Experimental research and mechanical analysis on the bond-slip behavior between concrete and corroded I-shaped steel [J]. Structural Concrete, 2021, 22（4）: 2358-2372.

[123] Zhang Y T, Wang M N, Yu L, et al. Bond-slip behavior between corroded I-shaped steel and concrete in a subsea tunnel [J]. Engineering Failure Analysis, 2021, 120: 105061.

[124] Wang M N, Zhang Y T, Yu L, et al. Experimental Study on Bond-Slip Behavior between Corroded I-Shaped Steel and Concrete in Subsea Tunnel [J]. Materials, 2019, 12（18）: 2863.

[125] 王明年，童建军，周国军. 海底隧道锈蚀工字钢与喷射混凝土的黏结滑移试验研究 [J]. 工程力学，2013, 30（04）: 310-315, 330.

[126] Mirza J, Saleh K, Langevin M A, et al. Properties of microfine cement grouts at 4℃, 10℃ and 20℃ [J]. Construction and Building Materials, 2013, 47: 1145-1153.

[127] Holt E, Leivo M. Cracking risks associated with early age shrinkage [J]. Cement and Concrete Composites, 2004, 26（5）: 521-530.

[128] Elkhadiri I, Palacios M, F Puertas. Effect of curing temperature on cement hydration [J]. Cearmics, 2009, 53（2）: 65-75.

[129] Bohloli B, Skjolsvold O, Justnes H, et al. Cements for tunnel grouting-rheology and flow properties tested at different temperatures [J]. Tunnelling and Underground Space Technology, 2019, 91: 103011.

[130] 张守治，田倩，邱建军，等. 养护方式对水泥砂浆力学性能的影响 [J]. 混凝土，2012（06）: 120-122, 130.

[131] 李福海，周双，陈思银. 热害环境对水泥灌浆料弹性模量的影响 [J]. 混凝土，2015（5）: 10-13.

[132] 陈思银 . 热害隧道全长黏结式锚杆力学性能研究 [D]. 成都 : 西南交通大学 , 2016.

[133] Sun Z, Ye G, Shah S P. Microstructure and early-age properties of portland cement paste-effects of connectivity of solid phases [J]. Aci Materials Journal, 2005, 102 (2) : 122-129.

[134] 惠云玲 . 锈蚀钢筋力学性能变化初探 [J]. 工业建筑 , 1992, (10) : 33-36.

[135] 张伟平 , 商登峰 , 顾祥林 . 锈蚀钢筋应力 - 应变关系研究 [J]. 同济大学学报 (自然科学版) , 2006, (05) : 586-592.

[136] 吴庆 , 袁迎曙 . 锈蚀钢筋力学性能退化规律试验研究 [J]. 土木工程学报 , 2008, (12) : 42-47.

[137] 张克波 , 张建仁 , 王磊 . 锈蚀对钢筋强度影响试验研究 [J]. 公路交通科技 , 2010, 27 (12) : 59-66.

[138] 金伟良 , 赵羽习 . 混凝土结构耐久性 [M]. 北京 : 科学出版社 , 2014.

[139] 孙晓燕 , 朱建科 , 王海龙 , 等 . 考虑局部锈蚀特征的钢筋性能退化试验研究 [J]. 建筑材料学报 , 2014, 17 (05) : 804-810.

[140] 彭建新 , 阳逸鸣 , 唐皇 , 等 . 锈蚀钢筋蚀坑特征分析及其对力学性能的影响 [J]. 长沙理工大学学报 (自然科学版) , 2015, 12 (03) : 50-55.

[141] Ou Y C, Susanto Y, Roh H. Tensile behavior of naturally and artificially corroded steel bars [J]. Construction and Building Materials, 2016, 103 (01) : 93-104.

[142] Lu C H, Yuan S Q, Cheng P, et al. Mechanical properties of corroded steel bars in pre-cracked concrete suffering from chloride attack [J]. Construction and Building Materials, 2016, 123: 649-660.

[143] Impereatore S, Rinaldi Z, DRAGO C. Degradation relationships for the mechanical properties of corroded steel rebars [J]. Construction and Building Materials, 2017, 148: 219-230.

[144] 周建庭 , 苏欣 , 辛景舟 , 等 . 锈蚀钢筋混凝土结构抗力衰变综述 (Ⅰ) : 材料层次 [J]. 江苏大学学报 (自然科学版) , 2019, 40 (04) : 458-64, 71.

[145] 朱训国 . 地下工程中注浆岩石锚杆锚固机理研究 [D]. 大连 : 大连理工大学 , 2007.

[146] Oda H, Zhang M L, Skimayanma M. Study on load-dispersive anchorage and shear stress in surrounding soils [C] // International Conference on Application and Development of Rock-Soil Anchoring Technology. 1997: 237-244.

[147] 赵羽习，金伟良. 钢筋与混凝土黏结本构关系的试验研究 [J]. 建筑结构学报，2002（01）: 32-37.

[148] 袁迎曙，章鑫森，姬永生. 人工气候与恒电流通电法加速锈蚀钢筋混凝土梁的结构性能比较研究 [J]. 土木工程学报，2006, 39（3）: 42-46.

[149] 袁迎曙，贾福萍，蔡跃. 锈蚀钢筋混凝土梁的结构性能退化模型 [J]. 土木工程学报，2001, 34（3）: 47-52, 96.

[150] 袁迎曙，余索，贾福萍. 锈蚀钢筋混凝土的黏结性能退化的试验研究 [J]. 工业建筑，1999, 29（11）: 47-50.

[151] Li C Q. Initiation of chloride - induced reinforcement corrosion in concrete structural members-experimentation [J]. ACI structural journal, 2001, 98（4）: 502-510.

[152] 李俊华，邱栋梁，俞凯，等. 高温下型钢混凝土黏结滑移性能研究 [J]. 应用基础与工程科学学报，2015, 23（05）: 914-931.

[153] 王玉镯，王灿灿，祝德彪，等. 高温作用下型钢与混凝土黏结滑移的试验研究 [J]. 防灾减灾工程学报，2016, 36（03）: 362-366.

[154] 薛建阳，赵鸿铁. 型钢混凝土黏结滑移理论及其工程应用 [M]. 北京：科学出版社，2007.

[155] 杨勇，赵鸿铁，薛建阳，等. 型钢混凝土基准黏结滑移本构关系试验研究 [J]. 西安建筑科技大学学报（自然科学版），2005（04）: 445-449, 467.

[156] 陈宗平，叶培欢，徐金俊，等. 高温后钢筋再生混凝土轴压短柱受力性能试验研究 [J]. 建筑结构学报，2015, 36（06）: 117-127.

[157] 陈宗平，郑巍，周春恒，等. 高温后型钢再生混凝土短柱轴压性能试验 [J]. 工业建筑，2014, 44（11）: 32-38.

[158] 周文祥. 高温后钢与高强混凝土界面黏结滑移性能试验研究 [D]. 南宁：广西大学，2016.

[159] 陈宗平，周文祥，徐金俊. 高温后型钢高强混凝土界面黏结滑移性能试验

研究［J］. 建筑结构学报, 2015, 36（12）: 106-115.
［160］陈宗平, 叶培欢, 薛建阳, 等. 高温后型钢再生混凝土偏压柱的力学性能研究［J］. 工业建筑, 2014, 44（11）: 39-44, 77.
［161］李俊华, 邱栋梁, 俞凯, 等. 高温后型钢混凝土黏结滑移性能研究［J］. 工程力学, 2015, 32（02）: 190-200, 206.
［162］王玉镯, 王灿灿, 祝德彪, 等. 高温作用下型钢与混凝土黏结滑移的试验研究［J］. 防灾减灾工程学报, 2016, 36（03）: 362-366.
［163］范安宁. 高温作用下型钢和混凝土黏结滑移性能的试验研究［D］. 济南: 山东建筑大学, 2015.
［164］陈宗平, 陈宇良, 覃文月, 等. 型钢再生混凝土梁受弯性能试验及承载力计算［J］. 工业建筑, 2013, 43（09）: 11-16, 29.
［165］姚大立. 预应力型钢超高强混凝土梁受剪性能试验研究［D］. 大连: 大连理工大学, 2014.
［166］Bryson J O, Mathey R G, Hunaiti Y M. Surface condition effect on bond strength of steel beams in concrete［J］. Journal of ACI, 1962, 59（3）: 397-406.
［167］Hawkins N M. The role for fracture mechanics in reinforced concrete design［J］. Cement, Concrete and Aggregates, 1997, 19（2）: 87-91.
［168］Roeder C W, Cameron B, Brown C B. Composite action in concrete filled tubes［J］. Journal of Structural Engineering, 1999, 125（5）: 477-484.
［169］郑山锁, 邓国专, 杨勇, 等. 型钢混凝土结构粘结滑移性能试验研究［J］. 工程力学, 2003（05）: 63-69.
［170］Zheng S S, Shi L, Zhan X H, et al. Shaking table test of corroded steel frame structure under acidic atmosphere environment［J］. Engineering Mechanics, 2017, 34（11）: 77-88.
［171］Liu C, Lv Z Y, Bai G L, et al. Experiment study on bond slip behavior between section steel and RAC in SRRC structures［J］. Construction and Building Materials, 2018, 175: 104-114.
［172］陈宗平, 陈宇良, 郑华海, 等. 型钢-再生混凝土界面黏结强度及其影响因素分析［J］. 工业建筑, 2013, 43（09）: 1-6.
［173］Zheng H H, Chen Z P, Xu J J. Bond behavior of H-shaped steel embedded in

recycled aggregate concrete under push-out loads［J］. International Journal of Steel Structures, 2016, 16（2）: 347-360.
［174］Bai G L, Ma J F, Liu B, et al. Study on the interfacial bond slip constitutive relation of I-section steel and fully recycled aggregate concrete［J］. Construction and Building Materials, 2020, 238: 117688.
［175］Roeder C W, Chmielowski R, Brown C B. Shear connector requirements for embedded steel sections［J］. Journal of Structural Engineering, 1999, 125（2）: 142-151.
［176］廉慧珍，覃维祖，徐桁. 养护温度对低水灰比的掺粉煤灰外加剂砂浆强度增长的影响［J］. 低温建筑技术，1999,（4）: 4-7.
［177］张胜，周锡玲，谢友均，等. 养护制度对活性粉末混凝土强度及微观结构影响的研究［J］. 混凝土，2007,（6）: 16-19.
［178］Williamson S J, Clark L A. Pressure required to cause cover cracking of concrete due to reinforcement corrosion［J］. Magazine of Concrete Research, 2000, 52（6）: 455-67.
［179］Allan M L, CHERRY B W. Factors controlling the amount of corrosion for cracking in reinforced-concrete［J］. Corrosion, 1992, 48（5）: 426-430.
［180］张伟平，张誉. 混凝土中钢筋锈胀过程的计算机仿真分析［J］. 同济大学学报（自然科学版），2001,（11）: 1374-1377.
［181］Dagher H J, Kulendran S. Finite-element modeling of corrosion damage in concrete structures［J］. Aci Structural Journal, 1992, 89（6）: 699-708.
［182］胡志坚，夏雷雷，程晨，等. 钢筋混凝土构件锈蚀开裂与锈胀力分析［J］. 哈尔滨工业大学学报，2020, 52（03）: 99-105.
［183］张芹，郭力. 氯离子侵蚀下钢筋混凝土非线性锈胀破坏过程模拟［J］. 湖南大学学报（自然科学版），2017, 44（05）: 44-52.
［184］王坤，赵羽习，夏晋. 混凝土结构锈裂形态试验研究及数值模拟［J］. 建筑结构学报，2019, 40（07）: 138-145.
［185］Al sulaimani G, Kaleemullah M, Basunbul I. Influence of corrosion and cracking on bond behavior and strength of reinforced concrete members［J］. Structural Journal, 1990, 87（2）: 220-231.

［186］Ma Y Z, Guo Z Z, Wang L, et al. Experimental investigation of corrosion effect on bond behavior between reinforcing bar and concrete［J］. Construction and Building Materials, 2017, 152: 240-249.

［187］梁岩，罗小勇，肖小琼，等. 锈蚀钢筋混凝土黏结滑移性能试验研究［J］. 工业建筑，2012, 42（10）: 95-100.

［188］Lin H W, Zhao Y X. Effects of confinements on the bond strength between concrete and corroded steel bars［J］. Construction and Building Materials, 2016, 118: 127-138.

［189］Bhargava K, Ghosh A K, Mori Y, et al. Suggested empirical models for corrosion-induced bond degradation in reinforced concrete［J］. Journal of Structural Engineering, 2008, 134（2）: 221-230.

［190］Lee H S, Noguchi T, Tomosawa F. Evaluation of the bond properties between concrete and reinforcement as a function of the degree of reinforcement corrosion［J］. Cement and Concrete Research, 2002, 32（8）: 1313-1318.

［191］Chung L, Kim J H J, Yi I S T. Bond strength prediction for reinforced concrete members with highly corroded reinforcing bars［J］. Cement & Concrete Composites, 2008, 30（7）: 603-611.

［192］Yin S P, Hu C S, Lv H L. Interfacial properties and bond strength model of TRC-confined concrete and deformed reinforcement under corrosion［J］. Composite Interfaces, 2019, 26（6）: 551-569.

［193］Cabrera J. Deterioration of concrete due to reinforcement steel corrosion［J］. Cement and Concrete Composites, 1996, 18（1）: 47-59.

［194］陈朝晖，谭东阳，曾宇，等. 锈蚀钢筋混凝土黏结强度试验［J］. 重庆大学学报，2016, 39（01）: 79-87.

［195］袁迎曙，余索，贾福萍. 锈蚀钢筋混凝土的黏结性能退化的试验研究［J］. 工业建筑，1999,（11）: 47-50.

［196］Zhang W P, Chen H, GU X L. Bond behaviour between corroded steel bars and concrete under different strain rates［J］. Magazine of Concrete Research, 2016, 68（7）: 364-378.

［197］张伟平，张誉. 锈胀开裂后钢筋混凝土黏结滑移本构关系研究［J］. 土木

工程学报, 2001,（05）: 40-44.
［198］Kivell A R L. Effects of bond deterioration due to corrosion on seismic performance of reinforced concrete structures［D］. New Zealand: University of Canterbury, 2012.
［199］Béton F I D. Model code 2010 : first complete draft［S］. Lausanne, Switzerland: 2010.
［200］Feng Q, Visintin P, Oehlers D J. Deterioration of bond-slip due to corrosion of steel reinforcement in reinforced concrete［J］. Magazine of Concrete Research, 2016, 68（15）: 768-781.
［201］Kivell A, Palermo A, Scott A. Complete model of corrosion-degraded cyclic bond performance in reinforced concrete［J］. Journal of Structural Engineering, 2015, 141（9）: 04014222.
［202］Jiang C, Wu Y F, Dai M J. Degradation of steel-to-concrete bond due to corrosion［J］. Construction and Building Materials, 2018, 158: 1073-1080.
［203］Blomfors M, Zandi K, Lundgren K, et al. Engineering bond model for corroded reinforcement［J］. Engineering Structures, 2018, 156: 394-410.
［204］Lundgern K, Kettil P, Hanjari K Z, et al. Analytical model for the bond-slip behaviour of corroded ribbed reinforcement［J］. Structure and Infrastructure Engineering, 2012, 8（2）: 157-169.
［205］曹芙波, 尹润平, 王晨霞, 等. 锈蚀钢筋再生混凝土梁黏结性能及承载力研究［J］. 土木工程学报, 2016, 49（S2）: 14-19.
［206］王明年, 王志龙, 桂登斌, 等. 开挖方法影响下的深埋隧道形变压力计算方法［J］. 西南交通大学学报, 2021, 56（05）: 1116-1124.

图书在版编目（CIP）数据

隧道支护劣化机理与安全性评价 / 王明年等编著. 北京：人民交通出版社股份有限公司，2025. 3.
ISBN 978-7-114-20160-8

Ⅰ. U459.5

中国国家版本馆CIP数据核字第2025HR7840号

隧道及地下工程理论与方法丛书
Suidao Zhihu Liehua Jili yu Anquanxing Pingjia

书　　名：**隧道支护劣化机理与安全性评价**
著 作 者：王明年　张艺腾　于　丽　凌学鹏　张　霄
责任编辑：李学会
责任校对：孙国靖　宋佳时
责任印制：张　凯
出版发行：人民交通出版社股份有限公司
地　　址：(100011) 北京市朝阳区安定门外外馆斜街3号
网　　址：http://www.ccpcl.com.cn
销售电话：(010) 85285857
总 经 销：人民交通出版社股份有限公司发行部
经　　销：各地新华书店
印　　刷：北京建宏印刷有限公司
开　　本：720×960　1/16
印　　张：14
字　　数：225千
版　　次：2025年3月　第1版
印　　次：2025年3月　第1次印刷
书　　号：ISBN 978-7-114-20160-8
定　　价：95.00元